Buch

»Momente der Gnade« nennt Neale Donald Walsch jene Augenblicke, in denen Gott uns seine Existenz real und unmittelbar erfahren lässt und lenkend in unser Leben eingreift. Ihm selbst wurde diese Gnade bereits mehrfach geschenkt. In diesem Buch veröffentlicht er Geschichten seiner Leser, die ebenfalls Wunder erfahren haben. Es sind ganz gewöhnliche Menschen, denen in ihrem täglichen Lebenskampf plötzlich Erkenntnisse oder Ereignisse zuteil werden, die ihnen eine überraschend neue Daseinsperspektive eröffnen. Walsch ist überzeugt, dass praktische Gotteserfahrung nicht nur den biblischen Gestalten vorbehalten war, sondern jedem Menschen zu jeder Zeit geschehen kann. Er fordert seine Leser daher auf, für Wunder und die Gnade Gottes empfänglich zu sein. Denn es gibt viele Wege, auf denen das Göttliche in unser Leben kommen kann.

Autor

Neale Donald Walsch arbeitete als Journalist und Verleger, war Programmdirektor eines Rundfunksenders, Pressesprecher eines großen amerikanischen Schulträgers und gründete eine erfolgreiche Werbe- und Marketingfirma in San Diego. In einer schweren Krise machte er die Erfahrung, dass er mit Gott sprechen konnte und erhört wurde. Was er als Ende seines Lebens empfunden hatte, erwies sich in Wahrheit als großartiger Neuanfang. Anschauliches Zeugnis dieser geistigen Öffnung sind die Bände der Gespräche mit Gott. Heute lebt Walsch mit seiner Frau Nancy im Süden Oregons. Gemeinsam gründeten sie ein Zentrum der Besinnung und Selbstfindung. Um die Botschaften seiner Bücher zu verkünden, hält Walsch Vorträge und veranstaltet Workshops in aller Welt.

Bei Goldmann sind bisher von Neale Donald Walsch erschienen:

Gespräche mit Gott, Band 1 (HC 30734)
Gespräche mit Gott, Band 2 (HC 33612)
Gespräche mit Gott, Band 3 (HC 33627)
Freundschaft mit Gott (HC 33632)
Gemeinschaft mit Gott (HC 33647)
Neue Offenbarungen (HC 33695)
Gott heute (HC 33704)
Beziehungen (HC 33629)
Ganzheitlich leben (HC 33629)
Rechtes Leben und Fülle (21615)
Gespräche mit Gott – Arbeitsbuch zu Band 1 (21559)
Fragen und Antworten zu »Gespräche mit Gott« (21611)

NEALE DONALD WALSCH
GOTT ERFAHREN
BERICHTE VON BEGEGNUNGEN

Aus dem Amerikanischen
von Susanne Kahn-Ackermann

Die amerikanische Originalausgabe erschien 2001
unter dem Titel »Moments of Grace« bei Hampton Roads
Publishing Co. Inc., Charlottesville, VA, USA

Umwelthinweis:
Alle bedruckten Materialien dieses Taschenbuches
sind chlorfrei und umweltschonend.

Vollständige Taschenbuchausgabe Januar 2003
© 2003 der deutschsprachigen Ausgabe
Wilhelm Goldmann Verlag, München
in der Verlagsgruppe Random House GmbH
© 2001 der Originalausgabe Neale Donald Walsch
Published by arrangement with
Hampton Roads Publishing Co. Inc.
Vermittelt durch die Literarische Agentur
Thomas Schlück GmbH, 30827 Garbsen
Umschlaggestaltung: Design Team, München
Umschlagfoto: Zefa/Krahmer
Satz/DTP: Martin Strohkendl, München
Druck: GGP Media GmbH, Pößneck
Verlagsnummer: 21626
Redaktion: Annette Gillich
WL · Herstellung: WM
Made in Germany
ISBN 3-442-21626-5

3. Auflage

Es gibt mehr Dinge
zwischen Himmel und Erde, Horatio,
als deine Schulweisheit sich träumen lässt.
William Shakespeare

Für dich, Mom.

Inhalt

Danksagung 9
Einleitung 11

1 Wenn das Leben seinen Kurs ändert 15
2 Es gibt viele Wohnungen 21
3 Per Anhalter unterwegs 37
4 Wunder passieren 55
5 Die stimmlose Stimme 69
6 Gott singt auch? 81
7 Ein Bote vom Himmel? 91
8 Ein glückliches Missgeschick 103
9 Göttliche Pläne 117
10 Und ein kleines Kind soll sie führen 131
11 Unser Freund, der du bist im Himmel 143
12 Reisen der Seele 153
13 Das Land der Schatten 179
14 Das Heilige in jedem Augenblick sehen 191
15 Es ist nie zu spät, gesegnet zu werden 201
16 Die Gabe der Prophetie 213
17 Die Gabe des Heilens 221
18 Wirklich ein »großartiges« Zeichen 241
19 Musik für seine Ohren 249
20 Die Botschaft einer Mutter 257
21 Die Einladung 265

Anhang 279
Zu den Lektorinnen 285

Danksagung

Ich fange bei Gott an, meinem besten Freund. In letzter Zeit war er wirklich großartig. Nun, das ist er eigentlich immer, aber letzthin habe ich sehr viel mehr auf alles geachtet und deshalb auch mehr wahrgenommen. Danke Gott. Du bist Spitze.

Ja, genau das bist du ...

Dann möchte ich meiner wunderbaren Frau Nancy danken. Sie ist Gott so nahe, wie ich Gott in diesem meinem Leben physisch je nahe kommen werde. Eines Tages werde ich ein Buch über Nancy schreiben, nur für mich, und ich werde es *Proof of Angels* nennen. Denn Nancy ist der Beweis dafür, dass es Engel gibt. Ihre leitende Hand und ihr redaktionelles Genie sind in diesem Buch durchgängig spürbar.

Mein tief empfundener Dank gilt auch Rita Curtis, einer guten beständigen Freundin, die die Geschichten in diesem Buch überarbeitete, nachdem sie Hunderte von Einsendungen durchgelesen hatte. Ihr außergewöhnliches Engagement hat das Projekt möglich gemacht.

Schließlich möchte ich auch meinem Verleger Robert Friedman Ehre erweisen, der nie einen Rückzieher macht, wenn Gott sagt: »Okay Bob, hier haben wir mal wieder eine Aufgabe ...« Bob Friedman und seine Hampton Roads Publishing Company sind der Traum eines Autors.

Einleitung

»Ist Gott tot?«

Das war damals in den sechziger Jahren des vergangenen Jahrhunderts die große Frage. Ein jeder stellte sie. Man sprach darüber. In den USA tauchte sie allerorts in Form von Autoaufklebern auf. Sie wurde gewissermaßen zur stehenden Redensart, zu einem kulturellen Phänomen. Natürlich glaubte kein Mensch ernstlich, dass Gott tot sei. Es war einfach nur eine interessante Art, sich als Gesellschaft die Erlaubnis zu erteilen, über die Rolle Gottes zu sprechen, die er – wenn überhaupt – in unserem Leben spielt.

Diese drei Worte spiegelten die Stimmung einer ganzen Generation wider, vergleichbar mit Slogans wie »Make Love, Not War« (Macht Liebe, nicht Krieg) und »Try Peace« (Versucht's mal mit Frieden). Sie wurden verbreitet von zumeist jungen Leuten mit schulterlangem Haar, die oft (und manchmal auch in aller Öffentlichkeit) nichts weiter als Perlen am Leib trugen und nicht verstehen konnten, was das ganze Gedöns sollte und warum, Mann, sich die ganzen komplexen Fragen des Lebens nicht zum Beispiel mit einer Umarmung lösen ließen. Sie wissen schon, setzt euch lieber Blumenkränze auf, statt euch an die Gurgel zu gehen.

Das Komische daran ist, sie hatten Recht.

Wir könnten alles mit einer Umarmung lösen.

Jetzt haben wir jenes Jahrhundert hinter uns, befinden uns in den 2000ern, und noch immer versuchen wir eine Möglichkeit dazu zu finden. Wie können wir einander umarmen, wo wir einander nicht einmal kennen, wo wir so weit voneinander entfernt sind?

Wir können uns ja noch nicht einmal selbst umarmen – aus denselben Gründen. Und uns ist nicht erlaubt, zu versuchen, uns selbst und einander Liebe zu geben. So etwas ist uncool. Es ist unmodern, rückständig. Es ist ... nun ja, was für die Hippies. Wir sind da rausgewachsen. Also wenden wir uns doch wieder unserem Leben zu, nicht wahr? Machen wir unseren Job, bezahlen wir unsere Rechnungen, kommen wir unseren Verpflichtungen nach, halten wir unsere Versprechen, machen wir unseren Frieden und bis zu unserem Abgang so wenig Probleme wie möglich. Okay? Ich meine, machen wir hier der Matrix keine Scherereien. Können wir das jetzt einfach mal so machen und mit dem ganzen Unsinn aufhören?

Nun, ich muss nach wie vor meine Sechzigerjahre-Fragen stellen. Wo ist in all dem die Liebe? Und wo passt da Gott hinein?

So wie es aussieht, versuchen wir immer noch, das zu enträtseln. Als Gesellschaft, als eine Welt sind wir immer noch bemüht, das herauszufinden.

Ich werde mal vorschlagen, wo wir den Anfang machen könnten: Fangen wir doch beim Umarmen an.

Dieses Buch ist eine riesige Umarmung, die Gott gilt. Es ist eine Art achtungsvoller Gruß, ein Dankeschön .... Nein, nein ... eine Liebesbekundung. Ich hoffe, dass Sie sich am Ende der Lektüre dieses Buches fühlen werden, als hätte Gott eben auch Sie umarmt. Denn wissen Sie was? Gott erwidert eine Umarmung.

Wenn wir Gott umarmen, umarmt er uns auch.

Ach was – Gott umarmt als Erster.

Das ist im Grunde die Aussage dieses Buches. Es handelt von den Augenblicken, in denen Gott in unser Leben tritt und uns eine riesige Umarmung zuteil werden lässt. Diese Umarmungen finden auf vielerlei Arten statt, und Sie werden hier eine ganze Menge davon dargestellt finden. Bitten, die sofort erfüllt wurden, »Zeichen« des Himmels, Dinge, die wie von Zauberhand an ihren Platz fallen – alles das, es ist alles hier.

Es sind Geschichten, die vom wirklichen Leben und von wirklichen Menschen handeln. Die Leute schickten sie mir zu. Weil ich sie darum bat. Ich wollte wissen, ob sich meine Gotteserfahrung eigentlich tatsächlich so sehr von der aller anderen Menschen unterscheidet, oder ob wir, wie ich vermutete, alle so ziemlich dieselben Erfahrungen machen. Nur dass ich der Einzige bin, der darüber redet, oder einer von sehr wenigen.

Bis jetzt.

Ich bin froh, sagen zu können, dass die *Gespräche-mit-Gott*-Bücher bewirkt haben, dass über Gott gesprochen wird.

Selbst Leute, die mit dem, was sie in diesen Büchern gefunden haben, nicht einverstanden sind, kommen zumindest mit ihrer eigenen Wahrheit in Bezug auf das Göttliche in Kontakt. Und das ist gut so. Es ist wie mit dieser alten Frage, ob Gott tot ist. Sie erlaubt uns zumindest, einen Blick auf das Thema zu werfen.

In dieser Sammlung von Geschichten erzählen Menschen

von den persönlichen Erfahrungen, die sie mit dem Wirken Gottes in ihrem Leben gemacht haben. Ich habe sie in Kommentare und Überlegungen eingebettet, die sich auf das reichhaltige Material der fünf *Mit-Gott*-Bücher gründen.

Ich stelle eine Menge Bezüge zu diesen Büchern her, weil ich glaube, dass sie so manche wundervolle und nützliche Botschaft enthalten, und weil ich durch diese Geschichten aufzuzeigen hoffe, wie sich diese Botschaften auf ganz praktische Weise im Alltag anwenden lassen.

Ich hoffe, dass Ihnen diese kleine Reise Spaß macht. Sie werden hier alles über Wunder erfahren und wie sie in Ihrem Leben bewirkt werden können. Sie werden hier nicht von mir, sondern in den Erzählungen anderer Menschen etwas über Gottes Magie hören. Über unglaubliche Synchronizitäten, über die Wahrnehmung einer göttlichen Stimme, über außerordentliche Zusammentreffen, über beiläufige Äußerungen von Kindern, in denen göttliche Weisheit steckt, und über spontane Begebenheiten, die sich nicht erklären lassen – außer Sie akzeptieren die einzige Erklärung, die es dafür geben kann.

Gott hat es bewirkt.

Nein, Gott ist nicht tot.

Hier sind Beweise.

1

Wenn das Leben seinen Kurs ändert

Momente der Gnade (*Moments of Grace*, so auch der Originaltitel dieses Buches) sind Augenblicke, in denen Gott auf eine sehr reale, sehr direkte und sichtbare Weise in unser Leben eingreift. Es sind Momente, in denen etwas geschieht, klein oder groß, das zu einer Kursänderung führt.

Sie erlebten einen Moment der Gnade, als Sie dieses Buch in die Hand nahmen.

Das Göttliche regt sich auf vielerlei Art in unserem Leben, vor allem, wenn wir Wunder für möglich halten. Ist unsere Seele erst einmal offen dafür, dass wir von Gott in einer Weise berührt werden könnten, die wir uns nur in unseren Träumen vorzustellen vermochten, werden diese Träume allmählich wahr.

Vor ein paar Jahren schrieb ich ein Buch mit dem Titel *Gespräche mit Gott*, das überall auf der Welt Aufmerksamkeit erregte. Ich glaube, dass mir dieses Buch in Momenten der Gnade direkt von Gott eingegeben wurde. Und mir ist vollkommen klar, dass ich nicht der Einzige bin, der solche Inspirationen erhält und solche Momente erfährt. Denn wenn *Gespräche mit Gott* uns etwas lehrte, dann, dass Gott fortwährend mit uns allen spricht. Aber wir können Gott nur hören, wenn wir für das Zuhören offen sind.

Lasst die hören, die Ohren haben zu hören.

Und nun habe ich aufregende Neuigkeiten für Sie: Gott führt nicht nur Gespräche mit uns, Gott besucht uns auch ganz persönlich jeden Tag.

In diesem Buch geht es um solche Besuche. Es wird auch in Ihrem Leben eine Richtungsänderung bewirken, da es von ganz realen Menschen handelt, Menschen wie Sie und ich. Es sind keine Geschichten von Meistern oder Gurus oder Heiligen oder Weisen, sondern von ganz gewöhnlichen Leuten, die eine eindrückliche »Begegnung mit Gott« hatten – und sie nie vergaßen. Und da es hier um ganz reale Menschen geht, die ein Leben führen wie Sie und ich, wird damit die Frage, ob noch eine andere Kraft in unserem Leben am Wirken ist, auf überzeugende Weise beantwortet.

Ich persönlich nenne diese Kraft Gott. Sie können Sie nennen, wie Sie wollen. Und wie immer Sie dazu sagen – Zufall, Glück, glückliche Fügung, Synchronizität, Intuition, Inspiration – nach der Lektüre dieses Buches werden Sie schwerlich bestreiten können, dass sie da ist. Hier. In unserem Leben. Jeden Tag. Wunder wirkend. Magie schaffend. Alles verändernd.

Es passiert in jedermanns Leben. Janice Tooke aus Herkimer, New York, dreiundvierzig Jahre alt, berichtet Folgendes …

Mein elfjähriger Sohn und ich waren in südlicher Richtung unterwegs, um zu campen und auf dem Hudson River zu segeln. Während der zweistündigen Fahrt hörten wir uns wie immer, wenn wir beide im Auto sitzen, Hörkassetten von *Gespräche mit Gott* an.

Es war ein warmer, sonniger Augustnachmittag, und uns war aufgefallen, dass wir auf dieser Fahrt viele, viele Monarch-Schmetterlinge gesehen hatten. Als wir dann auf dem Fluss gemütlich dahinsegelten, fühlte ich mich voller Licht und Liebe und stellte mir Jesus vor, wie er mit ausgestreckten Armen auf einem Feld stand und viele Schmetterlinge herbeirief. Und sie kamen herbeigeflogen, orange und schwarz und wunderschön, und setzen sich auf seine Arme und Hände und auf seinen Kopf und bedeckten ihn ganz und gar. Es war ein sehr schönes Bild, das ich vor meinem geistigen Auge sah, und es brachte Ruhe in mein Herz.

Ich spürte, dass ich in diesem Augenblick mit Gott eins war, und stellte mir nun vor, wie auch ich in dieser Weise die Schmetterlinge herbeirief. Es war ein herrlicher innerer Moment. Ich wollte, dass er endete.

Dann beschlichen mich meine menschlichen Zweifel. Ich fantasiere mir das alles zusammen, dachte ich. Alle diese Gefühle und Visionen sind nichts weiter als Auswüchse meiner Einbildungskraft. Frustration überkam mich. Ich wünschte mir, ich könnte auf irgendeine Art mit Bestimmtheit wissen, dass Gott real ist und ich ein Teil von ihm bin.

Da bat ich Gott, mir ein Zeichen zu geben und sich mir während unseres Ausflugs auf greifbare Weise zu enthüllen. Ich wollte nicht mehr länger warten. Ich wollte, dass es auf diesem Trip passierte, gleich hier, gleich jetzt. Ich setzte sogar die »Ich Bin«-Formel ein, um es herbeizubeschwören. Ich sagte laut: »Ich bin die, der ein Zeichen gegeben wird.«

Am Abend schlugen wir unser Zelt auf einer Insel auf. Der nächste Morgen begann mit einem wunderschönen Sonnenaufgang über dem Fluss. Das vom Wasser reflektierte Sonnenlicht blitzte mir in die Augen, und ich schüttelte mich, um wach zu werden. Als ich dann vor dem Zelt saß und zusah, wie die Wellen ans Ufer plätscherten, kam ein riesiger Monarch-Schmetterling aus dem Nichts angesegelt und tanzte vor meinem Gesicht herum. Überrascht sah ich ihn dann einmal die Spitze des Zelts umrunden, in dem mein Sohn noch schlief.

»Oh, wie wunderschön du bist«, rief ich spontan. »Komm und besuch mich!« Ich streckte die Hand aus und sah verwundert, dass sich der Schmetterling tatsächlich auf ihr niederließ!

Er war so wunderschön! Seine orangefarbenen und schwarzen Flügel waren riesig und perfekt geformt, und mehrere Sekunden lang saß er still auf meiner Handfläche. Mein Sohn war von meiner Stimme wach geworden, streckte den Kopf aus dem Zelt und sah den Schmetterling auf meiner Hand sitzen.

Wir waren beide zutiefst erstaunt.

Ich wusste natürlich, wer dieses Geschenk geschickt hatte. Ich weiß es, weil ich es herbeigerufen habe. Und ich weiß, dass ich es herbeirufen kann, und dass wir das alle können in Augenblicken der Dankbarkeit und des Lobpreisens und des reinen Hingegebenseins und Einsseins mit Allem Das Ist.

☆ ☆ ☆

Nun, wenn Sie nicht aufpassen, könnten Sie die Großartigkeit dieses Augenblicks übersehen. Oder Sie könnten auch der Ansicht sein, dass die Geschichte zwar ganz hübsch ist, aber gar nichts beweist, und dass Janice etwas zu weit geht, wenn sie behauptet, dies sei doch der Fall.

Doch was würden Sie wohl zu Bill Colson aus Lehi in Utah sagen?

Das Atmen war für meinen Vater schwer geworden, mühselig. Seit Tagen hing er nun schon zwischen Leben und Tod. Die ganze Familie war da und wachte bei ihm.

Dads geschwächter, vom Krebs zerstörter Körper – der direkt vor unseren Augen dahinzuschwinden schien – wurde ab und zu von Schmerzanfällen, wie ich nur vermuten konnte, geschüttelt. Er war nicht mehr imstande, sich darüber zu beklagen, und hatte nun schon seit zweiundsiebzig Stunden weder ein Wort gesprochen noch seine Augen aufgeschlagen.

»Mein Gott«, sagte meine Mutter, die neben seinem Bett saß, »wie lange kann das so weitergehen?«

Es war ein Uhr morgens, und die Ärmste war erschöpft. Wir alle waren es. Aber die beiden waren seit einundsechzig Jahren verheiratet. Nichts und niemand würde Mom nun von seiner Seite weichen lassen.

Da führte ich mein Gespräch mit Gott.

»Muss er denn so leiden?«, fragte ich ihn still und dringlich im Innern meines Herzens. »Er war ein guter Mensch, Gott. Und er hat seine Arbeit hier beendet. Nichts ist ungetan geblieben, nichts ist mehr zu vollenden. Bitte. Kannst du ihn nicht jetzt zu dir nehmen? Willst du seinem Schmerz nicht ein Ende bereiten? Wenn du hier bist, Gott – und ich weiß, dass du hier bist – bitte, lass dies ein Ende haben.«

In diesem Augenblick wurde Dads Atmen weniger mühsam. Und binnen drei Minuten war er verschieden. Sanft. Als fiele er in einen tieferen Schlaf.

Meine Augen füllten sich mit Tränen. Ich hatte noch nie an Gott gezweifelt. Und nun werde ich ganz gewiss nicht einmal auch nur daran denken, an ihm zu zweifeln.

Zufall? Synchronizität? Ich denke nicht.

Ein Moment der Gnade? Ja.

Momente der Gnade sind Augenblicke, in denen Gott auf eine sehr reale, sehr direkte und sichtbare Weise in unser Leben eingreift. Es sind Momente, in denen etwas geschieht, klein oder groß, das zu einer Kursänderung führt.

Sie erlebten einen Moment der Gnade, als Sie dieses Buch in die Hand nahmen.

2

Es gibt viele Wohnungen

Bill Tucker lernte seine Glaubenslektion vor dreißig Jahren, eine Lektion, die er nie vergaß. Er hat sie sich viele Male in Erinnerung gerufen, um sich selbst daran zu gemahnen, dass nichts unmöglich ist. Nur eines braucht es. Glaube.

In jenen Tagen besaß Bill eine Maklerlizenz und führte eine Immobilienagentur, er selbst verkaufte jedoch keine Häuser. Abends blieb er immer lange im Büro, um für seine Agenten da zu sein, wenn sie von ihren Besichtigungstouren zurückkehrten. Es war dann seine Aufgabe, die Kaufangebote zu begutachten, und er wollte keine Geschäfte verzögern – oder verlieren –, nur weil er nicht verfügbar war.

An dem bewussten Abend beschloss er um zehn Uhr, Feierabend zu machen und nach Hause zu fahren. Doch dann hörte er Stimmen im Vorzimmer. Ich muss vergessen haben, die Tür abzuschließen, dachte er und stand auf, um nachzusehen.

»Es tut mir Leid, das Büro ist geschlossen«, entschuldigte er sich bei dem jungen Paar, das an der Empfangstheke stand. Es war ein sehr klein gewachsenes Paar – sie war kaum einen Meter fünfzig und er nur wenig größer. Hinter ihren Rücken verbargen sich schüchtern zwei kleine Kinder.

»Nun, das Licht ist noch an«, hielt ihm die Frau entgegen. »Und Sie sind doch noch hier, oder?«, fügte sie freundlich hinzu.

»Ja«, erwiderte Bill, »aber sehen Sie, ich bin der Manager, kein Agent, und ich wollte gerade schließen.«

»Wir sind die Johnsons ... Ted und Amy. Wir müssen noch heute Abend ein Haus kaufen, Sie müssen uns also helfen«, beharrte sie.

»Warum heute Abend, Mrs. Johnson?«, erkundigte sich Bill.

Sie holte Atem. »Weil wir morgen einziehen müssen.«

Bill konnte gerade noch an sich halten, nicht mit den Augen zu rollen.

»Das ist ganz unmöglich, Madam«, erklärte er mit geduldigem Lächeln. »Erstens, selbst wenn Sie um diese späte Zeit ein Haus finden sollten, das Ihnen gefällt, müssen Sie dem Besitzer zunächst ein Kaufangebot machen. Dann müssen wir auf ein Gegenangebot warten. Danach müssen Sie bei der Bank eine Hypothek beantragen, das Haus muss geschätzt werden, und die Bank muss Ihnen ihre Zustimmung geben. Es gibt absolut keine Möglichkeit, vor Ablauf von sechs Wochen in ein Haus einzuziehen.«

Nun, das sollte als Erklärung reichen, dachte er. Die Leute erstaunten ihn doch immer wieder. Er kicherte innerlich. Meinte sie denn tatsächlich, sie könnte hier um zehn Uhr abends hereinschneien und mit dieser lächerlichen Vorstellung durchkommen?

Er wollte ihr gerade vorschlagen, morgen wieder zu kommen. Dann würde er sie einem Agenten vorstellen, der ihr vielleicht behilflich sein konnte. Aber Mrs. Johnson dachte da offensichtlich völlig anders.

»Oh, es wird kein Problem geben. Wir werden heute Abend ein Haus kaufen können«, sagte sie.

Okay, dachte Bill bei sich. Vielleicht haben sie das Geld für ein Haus. Das würde den Prozess sicher beschleunigen. »Aha? Wie das?«, fragte er höflich.

»Weil ich Gott gebeten habe, uns bis morgen ein Haus zu geben, und er lässt mich nie im Stich.«

»Ich verstehe. Nun, selbst wenn mir ein Agent zur Verfügung stünde, ist es heute Abend schon viel zu spät, um sich noch irgendetwas anzusehen.«

Sie schien nicht zu begreifen. »Sie haben doch eine Lizenz, oder?«, beharrte sie.

Bill bejahte. »Aber ich habe noch nie ein Haus verkauft und bin darin nicht so erfahren, dass Sie mir vertrauen könnten.«

»Sie glauben doch an Gott, nicht wahr?«

Bill lächelte nachsichtig. »Klar doch. In diesem Punkt gibt es keine Frage. Aber ...«

Sie unterbrach ihn: »Glauben Sie an Wunder?«

»Nun ... ja.« Bill hatte in der Tat schon vieles erlebt, was er als erstaunliche Begebenheiten in seinem Leben erachtete.

Mrs. Johnson richtete sich zu voller Größe auf, warf sich in die Brust und sagte: »Schauen Sie. Ich habe heute gebetet und Gott darum gebeten, mir ein Heim zu geben ... äh, könnten wir uns eben mal setzen?« Bill nickte und deutete auf ein paar Stühle vor dem Schreibtisch eines Agenten. Er selbst ließ sich im Sessel hinter dem Schreibtisch nieder. »Ich bat Gott«, so sprach sie weiter, »uns ein Heim zu geben, in das wir morgen früh einziehen können.«

Bill zog die Augenbrauen hoch.

»Wir haben nichts, wo wir wohnen können«, erläuterte Mrs. Johnson. »Wir dachten, wir hätten einen Kaufvertrag für ein Haus mit einer kleinen alten Dame hier in der Stadt, die einwilligte, es für uns zu finanzieren. Wir stammen von etwa zweihundert Meilen nördlich von hier, aber mein Mann hat hier gerade eine Arbeit gefunden, da haben wir unsere Sachen gepackt und sind hierher gefahren. Als wir ankamen, war die Dame noch nicht ausgezogen ... und als wir sie fragten, wann sie ausziehen würde, sagte sie, gar nicht. Sie dachte, sie hätte mit uns vereinbart, dass wir bei ihr im Haus wohnen. Also hat sie uns im Souterrain einquartiert.«

Bill gab einen leisen Pfiff von sich und schüttelte den Kopf. »Das ist eine sehr merkwürdige Geschichte«, sagte er. Er hatte in den zwanzig Jahren, in denen er nun sein Geschäft betrieb, eine Menge Horrorgeschichten gehört, aber diese hier gehörte ganz weit oben auf die Liste.

Mrs. Johnson sprach weiter: »Natürlich können wir nicht im Kellergeschoss dieser Dame wohnen. Wir haben unsere Kinder dabei. Wir haben uns nun täglich auf der Toilette der Tankstelle weiter unten an der Straße gewaschen. Heute Abend habe ich Gott um ein Wunder gebeten, weil wir nicht so weiterleben können. Also sind wir rumgefahren und haben nach einem Maklerbüro gesucht, das noch offen ist. Und da sind Sie!«

Bill konnte durch das Vorderfenster das alte verbeulte Auto des Paars auf dem Parkplatz stehen sehen. »Wie viel

Geld haben Sie für eine Anzahlung?« Die Antwort darauf wollte er eigentlich lieber gar nicht hören.

»Oh, wir haben gar kein Geld. Ted konnte in den letzten zehn Jahren nicht arbeiten. Wissen Sie, er ist ein genesender Alkoholiker, und wir haben die Chance für einen Neuanfang, aber es ist nicht leicht. Ich habe als Kellnerin Teilzeit gearbeitet.«

Die Lage wird immer düsterer, dachte Bill. Wie um alles in der Welt glaubten sie, ohne Geld ein Haus kaufen zu können?

»Sie haben Ihre Familie mit dem Gehalt einer Kellnerin ernährt? Warum haben Sie nur Teilzeit gearbeitet?«, fragte er.

»Das musste ich, um als freiwillige Helferin in meiner Kirche mitarbeiten zu können«, erklärte sie. »Das ist mir wichtig. Aber wir kommen durch … das ist nicht das Problem. Das Problem ist, dass wir kein Zuhause haben. Und wissen Sie, wir sind nicht wählerisch. Wir nehmen das billigste Haus, das wir finden können.«

»Warum suchen Sie nicht etwas, das Sie mieten können?«, schlug Bill vor. »Kommen Sie wieder auf die Beine, kratzen Sie etwas Geld zusammen, und sparen Sie für ein Haus.«

»Wir haben jahrelang gemietet. Es ist nun Zeit für etwas Eigenes«, schmetterte die Frau den Vorschlag ab. »Und mit Gottes Hilfe können wir es auch bekommen. Sehen Sie nur, wie er uns zu Ihnen gebracht hat!«

Na, viel Glück, Lady, dachte Bill. Doch zugleich faszinierte ihn der starke Glaube dieser Frau. Und wer war er schon, um in ihr Wunder störend einzugreifen? Er zog eine Mappe hervor, in der alle zurzeit auf dem Markt befindlichen Angebote aufgelistet waren. Ich kann ja wenigstens mal nachschauen, was es so gibt, sagte er sich innerlich seufzend.

»Nun, hier ist eines für 54 000 Dollar. Es ist nicht der hübscheste Teil der Stadt, aber es ist ein ziemlich niedriger Preis. Wie viel wird Ihr Mann denn in seinem neuen Job verdienen?«

Mr. Johnson, der sich bis zu diesem Zeitpunkt still verhalten hatte, meldete sich nun zu Wort.

»Ich hab verdammtes Glück, überhaupt einen Job bekommen zu haben. Morgen fange ich als Hausmeister an und verdiene sechs Mäuse die Stunde.«

Bill sah beide schief an. »Das ist nicht viel«, bemerkte er. Er zog seinen Taschenrechner heraus und tippte ein paar Zahlen ein. »Nicht ganz 12 500 Dollar im Jahr.«

Der Mann nickte.

»Bei diesem Gehalt können Sie sich maximal ein Haus für 36 000 Dollar leisten. In dieser Preiskategorie gibt es keine Häuser. Und selbst wenn es sie gäbe, würde die Bank eine Anzahlung verlangen. Alles das macht die Sache sehr unwahrscheinlich, Mr. und Mrs. Johnson.«

»Aber Sie sagten doch, dass Sie an Wunder glauben«, erwiderte Mrs. Johnson mit leiser Stimme.

»Ja.« Bill lächelte sanftmütig, »Aber ich sagte nicht, dass ich sie vollbringen kann.«

Das Paar starrte ihn nur an. Okay, dachte er. Ich muss einfach beweisen, wie unmöglich das alles ist. Er griff zum Telefon und wählte die Immobilienmaklerin an, die das besagte Haus anbot. »Wir machen ein Angebot«, sagte er, doch er wusste schon, was am Ende dabei herauskommen würde.

Die Maklerin war über den Anruf zunächst entzückt. Bill erwartete in diesem Fall auch nichts anderes, da er aus den Unterlagen ersah, dass das Haus schon über ein Jahr auf dem Markt war. Doch als sie dann hörte, dass sich das Angebot auf 36 000 Dollar belief, reagierte sie so, wie Bill ebenfalls erwartet hatte. Sie war entrüstet. Bill musste darauf beharren, dass sie dem Eigentümer dieses Angebot übermittelte, und sie auf das Gesetz hinweisen, das besagte, dass alle ehrlich gemeinten Angebote vorgelegt werden mussten.

Ein paar Augenblicke später rief die Maklerin zurück. »Der Eigentümer macht ein Gegenangebot«, sagte sie etwas weniger verärgert, da nun irgendeine Art von Geschäft zumindest im Bereich des Möglichen zu liegen schien. »Es ist ein gutes. 45 000 Dollar. Ich denke, Sie sollten es annehmen.«

»Ich danke Ihnen«, erwiderte Bill und meinte es ehrlich. »Aber lassen Sie mich Ihnen die Situation erklären. Meine Klienten haben keine finanziellen Rücklagen und verfügen auch über kein nennenswertes Einkommen. Sie haben Glück, wenn sie eine Bank finden, die ihnen 36 000 Dollar leiht, von 45 000 gar nicht zu reden. Wir verhandeln weiter und bleiben bei unserem Angebot von 36 000 Dollar.«

»Ich bin sicher, dass der Eigentümer das nicht annehmen wird«, sagte die Maklerin unverblümt.

»Sie haben nicht das Recht, das zu beurteilen«, erwiderte Bill. »Sie sind dazu verpflichtet, unsere Erwiderung auf das Gegenangebot vorzutragen.« Allmählich erwärmte er sich für die Sache. Vielleicht wurde ja zumindest eine interessante Übung daraus.

Nach fünf Minuten meldete sich die Maklerin erneut.

»Ich habe das Angebot übermittelt, und die Eigentümer sind einverstanden, dass ich ihnen das Haus zeige. Wir denken, dass die Käufer in unseren Preis einwilligen werden, wenn sie es sehen.«

»Ich glaube nicht, dass sie das können«, sagte Bill noch einmal.

»Ich habe schon merkwürdigere Dinge erlebt«, erwiderte die Maklerin. »Zeigen wir ihnen das Haus.«

»Okay«, sagte Bill und verabschiedete sich. Er erklärte den Johnsons die Sachlage. Sie saßen nur da und lächelten. Bill konnte es kaum fassen, dass sie so weit gekommen waren. Am Morgen würden sie natürlich die Vergeblichkeit dieser Übung begreifen, aber das gehörte zum Geschäft eines Immobilienmaklers. Die Johnsons waren nette Leute, und er würde sie durch diesen Prozess begleiten, bis sie verstanden.

Am nächsten Morgen stellte sich Bill auf seiner Fahrt zu jenem Haus missvergnügt vor, wie es vermutlich aussehen würde. Schließlich war es das billigste auf dem Markt und befand sich zudem in der schlimmsten Gegend. Die Straße war voller Schlaglöcher, überall sah man ungepflegte Rasen, und verlassene Autos standen herum. Bill stieß einen Seufzer aus, als er vor einem bescheidenen Eingangstor anhielt.

Die Maklerin wartete schon auf ihn, und die Johnsons standen mit hoffnungsvollem Blick daneben. Ihm graute davor, wie traurig sie sein würden. Bill war froh, dass es gewöhnlich nicht zu seinen Aufgaben gehörte, ein Haus anzubieten und zuweilen andere Menschen enttäuschen zu müssen.

Doch als die Maklerin das Eingangstor aufstieß, hielt

Bill den Atem an. Das kleine Haus war entzückend! Mr. und Mrs. Johnson lächelten strahlend. Es war ein bezauberndes in Rot und Weiß gehaltenes Häuschen nach Cape-Cod-Manier mit Mansardenfenstern und Läden an allen Fenstern. Als sie das Haus durch den Vordereingang betraten, fielen Bill der Linoleumfußboden und die neuen Teppiche auf. Alles Holzwerk war abgebeizt und frisch gestrichen worden, in der winzigen Küche fanden sich neue Haushaltsgeräte und brandneue Küchenschränke. Das Haus war tadellos in Ordnung und ganz und gar mit neuen Möbeln ausgestattet, die dazugehörten. Es war ein Juwel!

»Wir nehmen es!«, platzte Mrs. Johnson glückselig heraus.

»Großartig.« Die Maklerin strahlte. »Fahren wir zum Eigentümer nach Hause und schließen wir die Verhandlungen ab.«

Die kleine Gruppe bahnte sich ihren Weg durch das Slum-ähnliche Viertel, fuhr zu einem hübschen Vorort und hielt vor einem weitläufigen Ranchhaus an. Ein Bär von einem Mann, der einen Overall trug, begrüßte sie an der Eingangstür. »Guten Tag. Ich bin George Rockwell«, sagte er mit herzlicher Stimme. Dann führte er sie in eine fröhlich wirkende Küche, wo seine Frau allen Kaffee einschenkte.

Als sich alle niedergelassen hatten, blickte Mr. Rockwell Mr. Johnson ganz direkt an. »Was ist mit Ihnen los, Mister? Warum sind Sie nicht dazu bereit dafür zu sorgen, dass Ihre Familie wenigstens ein eingermaßen ordentliches Haus für einen vernünftigen Preis bekommt?«

»Nun, Sir«, fing Mr. Johnson an und blickte in seine Kaffeetasse, »ich bin ja dazu bereit. Mein Makler hier sagt, dass ich mir nicht mehr leisten kann.« Er hatte Probleme mit Rockwells direkter und unverblümter Art. »Sehen Sie«, fuhr er fort, »ich bin Alkoholiker. Ich war in den letzten zehn Jahren arbeitslos. Ich bin jetzt trocken und habe gerade einen neuen Job drüben beim Harnischfeger-Werk bekommen.«

Mr. Rockwell blickte überrascht drein. »Harnischfeger! Wer hat Sie dort eingestellt?«

»Ein netter Kerl namens Rogers. Charley Rogers.«

Rockwell stand auf und streckte ihm die Hand hin. »Sie können das Haus für 36.000 Dollar haben!«

Bill verschluckte sich fast an seinem Kaffee. »Entschuldigen Sie bitte«, mischte er sich ein, sobald er wieder bei Atem war. »Wir sind nicht einmal sicher, dass wir eine Bank finden, die ihm ein Darlehen gibt.«

»Kein Problem«, kam Rockwells Antwort. »Ich finanziere es selbst.«

»Mr. Rockwell«, fuhr Bill fort, »dieser Käufer ist noch nicht einmal überprüft worden.«

»Für wen sprechen Sie hier eigentlich, Mr. Tucker?«, fragte ihn nun der Eigentümer des Hauses, um dann mit sanfterer Stimme hinzuzusetzen: »Schauen Sie, ich habe mich gerade nach sechsunddreißig Jahren Arbeit in der Wartungsabteilung von Harnischfeger zur Ruhe gesetzt. Charley Rogers, ein trockener Alkoholiker, kam vor fünfzehn Jahren zu mir. Ich hab's mit ihm probiert, und er war voll in Ordnung. Wenn dieser Mann für Charley gut genug ist, ist er auch gut genug für mich. Ich gebe ihm hier und jetzt das Haus für seinen Preis!«

Die beiden Makler sahen einander völlig ungläubig an. Eine zweite Tasse Kaffee wurde angeboten, und Rockwell erzählte die Geschichte des Hauses, das bald Mr. und Mrs. Johnsons Haus sein sollte – ein Haus, das ihm sehr lieb war und an dem sein Herz hing, wie sich herausstellte.

Sein Vater hatte das Haus gebaut, und George Rockwell hatte sein ganzes Leben darin gewohnt, hatte dort geheiratet und seine eigene Familie großgezogen. Er hatte alle Umbauten selbst vorgenommen. Seine Frau hatte die neuen Teppiche und neuen Möbel ausgesucht. Schließlich fühlten er und Mrs. Rockwell sich einzig aus dem Grund zum Auszug gezwungen, weil sie ihr Geld in etwas Substanzielleres investieren wollten, in etwas, das mehr Rendite abwerfen würde. Ihr Sohn litt am Down-Syndrom und würde nach ihrem Tod weiterhin finanzielle Unterstützung brauchen.

Die Johnsons strahlten. Die Morgensonne schien durch die Fenster herein, und Bill spürte, wie ihm eine verstohlene Träne aus dem Augenwinkel quoll. Und er sah, dass auch die Maklerin an ihrer Wimperntusche herumtupfte.

»Können wir heute einziehen?«, fragte Amy Johnson voller Hoffnung.

Rockwell griff in die Tasche seines Overalls und zog einen Schlüsselbund hervor. »Seid meine Gäste!«, sagt er grinsend und legte die Schlüssel in Mrs. Johnsons Hand.

Sie blickte zu Bill hinüber und zwinkerte ihm zu. Er zwinkerte zurück. Darum geht es also beim Verkaufen von Häusern – und auch im Leben, dachte er. Es geht einfach um ein Wunder nach dem anderen.

☆ ☆ ☆

Es finden sich viele wundervolle Botschaften in *Gespräche mit Gott*, aber keine ist wichtiger als dieser eine Satz:

Das Leben geht aus deinen diesbezüglichen Absichten hervor.

Dieser Satz hilft uns, die Beziehung zwischen uns und Gott und auch den Prozess des Lebens selbst besser verstehen zu können.

Das Leben ist kein Entdeckungsprozess, wie wir vielleicht meinen, wenn wir sagen: »Schauen wir mal, was passiert.« Das Leben ist ein Schöpfungsprozess, so als würden wir sagen: »Lasst uns wählen, was passiert.«

Uns wurde gesagt, dass wir als Ebenbild Gottes erschaffen wurden. Nun, Gott ist Der Schöpfer. Gott erschafft. Wenn wir also wirklich als Ebenbild Gottes erschaffen wurden, dann müssen auch wir Schöpfer sein.

Und das stimmt haargenau. Die Frage ist, durch welchen Prozess erschaffen wir? Und die Antwort lautet: durch unsere Absichten.

Indem wir uns über unsere Absichten im Klaren sind, »helfen wir Gott«. Dadurch schließen wir uns Gott in bewussten gemeinsamen Schöpfungsakten an. Wir bedienen uns bewusst der Macht und Kraft Gottes, um ein bestimmtes Ergebnis herbeizuführen.

Die Geschichte von Mr. und Mrs. Johnson illustriert das auf eindrucksvolle Weise. Doch wirft sie für den, der tiefer darüber nachdenkt, die Frage auf: Was war zuerst da, die Henne oder das Ei? Das heißt, war es Mrs. Johnsons fester Glaube an Wunder, der dieses Wunder bewirkte? Oder war das Wunder schon existent, bevor sie daran glaubte oder auch nur daran dachte, und brauchte sie nichts weiter zu tun als zu sehen, dass es da war?

Was hat dieses Wunder herbeigeführt?

Das ist die Frage.

Gespräche mit Gott sagt uns, dass Mrs. Johnsons Absichten sie die Erfahrung dieses speziellen Ergebnisses machen ließen, im Gegensatz zu einer beliebigen Anzahl anderer möglicher Resultate.

Könnte das stimmen? Und wenn ja, wie funktioniert das?

Das ist die Frage, die sich die Besinnende Theologie stellt. So bezeichne ich persönlich die Form von Theologie, die zu verstehen sucht, wie die Dinge geschehen, nicht nur warum sie sich ereignen.

Manchen reicht es zu wissen, dass der Grund, warum Mrs. Johnson an einem einzigen Tag ein Haus kaufen konnte, der war, dass sie Glauben hatte. Andere stellen sich noch tiefere Fragen. Wie funktioniert Glaube? Wie führt er denn nun genau das erwünschte Resultat herbei?

Gespräche mit Gott wurde ein so enorm populäres Buch, das in siebenundzwanzig Sprachen übersetzt und von Millionen Menschen auf der ganzen Welt gelesen wurde, weil es das Wie des Lebens erklärt – und das vielleicht zum ersten Mal so, dass es der ganz normale Mensch verstehen kann.

Und alle folgenden *Mit-Gott*-Bücher, einschließlich *Freundschaft mit Gott* und *Gemeinschaft mit Gott*, haben dieses Thema erweitert und näher ausgeführt, sodass wir jetzt die Mechanismen kennen, durch die Gott in unser Leben tritt, um Wunder zu wirken.

Und diese Momente, in denen Gott in unser Leben tritt, habe ich Momente der Gnade genannt.

Streng genommen »tritt« Gott natürlich nicht wirklich »in unser Leben ein«. Denn daraus würde sich logischerweise ergeben, dass es Zeiten gibt, in denen Gott nicht in unserem Leben ist. Und das stimmt nicht. Es stimmt aus dem einfachen Grund nicht, dass es nicht möglich ist. So etwas wäre einzig nur dann möglich, wenn Gott und wir voneinander getrennt wären. Wenn Gott von uns getrennt wäre, könnte es Zeiten geben, in denen Gott »bei uns« und »nicht bei uns« ist.

Was Gott veranlassen könnte, »bei uns« oder »nicht bei uns« zu sein, könnte dann das Thema ganzer Religionen und Glaubenssysteme sein. Wir könnten viele Leben und viele Bücher der Grundfrage widmen: Was bringt Gott dazu, in unser Leben zu treten?

Aber was, wenn Gott schon in unserem Leben existiert? Was, wenn Gott uns nie verlassen hat? Was, wenn Gott uns gar nicht verlassen könnte, selbst wenn sie wollte, weil Gott und wir eins sind? Was, wenn das die Wahrheit wäre?

Das würde unter anderem eine völlig andere Grundfrage aufwerfen. Nicht, was Gott dazu bringen könnte, in unser Leben zu treten, sondern was machen wir nun mit ihm, da wir endlich erkennen, dass sie schon immer da war?

Auf diese Weise wirft *Gespräche mit Gott* alles über den Haufen. Indem wir die Frage umkehren, gelangen wir schließlich zu völlig anderen Antworten.

Wenn Gott und Mrs. Johnson eins sind, dann ist der springende Punkt hier nicht, dass Mrs. Johnson Gott bittet, binnen eines Tages ein Zuhause für sie zu finden. Der springende Punkt ist, dass Mrs. Johnson dieses Resultat hervorruft.

Und das wird durch den Mechanismus der Absicht bewirkt.

Kann irgendjemand daran zweifeln, dass Mrs. Johnson die Absicht hatte, binnen vierundzwanzig Stunden ein Zuhause zu finden und zu bekommen, ganz gleich, was alle anderen in dieser Sache für möglich oder unmöglich hielten?

Viele Menschen haben ihren Lebenstraum begraben, weil sie nicht begriffen haben, was hier eben niedergeschrieben wurde. Sie haben akzeptiert, was eine andere Person ihrer Aussage nach für möglich oder nicht möglich hielt. Sie erlebten, wie Schluss war mit ihren Träumen. Doch eine feste Absicht kann diesen Beendingungsprozess wieder umdrehen, und zwar durch einen wundersamen Umkehrungsprozess, den ich Ent-schluss-kraft nenne.

Ent-schluss-kraft oder Entschlossenheit »beendet das Beenden«. Es stoppt das Stoppen. Es macht mit dem Abschließen Schluss und ermöglicht jedermann, noch einmal anzufangen, aufs Neue zu beginnen. In manchen christlichen Kreisen nennt man dies wieder geboren werden. *Gespräche mit Gott* bezeichnet es als das Wunder der Wiedererschaffung, bei dem wir uns wieder in der nächsten großartigsten Version der größten Vision, die wir je über Wer Wir Sind hatten, wieder aufs Neue erschaffen.

Unterschätzen Sie nie die Kraft der Entschlossenheit. Das ist es, was uns die Geschichte von Bill Tucker und den Johnsons lehrt.

3

Per Anhalter unterwegs

Als begeisterter Pokerspieler weiß David Daniel über Wahrscheinlichkeiten Bescheid. Eine Erfahrung, die er als Collegestudent in den frühen siebziger Jahren machte, lehrte ihn auf nachhaltige Weise, wie unwahrscheinlich die Existenz des »bloßen Zufalls« ist.

David stand vor Beginn seines Studiums an der Universität von Südkalifornien. Er hatte als Hauptfach Internationale Beziehungen gewählt und war im Rahmen des Resident Honors Program eingeladen worden, nach Tunesien zu gehen und dort ein Jahr an der Universität von Tunis zu studieren. Es versprach, ein ziemliches Abenteuer zu werden.

Das Studienjahr begann Mitte September, und seine Eltern hatten ihn dazu ermuntert, davor noch ein bisschen in Europa herumzureisen. Verständlicherweise waren sie trotzdem etwas besorgt. David war erst neunzehn. Sein Plan sah vor, nach Paris zu fliegen und eine Weile in Frankreich herumzureisen, um sich dann auf den Weg nach Tunesien zu machen.

Er selbst war natürlich schwer begeistert, aber hinsichtlich der Reise auch etwas nervös. Da war er noch keine zwanzig und würde sich nun in einer ihm völlig fremden Kultur zurechtfinden müssen. Es konnte eine Erfahrung werden, bei der man wirklich etwas lernte ... oder eine ziemliche Katastrophe, dachte er.

Als der junge Mann mit seinem Pferdeschwanz, geflickten Jeans und Rucksack auf dem Rücken, am Kennedy Airport ankam, war er äußerst unruhig. Seine Neugierde war groß, aber seine Erfahrung, auch nur irgendwo weg von zu Hause zu sein, nur gering. Ob es wohl gut gehen würde?, fragte er sich. Mein Gott, Paris! Und Tunesien! Was werde ich tun, wenn ich dort bin? Ich kann ja nicht einmal die Sprache! Und ich kenne keinen Menschen.

Von seinem Bammel in letzter Minute ein bisschen entnervt wanderte David auf dem Flughafen herum und versuchte, seine Gedanken nicht auf all die Dinge zu richten, die schief gehen konnten. Doch da es bis zu seinem Weiterflug spät nachts noch viele Stunden waren, hatte er eine Menge Zeit, sich Sorgen zu machen.

Schließlich traf er den Entschluss, nach Manhattan zu fahren und sich dort ein paar Stunden umzusehen. Um Geld für Europa zu sparen, wollte er versuchen, per Anhalter in die Stadt zu kommen. Er war noch nie in New York gewesen. Es würde ein schönes Nachmittagsabenteuer werden, und es sollte ein Leichtes sein, draußen vor dem Flughafen jemanden zu finden, der ihn mitnahm, dachte er.

Falsch gedacht.

Die Autos sausten vorbei und ignorierten seinen erhobenen Daumen. Mann, ich schaffe es ja noch nicht einmal, nach New York zu kommen, ärgerte er sich. Wie soll ich denn da in Frankreich zurechtkommen?

Er wollte sein Vorhaben schon aufgeben, da verlangsamte ein Fahrzeug seine Fahrt und hielt bei ihm an.

»Wohin willst du, mein Junge?«, fragte der Mann am Steuer freundlich.

»Nach Manhattan hinein«, erwiderte David hoffnungsfroh. »Ich dachte, ich könnte mich noch ein bisschen umsehen, bevor ich heute Nacht nach Paris fliege.«

»Nun, ich fahre nicht nach Manhattan, aber ich kann dich ein Stück mitnehmen und an einer Stelle absetzen, von der aus dich dann jemand in die Stadt mitnehmen kann.«

David hüpfte hoch erfreut in den Wagen. Die Dinge haben sich zum Besseren gewendet, dachte er und grinste.

Falsch gedacht.

David war sehr überrascht, als der Mann bei einer Verkehrsinsel inmitten eines Highwaysystems zur Seite fuhr, anhielt und ihm bedeutete, auszusteigen. »Was ist los?«, fragte er nervös.

»Weiter kann ich dich nicht mitnehmen«, sagte der Fahrer und dann in Reaktion auf Davids verblüfftes Gesicht: »Ich hab dir doch gesagt, dass ich dich nur einen Teil der Strecke mitnehmen kann.«

An dieser Stelle gab es mindestens vier verschiedene Ausfahrten, die alle in verschiedene Richtungen und zu verschiedenen Teilen der Stadt führten. David hatte keine Ahnung, wo er war oder wie er an sein gewünschtes Ziel kommen sollte. Und in diesem Zustand plötzlicher Lähmung besaß er auch nicht die Geistesgegenwart, den Fahrer danach zu fragen! Er konnte ihn nur sagen hören: »Junge, du musst raus.« Er bedankte sich bei dem Mann für die Fahrt, stieg aus und begab sich zur Verkehrsinsel inmitten all der Highways.

39

David überkam die Verzweiflung, als er nun den Berufs-
verkehr an sich vorbeibrausen sah. Hier nimmt mich nie
jemand mit, dachte er hoffnungslos.

Selbst wenn tatsächlich jemand anhalten sollte, was
sehr unwahrscheinlich war, musste dieser nach Manhattan fahren und nicht eine der anderen Ausfahrten nehmen
wollen! Und dass er zu einem günstigeren Ausgangspunkt
oder sogar zum Flughafen zurück marschierte, war auch
keine Möglichkeit. Er saß hier inmitten verschiedener
Highwaystrecken fest und in einem ziemlichen Schlamassel, sagte er sich.

David verlagerte den Rucksack auf seinem Rücken und
streckte resigniert den Daumen hoch.

Hunderte von Autos fuhren vorbei. Eine Stunde verging … dann noch eine. David sah sich die Gesichter der
Fahrer an, die ihren Zielen konzentriert entgegenstrebten.
Kaum einer bemerkte ihn, und wenn ihn einer zur Kenntnis nahm, dann mit einem verblüfften oder noch schlimmer, mit einem amüsierten Gesichtsausdruck. David glaubte zu wissen, was diese Leute dachten.

»Denkt denn dieser Knabe tatsächlich, dass ihn hier
draußen irgendeiner mitnimmt?«

David musste ihnen beipflichten. Seine Aussichten waren ziemlich düster.

Er überlegte, was er tun sollte, wenn tatsächlich kein
Mensch anhalten sollte, und beschloss, nach Ende des
Stoßverkehrs die kreuz und quer verlaufenden Straßen zu
überqueren und zu irgendeiner Bushaltestelle zu laufen. Er
begann sich Sorgen zu machen. Wenn nicht bald etwas
passierte, war für Manhattan keine Zeit mehr. Dann musste er zum Flughafen zurück, um sein Flugzeug nach Paris

zu kriegen – und konnte von Glück reden, wenn er das noch schaffte.

Nun glitten seine Gedanken definitv ins Negative ab. Ich bin hier wirklich ziemlich exponiert. Hier kann alles passieren. Und selbst wenn eine Polizeistreife anhält, bin ich zwar in Sicherheit, kriege aber unter Umständen auch Probleme. An Highways ist das Trampen nicht erlaubt. Die Polizei hält mich vielleicht fest, und dann verpasse ich mein Flugzeug ...

Inmitten seines düsteren Gedankenstroms hielt David plötzlich inne. Warte mal, das ist verrückt! Es wird nichts Schlimmes passieren. Er schüttelte den Kopf über sich selbst. Ich muss positiv denken.

Ein paar Minuten später bemerkte er, wie ein Kombiwagen älterer Bauart seine Fahrt verlangsamte und der Fahrer besorgt zu ihm herüberschaute. Und dann sah er mit ungläubigem Blick, wie der Wagen tatsächlich anhielt! Der Fahrer bedeutete ihm einzusteigen.

»Danke, danke, danke«, flüsterte David atemlos, griff nach seinem Rucksack und rannte zur offenen Wagentür.

»Fahren Sie nach Manhattan?«, fragte er sofort. Er wusste nun, dass er diese wichtige Frage beantwortet kriegen musste, bevor der Wagen wieder losfuhr. Er wollte sich nicht noch einmal auf einer Insel inmitten eines weiteren unmöglichen Verkehrsknotenpunkts von Highways wiederfinden.

Der Fahrer blickte David aus tiefbraunen Augen an. »Ja, Manhattan«, erwiderte er mit weichem Akzent. Sie fuhren etwa eine halbe Meile, bevor sie das Gespräch wieder aufnahmen. »Woher kommen Sie?«, fragte David.

»Ich bin aus Tunesien. In Nordafrika.«

Was? Wenn David auf die Bremse treten hätte können, hätte er es getan. »Sie sind aus Tu-tunesien?«, stotterte er.

»Ja, aber ich war schon seit einer ganzen Weile nicht mehr zu Hause. In den letzten paar Jahren habe ich in Paris gelebt, und ich bin erst diesen Monat nach New York gezogen. Ich bin in Manhattan als Arzt tätig.«

»Sie haben in Paris gelebt? Sie sind aus Tunesien und haben in Paris gelebt?«

David traute seine Ohren nicht. »Ich bin auf dem Weg nach Tunesien und bleibe davor einen Monat in Paris!«

Die Augen des Mannes weiteten sich, und ein Lächeln zeigte sich auf seinem Gesicht. »Nun, sieht so aus, als hätte ich mir den richtigen Passagier ausgesucht. Vielleicht kann ich dir in Bezug auf deine Reisen behilflich sein.«

Dann verbrachten die beiden die fünfundvierzig Minuten Fahrtzeit nach Manhattan im angeregten Gespräch über all die Menschen und Orte, die nun ein Jahr lang Bestandteil von Davids Leben sein würden. Der Fahrer gab ihm die Namen von ein paar engen Freunden und einigen Bekannten. Sie würden ihm sagen können, welche Orte und Dinge man am besten besuchen und besichtigen sollte, welche fabelhaften Restaurants und Galerien es gab, welche Apartments man mieten konnte, welche Leute man treffen sollte – alles Dinge, die David dabei helfen würden, seinen Auslandsaufenthalt erfreulich zu gestalten, und die über das hinausgingen, was einem bloßen Touristen zugänglich gewesen wäre.

David begann schon am nächsten Tag, kurz nach seiner Landung in Paris, die Früchte seiner Fahrt nach Manhattan einzuheimsen. Schließlich wurde er sogar eingeladen, im freien Gästezimmer eines Paars zu wohnen, dessen Namen und Telefonnummer er von dem Mann bekommen hatte.

Ein paar Wochen später ermöglichten es ihm die Kontakte in Tunesien, die er bekommen hatte, sich mit der Universität schnell vertraut zu machen und sich sehr viel früher, als er es jemals für möglich gehalten hätte, in dieser fernen Stadt und ganz anderen Kultur wohl zu fühlen. Er hatte kaum irgendwelche wirklichen Sorgen. Während seines Aufenthalts in diesem Land lief alles wunderbar.

Doch Davids Leben – sein Gefühl von Zuversicht, die künftigen Chancen, die sich aus dieser Erfahrung ergaben – hätte sich möglicherweise ... nein hätte sich mit Sicherheit ... total anders entwickelt, wenn nicht dieser gütige Mann, dieser spezielle Mann, an einem Sommermittag in New York mitten auf dem Highway angehalten hätte, um einen trampenden verzweifelten Hippie mitzunehmen.

David sah seinen Wohltäter nie wieder. Er schrieb mehrere Briefe, um dem Mann für seine freundliche Einführung bei seinen Freunden und Bekannten zu danken, aber sie wurden nie beantwortet. Schließlich wurde David klar, dass diese »zufällige« Begegnung einem höheren Zweck in seinem Leben gedient hatte, und dass es nicht nötig war, den Doktor noch länger zu verfolgen. Die wichtige Begegnung hatte stattgefunden und den Verlauf von Davids Studienjahr im Ausland bestimmt.

Heute erzählt David diese Geschichte sehr oft. Manche Leute machen sich über den kosmischen Kontext lustig, in den er sie stellt. Aber es gab noch keinen, der nicht über die Synchronizität des Geschehens auf jenem Highway zutiefst erstaunt war.

»Abgesehen von dem offensichtlichen Geschenk, dass

meine Reisen dadurch sehr viel erfreulicher verliefen«, so sagt er, »habe ich dieser Geschichte vor allem eines zu verdanken. Sie zeigte mir unzweifelhaft, dass es Momente im Leben gibt, in denen sich Wunder ereignen, und diese sollten nicht unbemerkt oder unerforscht bleiben.

In allem steckt ein Sinn und Zweck. Wir haben die einmalige Gelegenheit, darauf zu achten – oder auch nicht – und so den Lauf unseres Lebens zu bestimmen.«

☆ ☆ ☆

Vor ein paar Jahren kam mir ein wundervoll weiser Spruch von Werner Erhard, dem Lehrer und Begründer des est-Trainings, zu Ohren. Er sagte: »Das Leben funktioniert innerhalb des Lebensprozesses selbst.«

Diese Worte gehören für mich zu den tröstlichsten, die ich je hörte. Sie gestatteten mir, mich in Bezug auf das Leben zu entspannen und ihm eine Chance zu geben.

Ich selbst fasse dieses Stückchen Weisheit in fünf Worten zusammen.

Gott ist auf unserer Seite.

Das glaube ich zutiefst, davon bin ich ganz und gar überzeugt. Das ist die Grundlage des Buches *Freundschaft mit Gott*, das ich 1999 herausbrachte. Das ist die Grundlage meiner gesamten Philosophie und meines Verständnisses vom Leben.

Ich glaube, dass Gott sein »Auf-unserer-Seite-Sein« jede Minute eines jeden Tages demonstriert – und das an manchen Tagen auf dramatischere Weise als an anderen. Die Geschichte von David Daniel ist ein beeindruckendes Beispiel dafür.

Ich glaube, dass wir alle solche Geschichten erlebt haben. Ich glaube, wir alle kennen solche Momente erstaunlicher Synchronizitäten, glücklicher Zufälle, glücklicher Fügungen oder wie immer wir es nennen wollen. Ich nenne sie Momente der Gnade. Sie stellen eine spezielle Abteilung innerhalb einer größeren Ansammlung solcher Augenblicke dar, die wir aus meiner Sicht alle durchleben. Doch nur wenige von uns sind sich dessen bewusst.

Wenn wir sie bewusst durchleben, wenn wir diese Momente der Gnade als das erkennen, was sie sind, passiert etwas sehr Bemerkenswertes. Sie beginnen sich zu vervielfachen. Denn je mehr wir wissen, was geschieht, umso mehr wissen wir, was geschieht.

Ich werde versuchen, das noch etwas klarer darzustellen.

Gewahrsein ist der Schlüssel zum Bewusstsein, und Bewusstsein ist der Schlüssel zur Schöpfung. Wenn wir intensives Gewahrsein praktizieren, nimmt es in seiner Intensität noch zu. Gewahrsein ist etwas, das wächst, das sich aus sich selbst heraus speist. Nachdem man gewahr geworden ist, wird man sich gewahr, dass man gewahrend ist. Dann wird man sich gewahr, dass man sich gewahr ist, dass man gewahrend ist, und so weiter bis wir die höchste Ebene des Totalen Gewahrseins erreichen.

Wenn wir uns gewahr werden, dass es solche Dinge wie Momente der Gnade im Leben gibt, beginnen wir sie sehr schnell zu erkennen. Und wenn wir sie schneller erkennen, können wir leichter von ihnen profitieren. Für einen beiläufigen Beobachter könnte es sogar den Anschein haben, dass wir sie erschaffen. In gewisser Hinsicht erschaffen wir sie auch – wenn wir die Definition von »Erschaf-

45

fung« als einem Akt des Sehens von etwas, das schon da ist, akzeptieren.

Einfach ausgedrückt: Wir brauchen nichts zu erschaffen. Wir brauchen uns nur all das zu Nutze zu machen, das schon erschaffen worden ist. Und ganz sicher zu wissen, dass wir das tun können.

Hier scheinen nun die Grenzlinien zu verschwimmen. Sie sind nicht wirklich verschwommen, aber es kann den Anschein haben.

Wir sagten im Fall von Mrs. und Mr. Johnson, dass die Absicht den Raum herstellt, in dem sich Wunder ereignen – wie das, dass sie ohne Geld im Verlauf von vierundzwanzig Stunden ein Haus fanden und kauften. Und wir fragten, was das Wunder hervorbrachte? War das Wunder schon da, bevor Mrs. Johnson an es glaubte, oder hat sie es in gewissem Sinn durch ihren Glauben installiert?

Nun sagen wir hier, dass wir uns nur alles zu Nutze zu machen brauchen, was schon erschaffen worden ist. Das scheint die Frage dahingehend zu beantworten, dass das Wunder schon da war und Mrs. Johnson nichts weiter zu tun brauchte als sein Vorhandensein zu sehen, und das vermutlich durch ihren Glauben.

Doch der Glaube ist eine kitzlige Sache. Vielen Menschen fällt es sehr schwer, etwas zu glauben, das sie »nicht glauben«. Wie gelangt man dahin etwas »Unglaubliches« zu glauben? Wie »erlangt man Glaube«?

Meiner Beobachtung nach erlangt man Glaube auf dreierlei Art: durch Wahrnehmung, durch Erfahrung und durch Entscheidung. Wir können wahrnehmen und zur Kenntnis nehmen, wie die Dinge bei anderen Menschen funktionieren (indem wir zum Beispiel Bücher wie dieses hier lesen). Wir können die Erfahrung machen, wie die Dinge funktionieren (so wie David Daniel es tat). Oder wir können im Vorhinein unsere Absicht festsetzen, wie die Dinge funktionieren werden (der von Mrs. Johnson eingeschlagene Weg).

Daraus kann in der Tat ein Prozess werden, der aus drei Teilen, aus drei Schritten besteht. Erst hören Sie von den Wundern, die anderen Menschen widerfahren sind. Wenn Sie dann ausreichend viel darüber gehört haben, intensivieren Sie Ihr Gewahrsein und fangen an wahrzunehmen, dass auch Sie in Ihrem Leben Wunder erhalten. Dadurch, dass Sie genug von ihnen erhalten, gelangen Sie schließlich zur Überzeugung, dass Wunder so ziemlich allgemein üblich sein müssen, und Sie fangen an, sie absolut zu erwarten – ja anzufordern – indem Sie Ihre Absicht festsetzen!

Interessanterweise müssen nicht alle diese Schritte unternommen werden. Und sie brauchen auch nicht in dieser Reihenfolge zu erfolgen. Man kann einen Schritt überspringen oder einen Schritt aus der Abfolge herausnehmen.

Für den Studenten Daniel ereignete sich an jenem Tag in New York ein Moment, der »aussah wie« eine gewaltige Unannehmlichkeit, wenn nicht gar eine Katastrophe. In Wahrheit war es ein Moment der Gnade, ein Moment der Göttlichen Intervention, aus dem sich nur Positives ergab.

Seine Macht und Kraft lag nicht nur in den Dingen, die daraus kurzfristig für Davids Leben erwuchsen, sondern in dem Glauben und Wissen, die damit langfristig in sein Leben Eingang fanden.

David weiß nun – und weiß es seit jenem Tag –, dass das

Leben innerhalb des Lebensprozesses selbst funktioniert, dass Gott auf unserer Seite ist. Daran gibt es für ihn keinen Zweifel, denn er hat es unmittelbar erfahren, und er ist sich nun über den Lebensprozess und wie er funktioniert im Klaren. Er ging direkt zum nächsten Schritt über.

Seine Klarheit – und das ist das Schöne an diesem »System« – produziert zudem noch mehr von solchen Begebenheiten, noch mehr von solchen Ergebnissen. Und zwar deshalb, weil seine Einsicht, seine Erkenntnis, ihn alle Dinge anders sehen lässt, und dies ermöglicht ihm wiederum, die Dinge auf andere Weise zu erleben und zu erfahren. Und auch zu erwarten. Er kann nun zu Schritt drei übergehen.

Doch bevor sich Davids »Wunder des Trampens« ereignete, machte er sich große Sorgen und fragte sich, wie er aus diesem Schlamassel herauskommen sollte. Mrs. Johnson dagegen machte sich vor ihrem Haus-Wunder überhaupt keine Sorgen – obwohl auch hier das Wunder erst noch eintreffen musste.

Was war der Unterschied? Die Absicht. Mrs. Johnson ging gleich zu Schritt drei über. Wir haben nicht genügend Hintergrundinformationen, um zu wissen, ob sie die anderen Schritte übersprang oder über die Schritte eins und zwei dahin gelangte. Und natürlich ist es auch völlig egal. Wichtig ist, dass sie ihr Ziel festsetzte und niemals wankend wurde. Sie verfiel nie in negatives Denken, etwas, das wir oft leicht machen, wenn die Lage nicht gut aussieht. Sie ließ nie zu, dass sich ihre Absicht lockerte und sie sich in das augenscheinliche Geschehen ergab. Und dadurch, dass sie ihre Absicht nicht lockerte, hielt sie alles in Spannung.

Dies ist ein Geheimnis des Lebens. Richtig eingesetzt ist Spannung gut. Ich spreche hier über das, was die Psychologen »kreative Spannung« nennen. In der Tat spreche ich haargenau darüber: über Spannung, die kreiert.

Wenn die Dinge in kreativer Spannung gehalten werden, werden gegensätzliche Energien gegeneinander eingesetzt, um die Dinge an ihrem Platz zu halten. Auf diese Weise halten Sie die Dinge an ihrem Ort, wenn es für alle Welt so aussieht, als fielen sie auseinander, als könnte es nicht funktionieren, als sei alles vergebliche Liebesmüh.

Erst wenn Sie diese Spannung freigeben, fällt alles auseinander. Erst wenn Sie loslassen, aufgeben, so wie wenn Kinder Tauziehen spielen, stürzt alles zusammen.

Der Trick ist, die Spannung zu halten, bis das, was sich Ihnen widersetzt, endlich loslässt. Dann fallen die Dinge nicht in sich zusammen, sie fallen an ihren Platz.

Genau das widerfuhr Mrs. und Mr. Johnson.

David Daniel hatte Glück, dass sein Abwärtstrend im Denken, seine Hinwendung zur Negativität, als er auf dieser Verkehrsinsel stand, nur von kurzer Dauer war und nicht genügend negative Energie erzeugte, um seinem Traum ein Ende zu machen, nach Manhattan zu kommen und dann wieder rechtzeitig am Flughafen zu sein.

Er schnitt sich gerade noch rechtzeitig vom negativen Denken ab und »stoppte das Stoppen«. Er hielt sich davon ab, sich davon abzuhalten, das zu erhalten, was zu seinem Wohl war. Er hätte mit diesem Wohl beinahe Schluss gemacht, aber er drehte diesen Verlauf durch einen Prozess um, den ich Ent-Schluss genannt habe.

Und siehe da, ein Wunder! Aus dem Nichts kommt jemand daher, der nicht nur nach Manhattan fährt, sondern die geeignetste und perfekteste Person ist, die man sich in Hinblick auf die Situation nur vorstellen kann.

David berichtet heute, dass sein Leben »voller solcher Begebenheiten« ist. Und das stimmt ganz ohne Zweifel. Denn was du denkst, das erfährst du. Und wenn du denkst, dass die gegenwärtigen Umstände – wie immer sie auch sein mögen – dir letztlich zu deinem höchsten Wohl gereichen, dann wird es ganz ohne Zweifel auch so sein.

Es kann gar nicht anders sein, denn Ihre Erfahrung ist nicht etwas, das geschieht, sondern etwas, von dem Sie denken, dass es geschieht. Das heißt, sie ist nicht etwas, das passiert, sondern etwas, dass Sie hinsichtlich dessen, was passiert, fühlen!

Was Sie hinsichtlich dessen, was passiert, fühlen, ist das, was passiert. Es passiert in Ihrem Herzen, in Ihrer Seele und in Ihrem Geist. Es wird auf allen drei Ebenen aufgezeichnet, und diese Aufzeichnung ist das, was Sie Ihre Erfahrung nennen.

Es können zwei Menschen dasselbe Musikstück hören und dabei völlig unterschiedliche Erfahrungen machen. Dasselbe gilt für zwei Menschen und Essen, zwei Menschen und Sex, zwei Menschen und was auch immer.

Wenn Sie sich jedes Mal, wenn Sie »in der Klemme stecken« (so wie es für David auf dieser Verkehrsinsel scheinbar der Fall war), bewusst sind, dass Sie sich einer Gelegenheit, einer Chance, und nicht einem Hindernis gegenüber sehen, werden Sie nicht in negatives Denken verfallen. Und dann wird sich an dem, wie Sie die Umstände erfahren, alles ändern.

Das ist der Punkt.

Und was noch entscheidender ist: Damit sich etwas

Gutes ereignet, müssen Sie noch nicht einmal wissen, dass sich etwas Gutes ereignen wird. Es ereignet sich, ob Sie es nun wissen oder nicht. Doch wenn Sie den Wunsch haben, das »Gute« zu erfahren, das sich ereignet, dann müssen Sie es als solches sehen.

Das ist Gewahrsein. Das bedeutet Gewahrsein.

Der Trick im Leben besteht darin, zu beobachten – einfach zu beobachten – was passiert, ohne ein Urteil darüber zu fällen. Nennen Sie es nicht das eine oder andere. Verfallen Sie nicht in Negativität. Werden Sie einfach zum objektiven Beobachter.

Ich bin gerade von einem Autofahrer mitten in einem New Yorker Highway-System abgesetzt worden.

Das ist die Wahrheit in David Daniels Geschichte. Alle anderen Gedanken Davids in Bezug darauf waren ein Urteil.

Glücklicherweise ist es Gott gleich, ob wir Urteile über die Dinge fällen. Gott wird immer sicherstellen, dass alles, was passiert, zu unserem Wohl geschieht. Die einzige Frage ist somit nicht die, ob ein bestimmtes Ereignis unserem Wohl dienlich ist, sondern wie lange es dauert, bis wir es bemerken.

Und je schneller uns bewusst wird, dass alle Dinge zu unserem Wohl sind, desto rascher werden wir sie auch in dieser Weise erleben.

Hören Sie, was Band 2 von *Gespräche mit Gott* zu diesem Thema sagt:

Da es mein Wille ist, dass ihr erkennt und erfahrt, Wer Ihr Wirklich Seid, erlaube ich euch, jedwedes Ereignis oder jedwede Erfahrung zu euch heranzuzie-

hen, die zu erschaffen ihr euch entscheidet, um euch zu erkennen und zu erfahren. Von Zeit zu Zeit schließen sich euch andere Spieler in diesem universellen Spiel an – entweder in Form von kurzen Begegnungen, als Teilnehmer am Rande, zeitweilige Teamgefährten oder als langfristige Einflüsse, Verwandte und Familienangehörige, sehr geliebte Menschen oder als Partner auf dem Lebensweg.

Diese Seelen werden von euch zu euch hingezogen. Ihr werdet von ihnen zu ihnen hingezogen. Es handelt sich um eine schöpferische Erfahrung auf beiden Seiten, die die Entscheidungen und Wünsche beider Beteiligten zum Ausdruck bringt.

Niemand kommt aus bloßem Zufall zu euch.

So etwas wie Zufall gibt es nicht.

Nichts geschieht zufällig.

Das Leben ist kein Produkt des Zufalls.

Ereignisse werden, wie auch Menschen, von euch für eure eigenen Zwecke zu euch hingezogen …

Wenn wir das begreifen, transformieren wir unser Leben. Oder es hat den *Anschein*, dass wir es tun. In Wahrheit sehen wir es nur als das an, was es wirklich ist. Ebenso ist es unmöglich, dass wir uns selbst transformieren. Es ist nur möglich, dass wir uns selbst erkennen oder nicht erkennen als die, Die Wir Wirklich Sind. Und wenn wir uns in dieser Weise erkennen, transformieren wir unsere *Erfahrung*.

Ich weiß, dass das Leben innerhalb des Lebensprozesses selbst funktioniert. Ich weiß, dass Gott auf meiner Seite ist. Das erhält meine kreative Spannung aufrecht. Das Seil zwischen meinem positiven Ich und negativen Ich bleibt straff gespannt, bis das negative Ich es so müde wird, daran fest zu halten, dass es schließlich loslässt. Dann fällt alles, von dem meine eine Hälfte beharrlich behauptete, dass es keinesfalls funktionieren könne, genau an seinen Platz!

Nachdem ich nun diesen Trick kenne, erfahre ich mich in meinem Leben als sorgenfrei. Ich sehe, dass alle Dinge zum Guten führen. Und diese Wahrheit hat mich frei gemacht. Frei von Frustration. Frei von Wut. Frei von Angst.

Und falle ich dennoch in eine dieser Erfahrungen zurück, dann, weil ich vergessen habe, Wer Ich Wirklich Bin und Was So Ist. Ich habe vergessen, dass das Leben innerhalb des Lebensprozesses selbst funktioniert. Ich habe vergessen, dass Gott auf meiner Seite ist.

Ich bin unaufmerksam. Das heißt, ich achte nicht auf die Spannung. Ich bin lasch geworden und ins negative Denken abgesackt.

Ich habe vergessen, dass meine Fahrgelegenheit schon unterwegs ist, und bilde mir ein, auf einer höllischen Insel festzusitzen.

4

Wunder passieren

Fred Ruth saß in seinem Lehnstuhl und wartete auf das Sterben. Er wollte einen Drink. »Ich brauche keinen verdammten Doktor, der mir sagt, dass ich's nicht mehr lange mache«, grummelte er. »Jeder weiß, dass ich als Nächster dran bin.«

Erst gestern hatte der Kardiologe ein paar Anrufe getätigt und Freds Exfrau und seinen Kindern mitgeteilt, dass es nun an der Zeit sei, Fred zu besuchen und von ihm Abschied zu nehmen. Ein paar seiner Kinder waren bei ihm aufgetaucht, aber nicht lange geblieben. Fred war in letzter Zeit nicht allzu freundlich zu ihnen gewesen, vor allem nicht zu seinem Stiefsohn. Die beiden waren schon nicht allzu gut miteinander ausgekommen, als es Fred noch gut ging, umso weniger jetzt, da er wirklich krank war.

Das Problem war sein Herz. Seit 1975, als er seinen ersten schweren Herzanfall erlitt, ging es ihm schlecht. Da war er erst achtunddreißig, doch als es passierte, war es keine große Überraschung. Sowohl seine Mutter als auch sein Vater waren an einem Herzinfarkt gestorben, er hatte zwei seiner Brüder wegen einer Herzkrankheit verloren, und seine Schwester, die an schwerem Diabetes gelitten hatte, war erst letztes Jahr im Alter von vierundvierzig an einem Herzinfarkt verstorben.

Fred selbst hatte sich in den vergangenen sechs Jahren zwei Bypassoperationen unterzogen. Er arbeitete schon lange nicht mehr, vermisste aber seinen Job nicht allzu sehr. Manager in einer Computerherstellungsfirma zu sein, bedeutete viel Stress, das hatte seine Herzprobleme vermutlich noch verschlimmert. Gott sei Dank, dass ich ihn los bin, war alles, was er dazu zu sagen hatte.

»Stell den Ton leiser«, blaffte er Anne an, die vor dem Fernseher saß. Kapierte sie nicht, wie krank er war?

Fred wusste, dass er sich in seiner Persönlichkeit verändert hatte, schien aber nicht imstande zu sein, etwas dagegen zu tun. Er wurde einfach reizbar. Aggressiv und gereizt. Basta.

»Gott, wie ich es hasse, hier zu sitzen«, brummte er, als er versuchte, sich aus seiner zusammengekrümmten Position in seinem verstellbaren Lehnstuhl aufzurichten, um aus dem Fenster zu schauen. Jede Bewegung schmerzte. In seinem Blut war so wenig Sauerstoff, dass all seine Glieder und seine Brust durchgängig verkrampft waren. Er rührte sich selten aus seinem Lehnstuhl; er schaffte es gerade noch knapp bis zur Toilette und zurück.

Freds ganze Welt hatte sich nach und nach auf dieses dreißig Quadratmeter große Zimmer reduziert. Er konnte nicht ins Freie, weil dies ein zweistöckiges Apartmentgebäude war, und das bedeutete Treppensteigen; er konnte nur zusehen, wie die Welt draußen vor seinem Fenster an ihm vorüberzog. Ab und zu vernahm er das Sirenengeheul einer Ambulanz und fragte sich, ob er wohl als Nächster diese Fahrt unternehmen würde.

Es gab verdammt wenig, womit er seinen Geist beschäftigen konnte. Er hatte das Interesse am Fernsehen verloren, diese Sitcoms fand er doof. In letzter Zeit hatte er zumeist Romane von Stephen King gelesen, die einzigen Bücher, die seine Aufmerksamkeit noch zu fesseln vermochten. Anne (sie hieß eigentlich Roseanna, aber Fred hatte immer zärtlich die Kurzfassung benutzt) hatte versucht, mit ihm über ein paar spirituelle Bücher zu reden, die sie gelesen hatte, aber ihm schien das alles ein Haufen dummes Zeug zu sein.

Fred war noch nie sehr an Gott oder Religion interessiert gewesen, und die Tatsache, dass er am Sterben war, bedeutete nicht, dass sich das ändern würde. Als Junge war er ein paar Mal in die Kirche gegangen, aber aus der Familie hatte ihn keiner begleitet, und nach einer Weile erschien ihm die Sache ziemlich witzlos zu sein. Sein Leben war in der Zeit, als er hinging, keinesfalls irgendwie besser geworden, dachte er. Nichts schien sein Leben besser gemacht zu haben ... außer vielleicht ab und zu ein Drink.

»Möchtest du noch etwas zu essen, bevor ich zu meinem Treffen gehe?«, fragte Anne, als sie schon im Mantel das Wohnzimmer betrat.

»Was für ein Treffen? Du hast mir nicht gesagt, dass du zu einem Treffen gehst. Ich will nicht allein sein. Und ich will auch nichts essen. Bring mir nur einen Drink.«

»Fred, du solltest nicht trinken. Das ist nicht gut für dich«, erwiderte Anne in behutsamem Ton.

»Was soll er mir denn schon antun, mich umbringen?«, war Freds unfreundliche Antwort.

Es war Winter in Ohio. Der Tag war sonnig und kalt gewesen, aber am späten Nachmittag hatte es sich bewölkt, und nun sah der Himmel unheilvoll aus. Fred sah, dass ein starker Wind aufgekommen war und ganz schön durch die Bäume fuhr.

»Der Wind wird stärker, es wird ein Unwetter geben. Noch ein Grund, warum du heute Abend nicht aus dem Haus gehen solltest.«

Aber Anne hatte den Mantel bereits wieder ausgezogen.

Fred griff nach der Fernbedienung, entschied aber, dass er nicht genug Energie hatte, sie zu bedienen. Als er dann wieder in seinen Lehnstuhl zurückgesunken saß und auf den Wind lauschte, verlor er alles Zeitgefühl. Er hörte den Fernseher, wusste also, dass Anne wieder zusah. Er jedoch saß einfach mit geschlossenen Augen da und spürte den Schmerz in seinem Körper. Man hörte es donnern, und der Sturm war ziemlich stark, doch Fred rührte sich nicht.

Vielleicht wird das alles bald vorbei sein, dachte er mit einem Seufzer. Ich kann keinen Sinn darin erkennen, in all diesem Schmerz so weiterzumachen. Ich wünschte, es wäre vorbei.

Dann passierte es. Ein gigantisches Bumm, so gewaltig, dass das Zimmer bebte. Hinter seinen geschlossenen Augenlidern sah Fred einen Blitz. Als er überrascht die Augen aufriss, sah er eine helle Lichtkugel von der Größe eines Basketballs über dem Fernseher schweben.

Fred blinzelte. Das strahlende Licht schmerzte seinen Augen, doch er musste unbedingt genauer hinsehen. Die Kugel hatte eine feurig orangefarbene Mitte, war von einer leuchtend weiß schimmernden Aura umgeben und hatte einen Schweif – so wie seiner Vorstellung nach ein Komet aussehen mochte. Fred war sprachlos. Sein Verstand schien nicht in der Lage zu sein, dies aufzunehmen. Er konnte nichts weiter tun als diese seltsame leuchtende Kugel anzustarren. Dann explodierte sie. Direkt vor seinen Augen. Sie … zerplatzte einfach. Da war kein Laut und es war auch nicht wirklich eine Explosion, aber es sah so aus, als zerberste die Kugel in winzigen Lichtteilchen ins Zimmer hinein – und in Fred.

Fred fühlte, wie ein starker Energiestrom in seine Brust drang. Sofort wurde ihm warm, und sein ganzer Körper begann zu kribbeln.

An diesem Punkt fand Fred seine Stimme wieder. Er sah zu Anne hinüber, die mit offenem Mund auf der Couch saß.

»Du hast das auch gesehen, oder?« Fred wollte sich versichern, dass er nicht träumte.

Seine Frau nickte langsam. »Sind wir tot?«

»Ich weiß nicht. Aber wenn wir aufstehen, durchs Zimmer gehen und auf leere Sitzplätze blicken, wissen wir, dass wir nicht tot sind.« Fred fand es merkwürdig, dass er eine derartige Situation mit Humor nehmen konnte.

Fred und Anne gingen vorsichtig bis zur gegenüberliegenden Wand und drehten sich um. Fred holte tief Luft. Es saßen keine leblosen Körper auf ihren Plätzen. »Nun, ich nehme an, wir leben noch. Ich geh mal raus und stelle fest, ob noch jemand irgendetwas gesehen hat.«

Noch bevor Anne auch nur ein Wort sagen konnte, hatte Fred schon das Apartment verlassen, ganz offensichtlich ohne sich irgendetwas dabei zu denken. Er eilte die Treppen hinunter und begab sich hinaus in den Sturm. Blätter und Äste lagen auf dem Gehsteig verstreut. Fred umrundete den Block, um zu sehen, ob an dem Haus irgendwelche Schäden zu sehen waren. In der Ferne konnte er Sirenengeheul hören. Er sah zwei Männer auf der Straße und ging zu ihnen hin.

»Ganz schönes Unwetter, was?«, sagte er.

»Kann man so sagen«, gab einer von ihnen zur Antwort und deutete auf die dunklen Fenster ein paar Blocks von ihnen entfernt. »Sieht so aus, als hätten einige da unten einen Stromausfall.«

Fred dachte, dass er wieder nach oben gehen sollte, um zu sehen, wie es Anne ging. Sie war vermutlich verdammt verängstigt, wenn sie auch nur annähernd das fühlte, was er empfand. Als er die Wohnung betrat, sah er Anne dort stehen und nicht verängstigt, sondern geschockt aussehen.

»Weißt du, was du gerade getan hast? Ist dir klar, was du gerade gemacht hast?«, fragte sie völlig ungläubig.

Fred blieb abrupt stehen. Er sah an seinem zerbrechlichen Körper hinunter und richtete dann den Blick wieder auf seine Frau. Was war mit ihm passiert? Langsam dämmerte ihm, dass er tatsächlich die Treppen hinunter gestiegen, eine Runde um den Block gegangen und dann die Treppen wieder hinauf geklettert war. Und er war nicht einmal außer Atem! Noch vor ein paar Minuten hätte er nicht ohne unglaubliche Schmerzen auch nur zur Toilette gehen, geschweige denn irgendwelche Treppen erklimmen können. Nun fühlte er sich nicht im Geringsten unwohl. Tatsache war, er fühlte sich großartig! Was war mit ihm passiert?

»Ich mach es noch einmal«, sagte er und konnte es nicht glauben. Er ging nach unten und noch zweimal um den Block. »Ich fühle mich wie eine Million Dollar«, sagte er nach seiner Rückkehr zu Anne. »Der Schmerz ist weg.«

Seitdem hat Fred keinerlei Schmerzen mehr. Er telefonierte mit seinem Kardiologen, aber als der Arzt seine Geschichte hörte, sagte er, er wolle nicht darüber sprechen. Fred rief den in der örtlichen Notaufnahme tätigen Arzt an, den er zur Behandlung seiner Schmerzen häufig aufgesucht hatte.

»Nun, Fred, mir kommen eine Menge merkwürdige Geschichten wie diese zu Ohren«, räumte der ein, »und ich habe gelernt, mich nicht mehr allzu sehr darüber zu wundern. Geh und genieß dein Leben, und wenn du wieder Schmerzen hast, komm wieder her. Doch bis dahin brauchst du meine Hilfe nicht.«

Fred genießt nun sein Leben. Etwas hat sich geändert, nicht nur in seinem Körper, sondern auch an seiner Persönlichkeit und seiner Einstellung zum Leben. Er hat nicht mehr so sehr das Bedürfnis, alles und jedes unter Kontrolle zu haben. Er trinkt nicht mehr, und seine Kinder und Freunde kommen nun öfter vorbei.

Das Wunder, wie sie es jetzt alle nennen, hat auch Anne und Fred einander wieder näher gebracht. Sie führen lange Gespräche über spirituelle Dinge, lesen und diskutieren gemeinsam Bücher zum Thema persönliches Wachstum, deren Philosophie Fred nun ganz offen in sein Leben integriert.

Im Bemühen, etwas an ihre Gemeinde weiterzugeben, haben die beiden auch angefangen, einen lokalen spirituellen Newsletter zu verfassen und zu vertreiben, und damit ein Diskussionsforum über Geist-Körper-Seele-Themen ins Leben gerufen. Fred fragt sich nun nicht mehr so oft, warum ihm diese dramatische Heilung zuteil wurde. Er ist sich sicher, der Grund war der, dass er der Welt noch etwas zu geben hatte, und um es geben zu können, musste er körperlich und seelisch geheilt werden.

Anne glaubt, dass das Wunder ihnen beiden zugedacht war.

☆ ☆ ☆

Manchmal sind unsere Momente der Gnade nicht so gnadenvoll. Manchmal kommt Gott daher und verpasst uns einen wirklichen Schlag. Und ab und zu kommen diese »Schläge« in Form von Erlebnissen, die man nur als … nun, als unerklärlich erklären kann. In so einem Fall bleibt uns nichts anderes, als darüber nachzusinnen und uns zu fragen, was ist hier passiert? Was ist hier los?

In *Freundschaft mit Gott* findet sich eine außergewöhnliche Aussage.

»Ich habe euch nichts als Wunder gegeben.«

Wir bekommen hier die Botschaft, dass wir jeden Tag unseres Lebens Wunder erwarten können. Aber es muss uns bewusst sein, dass sie sich ereignen, so wie wir es wahrnehmen, wenn sich plötzlich ein Schmetterling auf unserer Hand niederlässt. Sonst werden wir sie einfach übersehen.

Es sei denn, wir übersehen sie nicht. Weil wir es nicht können. Manchmal ist es unmöglich, sie zu ignorieren. Wie Fred und Anne Ruth entdeckten.

Bevor wir dieses wunderbare Wunder genauer beleuchten, möchte ich einen kurzen Augenblick über ein paar Gründe sprechen, aus denen Wunder der Heilung überhaupt nötig sein mögen.

Die meisten von uns gehen nicht pfleglich mit sich um.

In Band 1 von *Gespräche mit Gott* findet sich folgende Beobachtung:

Jegliche Krankheit wird von euch selbst erschaffen. Selbst konventionell denkende Mediziner erkennen nunmehr, wie Menschen sich selbst krank machen.

Die meisten Leute tun dies weitgehend unbewusst. Sie wissen gar nicht, wie ihnen geschieht, wenn sie krank werden. Sie haben das Gefühl, dass sie von etwas befallen wurden, und nicht, dass sie sich selbst etwas angetan haben.

Der Grund dafür ist, dass die meisten Menschen – nicht nur hinsichtlich der Gesundheitsprobleme und deren Konsequenzen – unbewusst durchs Leben gehen.

Die Leute rauchen und wundern sich, wenn sie Krebs bekommen.

Sie verspeisen Tiere und Fett und wundern sich, wenn ihre Arterien verkalken.

Sie verbringen ihr ganzes Leben lang in einem Zustand der Wut und des Zorns und sind dann überrascht, wenn sie einen Herzinfarkt bekommen.

Sie konkurrieren – erbarmungslos und unter unglaublichem Stress – mit anderen Menschen und können es nicht fassen, wenn ein Schlaganfall sie niederstreckt.

Die weniger augenfällige Wahrheit ist die, dass sich die meisten Menschen zu Tode sorgen.

Und fünf Bücher und fünf Jahre später finden wir in *Gemeinschaft mit Gott* folgenden Kommentar:

Gesundheit bedeutet Einvernehmen zwischen euch und eurem Körper, eurem Geist und eurer Seele. Wenn ihr nicht gesund seid, dann schaut nach, welche Teile von euch nicht zustimmen. Vielleicht ist es an der Zeit, dass ihr eurem Körper Ruhe gönnt, aber euer Geist weiß nicht, wie er das machen soll. Vielleicht verharrt euer Geist bei negativen, zornigen Gedanken oder bei Sorgen um das Morgen, und euer Körper kann sich nicht entspannen.

Euer Körper wird euch die Wahrheit zeigen. Beobachtet ihn einfach. Achtet auf das, was er auch zeigt, hört auf das, was er euch sagt.

Wenn wir auf unseren Körper hören und ihn gut behandeln, können wir ihn uns sehr viel besser zu Nutze machen. Das Wunder, mit dem wir jeden Tag rechnen können, wird das Wunder sein, das wir vollbringen.

Sprechen wir nun also über Wunder.

Ein Kurs in Wundern sagt, dass es bei Wundern keine Schwierigkeitsgrade gibt. Das ist so, weil für Gott nichts schwierig ist. Alle Dinge sind möglich, und nicht nur möglich, sondern auch leicht.

Nun gibt es zwar keine Schwierigkeitsgrade, aber es gibt verschiedene Arten und Größen. Es gibt große Wunder und kleine Wunder. Es gibt schnelle Wunder und Wunder, die mehr Zeit brauchen. Es gibt Wunder, die sich leicht erklären lassen, und Wunder, die sich nicht erklären lassen.

Nicht alle Wunder sehen wie Heilungen aus. Fred Ruth wurde geheilt, aber das sollte andere Menschen nicht dazu veranlassen, sich zu fragen, warum der von ihnen geliebte Mensch kein »Wunder« bekam, sondern starb. Selbst eine

Person, die stirbt, kann ein Wunder sein, obwohl das vielleicht nicht gerade unsere Wunschvorstellung von einem Wunder ist.

Meine Definition von einem Wunder ist »genau das richtige Ding auf die genau richtige Weise zum genau richtigen Zeitpunkt«. Die Geschichte von Mr. Colsons Verlassen seines Körpers am Ende von Kapitel 1 ist ein wundervolles Beispiel dafür. Und auf weniger dramatische, aber nicht weniger perfekte Weise ist es auch die Geschichte von dem Mann, der David Daniel von seiner Verkehrsinsel inmitten des New Yorker Highway-Systems aufsammelte.

Wenn ich um ein Wunder bete, sei es für mich oder eine andere Person, finde ich es stets sehr stärkend und tröstlich, »Gott entscheiden zu lassen«, wie das Wunder aussehen soll. Ich spreche folgende Worte: »Gott, das ist, was mir lieb wäre, aber nur, wenn es dem höchsten und besten Wohl aller Beteiligten dient. Bitte, Gott, tu das, was zum höchsten und besten Wohl ist. Von jedermann. Ich weiß, dass du das tust. Amen.«

Ich verwende dieses für mich tröstliche Gebet seit fünfundzwanzig Jahren. Es ist meine Version von »lass los und Gott zu«.

Ich sagte bereits, dass sich für uns umso mehr Wunder ereignen, je mehr wir erkennen, dass sich an jedem Tag unseres Daseins Wunder ereignen. Doch viele Wunder werden nicht zur Kenntnis genommen, nicht erkannt als das, was sie sind, weil sie nicht als »wundersam« angesehen werden.

Oft ist nicht das Geschehen wundersam, sondern der Zeitpunkt der Begebenheit. Das Ereignis lässt sich möglicherweise leicht erklären, doch die Tatsache, dass es geschah, als es geschah, ist ungewöhnlich. Und das nennen wir dann vielleicht nicht ein Wunder, sondern Synchronizität.

Oft ist auch nicht das Was oder Wann des Geschehens wundersam, sondern das Wie. Da kommt vielleicht eine Reihe total unerklärlicher Ereignisse auf eine ganz bestimmte, fast unwirklich anmutende Weise zusammen, um zu einem höchst unwahrscheinlichen Ergebnis zu führen. Und das nennen wir dann vielleicht nicht ein Wunder, sondern einen glücklichen Zufall.

Zuweilen ist die Begebenheit, die sich da in unserem Leben ereignete, völlig unerklärlich, und doch sind weder der Zeitpunkt noch das Wie des Geschehens ungewöhnlich. Die Tatsache jedoch, dass es überhaupt passierte und noch dazu uns, ist überwältigend. Aber möglicherweise nennen wir nicht einmal das ein Wunder, sondern sagen Glück dazu.

Viele Menschen nennen Gottes Wunder alles Mögliche, nur nicht »Gottes Wunder«, weil sie entweder nicht an Gott oder nicht an Wunder glauben – oder nicht glauben, dass ihnen Wunder widerfahren könnten. Und wenn Sie etwas nicht glauben können, werden Sie es nicht als das ansehen, was es wirklich ist. Denn glauben ist sehen. Nicht umgekehrt.

Es könnte sein, dass Sie genau aus diesem Grund selbst nicht sehen, Wer Sie Wirklich Sind. Sie wissen nicht einmal, das Ihr Selbst ein Wunder ist.

Doch genau das sind Sie. Ein Wunder im Werden. Denn Sie sind noch bei weitem nicht mit sich selbst fertig, und Gott ist nie mit Ihnen fertig.

Eben das lernte Fred Ruth in den Wochen, in denen er dachte, dass er sterben würde. Gott hatte für Fred andere Pläne, und er versuchte alles, um Fred aufzuwecken. Er ließ sogar Anne Bücher bringen und mit ihm über spirituelle Dinge reden. Aber Fred hörte einfach nicht zu. Also sagte Gott: »Okaaaay ... lass uns mal sehen, was wir tun können, um Freds Aufmerksamkeit zu erlangen ...«

Viele von uns hatten schon solche Weckrufe aus dem Universum. Aber wie schon gesagt, bezeichnen wir sie als alles Mögliche, nur nicht als Wunder.

Psychologische Anomalien.

Paranormale Erfahrungen.

Höhenflüge unserer Fantasie.

Was immer. Und dennoch sind sie Wunder.

Aber passieren derartige Dinge wirklich? Geschieht es tatsächlich, dass Menschen Lichtkugeln vor sich sehen oder sich von Energiestrahlen durchdrungen fühlen oder sanfte Stimmen großartige Wahrheiten aussprechen hören? Erleben Menschen wirklich Spontanheilungen oder empfinden plötzlich ein totales Einssein mit dem Universum oder führen tatsächlich Gespräche mit Gott?

Äh, ja.

5

Die stimmlose Stimme

Die häufigste Frage, die man mir nach der Veröffentlichung von *Gespräche mit Gott* stellte, war: »Warum Sie? Warum hat Gott Sie ausgewählt?«

Ich kann Ihnen gar nicht sagen, wie oft ich darauf geantwortet habe. Und immer mit: »Gott hat mich nicht ausgesucht. Gott sucht jedermann aus. Gott spricht zu allen Zeiten zu allen von uns. Die Frage ist nicht, zu wem Gott spricht. Die Frage ist, wer zuhört.«

Gott spricht jeden Tag auf vielerlei Art zu uns. Gott ist schamlos und wird jedes Mittels nutzen, um mit uns zu kommunizieren. Den Text des nächsten Songs, den Sie im Radio hören. Die beiläufige Äußerung einer Freundin, der Sie »zufällig« auf der Straße begegnen. Einen Artikel in einer vier Monate alten Zeitschrift im Friseursalon. Und ja, eine Stimme, die direkt zu Ihnen spricht.

Aber Sie müssen zuhören. Sie müssen sich gewahr sein, dass Gott direkt mit Ihnen kommuniziert. Das ist nicht eine Hoffnung. Das ist nicht ein Wunsch. Dies ist nicht ein Gebet. Das ist Realität. Gottes Mitteilungen kommen Ihnen in Momenten der Gnade zu. Aber wenn Sie nicht aufmerksam sind, werden Sie diese Momente durchqueren, ohne auch nur zu wissen, dass sie sich ereignet haben.

Ich komme auf diesen Punkt immer und immer wieder zurück, weil ich möchte, dass Sie sich auf Ihr spirituelles Selbst einstellen. Ich möchte, dass Sie Augen und Ohren aufsperren. Ich möchte, dass Sie Ihre Sinne erwecken. Ich möchte, dass Sie in Bezug auf Gott »zu Sinnen kommen«! Denn Gottes Botschaften kommen Ihnen fortwährend zu.

Brauchen Sie noch mehr Beispiele? Brauchen Sie noch weitere Beweise? Dann lesen Sie die folgende Geschichte. In ihr geht es um Doug Furbush, der in der Nähe von Atlanta, Georgia, lebt.

☆ ☆ ☆

Mit ihrem Einzug in ihr neu gebautes Haus war für Doug und seine Familie ein Traum wahr geworden, und Doug hatte viele Wochenenden damit verbracht, noch vor dem Einsetzen des Winterregens das Sprinklersystem zu installieren.

Eine Arbeit, die ihm Spaß machte – in der Erde zu graben, Grassoden zu verlegen. Ein bisschen Dreck unter die Fingernägel zu bekommen, das war eine angenehme Abwechslung von seiner Tätigkeit als Technologieberater, die meist von ihm verlangte, dass er den ganzen Tag vor dem Computer saß.

Die Septembersonne wärmte seinen über die Schaufel gebeugten Rücken.

»Ich fahre schnell zum Supermarkt«, rief ihm seine Frau vom Haus aus zu. »Brauchst du irgendetwas?«

»Nein danke, Schatz!«, rief er.

»Okay! Bin ihn zehn Minuten zurück!«

Doug kicherte vor sich hin. Ich brauch verdammt gar nichts in dieser großen weiten Welt.

Er hatte alles, was er sich möglicherweise hätte wünschen können. Es gab im Moment nichts in seinem Universum, das er hätte verändern wollen. Das Leben war gut. Es war alles gut – die Sonne auf seinen Schultern, die dumpfen, knirschenden Laute der Schaufel, die auf die Erde traf, die Vögel, die hoch oben im Wipfel des Pfirsichbaums in seinem Garten trällerten. Das Vergnügen, das ihm dieses Graben bereitete, sang in seinen Muskeln. Der Schweiß rann ihm zwischen den Schulterblättern herab.

Plötzlich hörte er, dass sein Name gerufen wurde.

Doug.

Die Stimme klang dringlich, aber es war keine Stimme, die er kannte. Es war fast so, als sei es eine ... stimmlose Stimme.

Er sah sich um. Im Garten war niemand zu sehen. War es seine Frau gewesen? So musste es sein. Vielleicht hatte sie etwas vergessen und ihn von der Auffahrt her gerufen. Und als er nicht reagierte, war sie selbst gegangen, um es zu holen.

Ja, so war es.

Er steckte die Schaufel in einen Erdhaufen, schwang sich aus dem Graben und ging zum Vordereingang des Hauses. Da war niemand. Das Auto seiner Frau stand nicht in der Garage.

Hmm, vielleicht war ich zu lange in der Sonne, dachte er und machte sich wieder in Richtung Garten auf.

Doug!

Diesmal hörte sich die Stimme nachdrücklicher an!

Geh und finde Gael!

Jetzt blieb Doug abrupt stehen. Was war das? Ich habe diese Stimme gehört. Aber woher kommt sie? Und was ist das mit Gael?

Seine Tochter hatte den Morgen beim Schlittschuhlaufen mit Freundinnen verbracht, war schon vor einer Weile zurückgekommen und direkt in ihr Zimmer gegangen. Sie schien ein wenig still zu sein, aber Doug war mit seinem Projekt so beschäftigt gewesen, dass er kaum mit ihr gesprochen hatte. Schließlich war sie dreizehn. Er lächelte vor sich hin. Sie kam ins Alter, in dem man Launen hatte. Aber nun überkam ihn Furcht ... so als ob etwas nicht stimmte. Warum hörte er diese Stimme, die ihn drängte, sie zu finden?

Gedanken, die nur Sekunden in Anspruch nahmen. Doug kehrte um und lief ins Haus, nahm sich nicht einmal die Zeit, seine schmutzigen Stiefel auszuziehen, und eilte, immer zwei Stufen auf einmal nehmend, die Treppe hinauf zu Gaels Zimmer.

Wie üblich war die Tür abgeschlossen. Ihr Zimmer war ihr Heiligtum. Doug verstand das. Aber irgendetwas fühlte sich anders an. Nicht so wie sonst, wenn sich seine Tochter einschloss.

»Gael?« Er klopfte an die Tür.

Nichts.

Er klopfte lauter. »Gael, bist du da drin? Fehlt dir irgendwas?«

Wiederum Schweigen.

»Gael, mach die Tür auf!«

Jetzt vernahm er ein kleines gedämpftes Stimmchen.

»Lass ... mich in Ruhe ... Dad.«

Nun, sie war wenigstens so weit okay, dass sie reden konnte. Aber Doug war auf keinen Fall gewillt, sich abwimmeln zu lassen und zu verschwinden.

»Gael, mach die Tür auf. Sofort!«

Er wartete einen Moment. Ich werde sie aufbrechen müssen, dachte er. Dann hörte er das Klicken des Schlosses.

Kaum dass sie die Tür geöffnet hatte, lief Gael zurück zum Bett, schlüpfte unter die Decke und zog sie über den Kopf. Ihre zuckende Gestalt verriet ihr stilles Schluchzen.

»Schätzchen, was ist denn los?«, fragte Doug und ging zu ihr hin. »Ist irgendetwas passiert?«

Wieder murmelte sie: »Lass mich in Ruhe, Dad.«

Doug sah sich bestürzt und prüfend im Zimmer um, und da entdeckte er das Blut auf ihrer Bettdecke. Es war nur ein kleiner Fleck, aber er sah und berührte ihn, und er war feucht.

»Gael, rede mit mir. Hast du dich verletzt?«

Sie reagierte nicht.

»Gael, sag mir bitte, was los ist. Warum ist Blut auf deinem Bett?«

Seine Tochter zog die Decke vom Gesicht. Ihre Augen waren verschwollen und rot ... und ihre Handgelenke ebenso, wie Doug sofort sah. Sie hatte sich in die Handgelenke geschnitten.

»Gael, Baby, was hast du gemacht?« Doug war in Panik. Er griff nach ihrem Armen, um sich die Sache genauer anzusehen. Er erkannte sogleich, dass sie sich keinen ernsthaften Schaden zugefügt hatte. Die Schnitte gingen nicht tief. Aber sie bluteten. Doug raste ins Badezimmer, um etwas Geeignetes zu finden. »Warum hast du das gemacht,

Gael?«, fragte er über die Schulter hinweg. »Was ist passiert?«

Nun schluchzte sie ganz offen. »Daddy, es tut mir so Leid, aber ich kann es einfach nicht mehr ertragen.«

»Was? Was ertragen?«

»Alle sind so gemein zu mir. Alle hassen mich.«

»Oh Gael ...«, fiel Doug ihr ins Wort, während er mit Waschlappen und Handtüchern wieder an ihr Bett trat. »Das stimmt doch nicht.«

»Bitte, Dad. Du weißt nichts. Ich habe keine Freundinnen. Und das eine Mädchen, das ich gerne habe, ist so gemein zu mir. Einen Tag mag sie mich, am nächsten hasst sie mich und redet hinter meinem Rücken über mich.«

Ihr Vater säuberte mit einem feuchten Waschlappen sanft ihre Arme.

»Heute auf der Eisbahn war sie so grausam. Ich glaube, ich kann es einfach nicht mehr ertragen. Letzte Woche hat sie mich zu ihrer Geburtstagsparty eingeladen. Ich hab mich so gefreut. Und heute hat sie mir vor allen gesagt, dass sie es sich anders überlegt hat und mich nicht einlädt. Ich wollte nur noch sterben.«

»Aber Gael, nichts ist so schlimm, um so etwas zu tun. Du wirst Freunde haben. Und es wird eine Menge Geburtstagspartys geben. Du bist eine nette, wunderschöne Person. Es gibt viele Menschen, die mit dir befreundet sein möchten.« Doug beschwor seine Tochter. »Bitte, du kannst doch nicht wirklich glauben, dass dein Leben nicht lebenswert ist. Was ist mit uns, deinen Eltern? Wir lieben dich so sehr.«

In diesem Augenblick wurde unten die Haustür zugeschlagen. »Leute, ich bin wieder zu Hause. Wollt ihr sehen, was ich eingekauft habe?«, rief Dougs Frau fröhlich vom Flur herauf. »Halloooo. Wo seid ihr alle?«

»Da ist deine Mom. Lass uns mit ihr reden, okay? Sie wird wissen wollen, was mit dir passiert ist.« Doug umwickelte die Wunden mit Handtüchern. »Schätzchen, wir müssen das nähen lassen. Komm mit.«

Gael erhob sich widerstrebend, schlüpfte mit den Füßen in ihre Schuhe und hielt die um ihre Handgelenke gewickelten blutigen Handtücher fest. Doug sah auf die dreckigen Fußspuren hinunter, die er auf dem pinkfarbenen Teppich hinterlassen hatte. Dann schüttelte er diese unwichtige Wahrnehmung ab. Idiotisch, sich jetzt darum Sorgen zu machen, tadelte er sich selbst und schlug dann mit einem Seufzer der Erleichterung die Augen gen Himmel, um ein Dankgebet vom Stapel zu lassen. Als er dabei die kleinen Silbersternchen sah, die Gael an der Zimmerdecke befestigt hatte, kam ihm ganz anderes in den Sinn …

Diese Stimme, dachte er. Es war Gottes Stimme. Doug wusste es mit absoluter Gewissheit. Und diese Stimme, die ihn von seinen Arbeiten fortgerufen hatte, hatte das Leben seiner Tochter gerettet. Er wollte lieber gar nicht daran denken, was hätte passieren können, wenn er sie nicht zu diesem Zeitpunkt gefunden hätte. Doug wusste jetzt, dass sie dringend Hilfe brauchte, und er würde dafür sorgen, dass sie sie bekam.

Die nächsten Wochen waren schwierig, und es gab tränenreiche Treffen mit Therapeuten und Ärzten. Die Ergebnisse waren jedoch wundervoll. Gael schaffte es, ihre Depression abzuwehren und ihren Lebenswillen wiederzugewinnen. Sie bekam sehr viel Liebe und Zuwendung von ihrer Familie und, wie es mit der Zeit eigentlich immer geschieht, auch die Situation mit ihren Freundinnen wandte sich wieder zum Besseren. Sie erkannte allmählich, dass drastische Momente nicht immer drastische Maßnahmen erfordern.

Man diagnostizierte bei Gael schließlich eine klinische Depression. Doug war davon überzeugt, dass sie, wenn sie nicht behandelt worden wäre, irgendeinen Weg gefunden hätte, ihrem Leben ein Ende zu setzen. Aber Gott hatte andere Pläne, und heute ist Gael eine aufgeweckte achtzehnjährige Collegestudentin, die Ozeanographie studiert.

Und Doug? Er ist zutiefst dankbar. Und sich gewahr, sehr gewahr, dass Gott direkt zu den Menschen spricht.

Die meisten Menschen halten das Gegenteil für wahr. Wir sind von unserer Gesellschaft – und interessanterweise auch von vielen unserer Religionen – darauf getrimmt, die Möglichkeit zu leugnen, dass Gott *direkt* mit ganz gewöhnlichen Menschen spricht. Man sagt uns, dass Gott mit Menschen gesprochen *hat*, aber das ist schon sehr lange her, und dann auch nicht mit normalen Sterblichen. Man nennt seine Mitteilungen *Offenbarungen*, und die, so sagt man, werden nur ganz besonderen Menschen unter ganz besonderen Umständen zuteil.

Wenn diese »besonderen« Menschen, die solche Erlebnisse hatten (oder jene, die davon hörten), diese zufällig in ihren Einzelheiten niederschrieben, nannte man diese Niederschriften Heilige Schriften. Schrieben irgendwelche »normalen Menschen« ihre diesbezüglichen Erfahrungen auf, nannte man das Häresie. Und je näher eine solche

Erfahrung an unsere Gegenwart heranreicht, umso wahrscheinlicher wird sie als Täuschung oder Halluzination abgetan. Je weiter sie in die Vergangenheit zurückreicht, desto wahrscheinlicher wird sie geachtet.

George Bernard Shaw sagte: »Alle großen Wahrheiten beginnen als Blasphemie.«

In unserer gegenwärtigen Verdrängungs- und Verleugnungskultur haben wir die Aufgabe, die Erfahrungen unserer Seele, unseres Geistes und unseres Körpers nicht zu verleugnen, sondern zu verkünden. Laut und deutlich, so dass sie alle hören können. Und das ist nicht immer leicht.

Jahrelang habe ich die Erfahrungen meiner Seele, meines Geistes oder meines Körpers verleugnet, wenn sie allem zuwider liefen, was, wie man mich gelehrt hatte, möglich und wahr sein konnte. Viele Menschen machen das. Bis sie es nicht mehr können. Bis die Beweise so überwältigend, so nachhaltig oder so verblüffend sind, dass ein Leugnen nicht länger möglich ist.

Bill Colson verleugnete seine Erfahrung nicht, ganz im Gegenteil. Beim Gedenkgottesdienst für seinen Vater stellte er sich vor all den Leuten in der Kirche hin und legte Zeugnis davon ab. Auch Bill Tucker verleugnete seine Erfahrung nicht. Und ebenso wenig David Daniel, Fred und Anne Ruth, Gerry Reid oder all die anderen ganz »normalen Leute«, deren Geschichten hier in diesem Buch zu finden sind. Sie verstehen, sie wissen, dass Gott sich in ihrem Leben bewegt, dass Gott mit Menschen ganz direkt interagiert. Dass Gott sogar zu Menschen spricht. Glauben Sie, dass Doug Furbush auch nur irgendwelche Zweifel daran hat?

Ich kann Ihnen sagen, er hat sie nicht.

Aber das Wichtige hier ist, zur Kenntnis zu nehmen, dass seine Erfahrung nichts Ungewöhnliches ist.

Robert Friedman ist der Verleger von Hampton Roads, dem Verlag, der *Gespräche mit Gott* in die Welt eingeführt und der auch dieses Buch herausgebracht hat. Als ich Bob erzählte, dass ich ein Buch mit dem Titel *Gott erfahren* machen wolle, und ihm erklärte, um was es ging, sagte er sogleich: »So eine Erfahrung hatte ich auch schon!«

»Tatsächlich?«, fragte ich.

»Ganz sicher. Ich weiß, wovon du redest.«

»Na gut, erzähl mir was darüber. Was ist passiert?«

»Ich war sechzehn Jahre alt«, fing Bob an zu berichten, »und hatte gerade Auto fahren gelernt. Das war in Portsmouth, Virginia.«

»Ah ja.«

»Nun, eines Tages wollte ich von einer Nebenstraße aus auf eine vierspurige Schnellstraße einbiegen. Da war eine Ampel, und zu beiden Seiten dieser Nebenstraße wuchsen Hecken, weshalb die Sicht schlecht, wirklich sehr schlecht war. Aber das machte nichts, denn es gab ja die Ampel, nicht wahr?

Und wenn sie auf Grün schaltet, fährst du normalerweise los. Also, sie schaltet auf Grün und ich will mit meinem Fuß aufs Gaspedal drücken, als plötzlich eine Stimme ›Stopp!‹ sagt. Einfach so. Nur stopp! Ich meine, da ist niemand sonst im Wagen, und ich höre diese Stimme glockenrein, und sie sagt einfach stopp!

Ich trete also auf die Bremse. Eine rein automatische Reaktion. Ich denke gar nicht darüber nach. Ich trete einfach auf die Bremse. Und da fährt dieser Kerl ... dieses Auto bei Rot über die Kreuzung. Er kommt von links, ich hab ihn wegen der Hecke gar nicht gesehen, bevor er auf der Kreuzung war, aber da brettert er mit achtzig Sachen drüber und rast davon.

Wenn ich nicht angehalten hätte, wäre er mir direkt in die Fahrerseite reingefahren. Ich meine, dieser Kerl raste wirklich daher und ich wäre ein toter Mann gewesen. Ich bin mir ganz sicher, ich wäre tot gewesen.

Jetzt sag mir, was das für eine Stimme war. War es ein Engel, ein Schutzengel? War es mein Geistführer? War es Gott? Ich weiß es nicht. Ich weiß nicht einmal, ob es da einen Unterschied gibt. Ich meine, alles ist Gott, der sich manifestiert, oder? Ich weiß nur, ich – hörte – diese – Stimme. Sie sagte nur ein einziges Wort, aber sie rettete mein Leben.«

»Wow«, sagte ich. »Und wenn es diesen Augenblick der Gnade nicht gegeben hätte, gäbe es auch jetzt kein Buch mit dem Titel *Gott erfahren* . Denn du wärst nicht mehr da, um es zu publizieren. Du wärst auch nicht da gewesen, um *Gespräche mit Gott* herauszubringen.

»Ganz sicher nicht.«

»Ich nehme also an, dass Gott Pläne mit dir hatte.«

»Ich denke, er hatte Pläne mit uns beiden.«

Da sehen Sie. Ich denke, jeder hat mindestens eine persönliche Geschichte über eine göttliche Intervention zu erzählen. Und ich bin gar nicht überrascht. Ich erklärte Bob, dass ich dieses Buch machen wollte, weil ich der Welt beweisen wollte, dass meine Erfahrung mit *Gespräche mit Gott* gar nichts Ungewöhnliches war; das einzig Ungewöhnliche daran war meine Bereitschaft, damit an die Öffentlichkeit zu gehen und darüber zu sprechen. Und vermutlich auch die Tatsache, dass ich die Erfahrung über so lange Zeit hinweg fortsetzte und sie protokollierte und deshalb auch ein Buch darüber schreiben konnte. Aber die Erfahrung an sich, die Erfahrung, dass Gott direkt mit uns kommuniziert, ist ausgesprochen verbreitet.

Sollten Sie eines Tages nach Indianapolis in Indiana kommen, dann fragen Sie Carolyn Leffler. Hier ist ihr Erlebnis, das sie uns mit ihren eigenen Worten schildert ...

6

Gott singt auch?

»Mom, mach dir keine Sorgen wegen Dad«, sagte mein kleiner Sohn und sah mir direkt in die Augen. »Alles wird gut.«

Ich war aufgeschreckt. Ich fuhr Eric, der damals fünf war mit dem Auto zur Schule und war in Gedanken bei meiner bevorstehenden Scheidung. Für meine Person hatte ich mich mit dem Ende meiner Ehe abgefunden, machte mir jedoch Sorgen darüber, wie sich das auf Eric auswirken würde.

Er und sein Vater standen sich sehr nahe. Ich hatte ihn vor der herben Realität, dass dieser nicht mehr mit uns leben würde, zu schützen versucht, doch Eric war zu klug und sensitiv, um nicht die Wahrheit zu kennen.

Als sein Dad uns verlassen hatte, nahm Eric die Gewohnheit an, seine Sweatshirts mit Kapuze verkehrt herum zu tragen und sein Gesicht so oft es ging zu verhüllen. Wie sehr ich ihn auch bat, es zu lassen, er blieb dabei. An jenem Tag aber schien er imstande zu sein, aus sich heraus zu gehen, um mir Trost zu spenden.

»Danke, Schatz. Du hast Recht. Alles wird gut werden.« Eric hatte die Fähigkeit, meine Gedanken zu lesen. Er war von Anfang an ein höchst intuitives Kind gewesen. Er fing meine innersten Gedanken auf, wenn ich es am wenigsten erwartete, fast so, als ob wir telepathisch kommunizierten. Wir spielten oft ein Spiel, das wir »Denk mich nach Hause« nannten. Wenn das Essen fertig und es an der Zeit war, dass Eric vom Spielen herein kam, richtete ich meine Gedanken auf ihn und rief ihn mental herbei. Und er stapfte dann unfehlbar bald darauf zur Tür herein und sagte ganz nüchtern: »Okay Mami, hier bin ich.«

Eric unterschied sich sehr von den meisten anderen Kindern. In der Schule schienen ihn die Kinder in seiner Klasse nicht zu verstehen, und er fühlte sich deshalb oft fremd. Das hatte zur Folge, dass er ein überaus reiches Fantasieleben führte. Er begab sich häufig ohne Vorwarnung in die Welt seiner Imagination und versank darin, so dass er die Realität aus den Augen verlor. Tatsächlich wurde seine Fantasie zu seiner Realität.

Einmal, Eric war so um die acht Jahre alt, langweilte er sich im Unterricht und flüchtete in seine Fantasiewelt. Darin wurde er zu einem Tiger im Dschungel, der seiner Beute nachstellte. Und als er in dieser Gestalt leise und verstohlen durch das dichte grüne Blattwerk schlich, stieß er auf einen Affen, der im Gras nach etwas Essbarem suchte. Eric stürzte sich sofort auf ihn und überwältigte seine Beute.

»Eric, was machst du da?«, hörte er da seine Lehrerin schreien. Er kehrte mit einem Schlag in die Gegenwart zurück. Er kroch auf dem Boden des Klassenzimmers herum und biss in sein hölzernes Pult! Gedemütigt entschuldigte er sich bei der Lehrerin. Später erzählte er mir, dass er nicht die richtigen Worte finden konnte, um ihr sein Verhalten zu erklären. Aber er dachte, dass es seine Lehrerin inzwischen ohnehin aufgegeben hatte, ihn zu verstehen.

Ich hatte schon immer gewusst, dass Erics Fantasiewelt nicht nur ein Ort der Zuflucht und der Quell seines Unvermögens war, sich in die Gruppe der anderen Kinder »einzufügen«. Sie war auch symptomatisch für eine ganz besondere Sensibilität hinsichtlich der Qualen und Schmerzen einer jeden Kindheit. Er war verletzlich in Dingen, die andere Kinder vielleicht locker abschüttelten.

Er war zehn, als sich eines Tages zu Pausenbeginn dieser Zug in ihm auf fast gefährliche Weise äußerte. So wie Eric die Geschichte erzählte, hatte er einen Klassenkameraden – ich glaube, er hieß Jason – eingeladen, irgendein Spiel mit ihm zu spielen. Doch Jason erwiderte: »Nöö. Ich will mit den anderen Football spielen. Willst du mit uns mitspielen?«

Eric schreckte davor zurück. Als er das letzte Mal Football gespielt hatte, war er ziemlich übel getroffen worden und kam mit einem blauen Auge nach Hause. »Auf keinen Fall«, erwiderte er.

»Na gut, ich spiele Football«, hatte Jason geantwortet. »Mach du, was du willst.« Es schwang etwas schmerzhaft Endgültiges darin mit, das Eric zutiefst traf. Möglicherweise hatte er sofort daraus geschlossen, dass Jason, da er nicht mit ihm spielen wollte, ihn nicht mochte – und war von da aus zu dem Gedanken gelangt, dass niemand ihn mochte.

Und ich weiß, wenn das sein Gedanke war, dann konnte er ihn nicht ertragen. Eric fand ein Springseil, das irgendjemand hatte liegen lassen, kletterte damit, ohne weiter nachzudenken, auf eine ein Meter hohe Mauer, befestigte das eine lose Ende an einem Zaun, schlang das andere um seinen Hals und sprang.

Glücklicherweise blickte eine Lehrerin, die Pausenaufsicht hatte, eine halbe Sekunde davor zufällig in Erics Richtung. Sie raste zu ihm hinüber, um ihn fest zu halten, und rief gellend eine andere Lehrerin herbei, damit sie das um seinen Hals geschlungene Seil lockerte.

Eric war nicht schlimm verletzt, hatte aber alle zu Tode erschreckt. Ich wurde sofort angerufen, und als ich dann mit ihm im Büro der Schulleiterin saß, rannen mir die Tränen übers Gesicht.

»Süßer, warum tust du dir so was an?«, fragte ich ihn. »Weißt du nicht, dass wir über alles, was dir wehtut und dich verletzt, reden und es gemeinsam lösen können? Ich liebe dich. Dein Daddy liebt dich. Gott liebt dich.«

»Aber niemand in der Schule mag mich, Mami«, schluchzte er herzzerreißend.

Ich legte die Arme um meinen Sohn. Wie konnte ich ihm nur helfen?

Ich besprach den Vorfall mit den psychologischen Betreuerinnen und entschied dann, dieser Begebenheit so wenig Aufmerksamkeit wie möglich zu widmen. Sowohl die Lehrerinnen wie auch die Betreuerinnen hielten es für das Beste, keine große Sache daraus zu machen. Ich beschloss, Eric therapeutische Hilfe zukommen zu lassen. Offenbar wurde er mit dem Schmerz darüber, dass sein Vater uns verlassen hatte, nicht fertig.

Leider bekam ich keine Gelegenheit dazu.

Nur zwei Tage später unternahm Eric einen erneuten Versuch, sich zu erhängen, diesmal an einem Haken im Wandschrank für die Mäntel. Da traf ich die schwierige Entscheidung, ihn in eine psychiatrische Klinik einzuliefern. Ich hatte das Gefühl, keine andere Wahl mehr zu haben.

Als wir durch die Allee fuhren, die zur Klinik führte, weinte ich innerlich und dachte, ich kann mein Baby doch nicht an diesem fremden Ort lassen. Er ist erst zehn Jahre alt! Ich fragte mich, ob Eric wirklich verstand, dass er dort wohnen würde, nicht nur von seinem Vater, sondern auch von mir und all den Dingen getrennt, die er am meisten liebte ... das Zuhause war sein sicherer Hafen, seine Zufluchtsstätte.

»Mom, mach dir keine Sorgen. Es wird mir gut gehen. Du kannst mich immer besuchen.«

Eric hatte wieder einmal meine Gedanken gelesen. Wie kann ein Kind so intuitiv und zugleich derart in Bedrängnis sein?, fragte ich mich bekümmert.

Ich nahm Eric an die Hand, und wir ließen uns vom Personal die Klinik zeigen. Es war kein unfreundlicher Ort, aber es war eben doch ein Krankenhaus. Wir sprachen mit Ärzten und Krankenschwestern, packten seine Sachen aus, umarmten uns lange ein letztes Mal und sagten Lebewohl. Ich würde Eric eine ganze Woche lang nicht sehen können. Ich glaubte nicht, dass ich die Trennung von meinem kleinen Jungen ertragen konnte. Er brauchte mich so sehr; er würde so allein sein. Warum musste das passieren? Ich tobte innerlich.

Ich war sehr verzweifelt, als ich ziellos durch die Stadt fuhr. Tagelang hatte ich meine Gefühle im Innern verschlossen. Ich hatte versucht für Eric stark zu sein, aber nun brauchte ich den Tränenfluss nicht länger zurückzuhalten und ließ ihm freien Lauf.

Innerlich schrie ich: »Warum geschieht das? Wo ist jemand, der mir hilft ... mich unterstützt! Ich bin allein, total allein!« Ich musste mich sehr bemühen, nicht über dem Steuer zusammenzubrechen.

Als ich den Wagen parkte und in mein leeres Haus stolperte, wusste ich, dass mir eine sehr einsame Zeit bevorstand. Ohne mir die Kleider auszuziehen, fiel ich aufs Bett und wickelte mich in die Überwurfdecke ein. Und dann schluchzte ich in meinem Kokon ganz laut und wollte in den Armen gehalten und getröstet werden. Dann hörte ich jemanden sagen: Du bist nicht allein, Carolyn.

Ich setzte mich ruckartig auf und sah mich verblüfft um. Es war niemand im Zimmer.

Ich bin bei dir.

Da war sie erneut. Diese Stimme, die aus dem Nichts kam. Doch diesmal war ich weder verblüfft noch beunruhigt. Ja, es überkam mich ein wunderbares Gefühl von Frieden. Ich hatte plötzlich das Gefühl, zu wissen, wer da zu mir sprach.

Die Stimme umarmte mich zart und durchdrang mein Sein. Ich legte mich entspannt und erleichtert zurück und fiel in einen tiefen, erholsamen Schlaf.

Als ich am nächsten Morgen aufwachte, schien die Sonne durch das Fenster. Zum ersten Mal seit Tagen erfüllte Hoffnung mein Herz. Ich ertappte mich sogar dabei, dass ich vor mich hinsummte, als ich mich anzog und für die Arbeit zurechtmachte. Ich fühlte jetzt – ich wusste jetzt – dass Eric okay sein würde. Und ich wusste auch, dass ich mit all dem ganz gut zurechtkommen würde ... mit Gottes Hilfe.

Als ich dann zur Arbeit fuhr, beschlichen mich Zweifel.

Werd erwachsen, schimpfte der erzieherische Aspekt meines Geistes. Du denkst, dass alles okay sein wird, bloß weil du plötzlich Gott auf deiner Seite hast?

Ich hasse das. Ich hasse es, wenn mein nüchterner, manchmal auch skeptischer Verstand mir mein Wohlgefühl ausredet – gewöhnlich genau dann, wenn ich gerade dabei war, emotional wieder Oberwasser zu bekommen. Tu's nicht! Lass dich nicht beirren!, befahl ich mir selbst. Oh Gott, hilf mir. Hilf mir zu erkennen, dass das hier die Realität ist, dass du hier bist, dass ich mir das letzte Nacht nicht nur eingebildet habe.

Spontan nach etwas suchend, das mich in eine bessere Stimmung versetzen würde, schaltete ich das Autoradio ein. Sofort erfüllte eine Melodie den Wagen. Und dann erklangen die Worte: »Now and forever, I will always be with you.« (Jetzt und für alle Zeiten, ich werde immer bei dir sein.)

Ich fuhr an den Straßenrand.

Und weinte.

Seit jenem Tag sind viele Jahre vergangen. Und Gott hat sein Versprechen gehalten. Er war immer bei mir. Und Eric hat nicht nur diese Herausforderung in seinem Leben gemeistert, er ist ein unglaublicher junger Mann, der konzentriert und zielgerichtet seinen Traum verfolgt, Entertainer zu werden. Er ist »GMG-begeistert«, so wie ich!

Wir haben es geschafft.

Ganz zweifellos kommt Gott in Reaktion auf unseren Ruf zu uns. Aber seien Sie sich immer der Tatsache bewusst, dass die Formen, in denen er zu uns kommt, überaus vielfältig sind. Und endlos.

Es ist so, wie ich schon sagte. Gott ist schamlos. Die Geschichte des nächsten Films, den Sie sich ansehen. Die Botschaft auf einer riesigen Plakatwand an der nächsten Straßenecke. Eine Bemerkung am Nachbartisch in einem Restaurant, die Sie hören. »All das sind meine Mittel«, sagt Gott in *Gespräche mit Gott*. Sie macht ganz offensichtlich vor nichts Halt, um uns dazu zu bringen, das zu sehen, was wir als Nächstes sehen müssen, das zu erkennen und zu begreifen, was wir als Nächstes erkennen und begreifen müssen.

Ich werde nie die Geschichte vergessen, die mir eine ältere Dame – ich glaube, sie hieß Gladys – vor ein paar Jahren in einem Brief erzählte. Sie hatte mein Buch gelesen und sie hatte ein paar Probleme in ihrem Leben und deshalb Schwierigkeiten zu glauben, was da in GMG stand.

»Okay Gott«, blaffte sie eines Tages laut, während sie in ihrem kleinem Apartment auf- und abwanderte. »Wenn du so real bist, wie Neale sagt, dann zeig dich mir. Los doch. Gib mir ein Zeichen. Irgendein Zeichen. Mir ist es egal. Gib mir nur irgendein Zeichen, dass du real bist, dass du lebendig bist, dass du jetzt hier bist.«

Es passierte nichts.

Sie saß auf dem Stuhl an ihrem Küchentisch und trank Kaffee.

Nichts geschah.

Sie wechselte in ihren gepolsterten Schaukelstuhl über, schloss die Augen und wartete.

Nichts.

»Klar doch. Genau das dachte ich mir«, murmelte sie schließlich vor sich hin.

Angewidert stand sie auf und machte den Fernseher an. Dann erblasste sie. Ihre Beine wurden gummiweich. Sie tastete sich wieder in ihren Schaukelstuhl, ihr Gesicht zu einer ungläubigen Maske erstarrt. Da standen zwei Worte riesengroß auf der Mattscheibe:

OH, GOD

Es begann gerade der Film mit John Denver und George Burns, und der Titel war genau in dem Moment, als Gladys den Apparat einschaltete, groß auf der Mattscheibe zu sehen. Man kann sich kaum vorstellen, was ihr in diesem Moment durch den Kopf ging.

Später kicherte sie darüber, und ihr Brief war in fröhlichem Geist geschrieben. Aber sie zweifelte nie wieder an der Existenz – oder Gegenwart – Gottes.

Sie sehen also, Gott offenbart sich uns in vielerlei Formen. Nicht alle von ihnen sind »gott-gleich«. Wir erhalten himmlische Botschaften nicht immer in himmlischen Verpackungen oder im Rahmen himmlischer Erfahrungen, wie wir vielleicht erwarten. Sie können auch in heißen Rocksongs übermittelt werden. Oder in Titeln von zwanzig Jahre alten Filmen. Oder in sehr populären Büchern unglaublichen Inhalts.

Gottes Botschaften werden nur selten von himmlischen Harfenklängen begleitet oder uns von Engeln überbracht.

Selten.

Aber ich würde nicht sagen, nie …

7

Ein Bote vom Himmel?

Denise Moreland sah zu der frisch gebackenen Mutter, ihrer Bettnachbarin, hinüber. Die junge Frau lächelte strahlend, während sie ihrer eben geborenen Tochter die Brust gab.

Warum kann ich nicht mein eigenes gesundes Baby in den Armen halten?, fragte Denise in ihrem Innern Gott. Warum hält diese Frau ihr Kind im Arm, während das meine auf der Kinderstation zwischen Leben und Tod schwebt?

Es war Winter 1976, das Jahr des zweihundertjährigen Bestehens der Vereinigten Staaten. Und während viele Menschen das Leben, die Freiheit und das Streben nach Glück feierten, suchte Denise nach etwas viel Fundamentalerem – einem Grund zu leben. Nach zwei Fehlgeburten, noch bevor sie achtzehn war, hatte sie schließlich dieses Baby austragen können. Aber irgendetwas war entsetzlich schief gegangen. In der Spätphase der Schwangerschaft hatte Denise' Rhesus-negatives Blut das Rhesus-positive Blut ihres ungeborenen Kindes zu attackieren begonnen, und daher hatte ihr Sohn letzte Nacht in einer Notoperation per Kaiserschnitt auf die Welt geholt werden müssen.

Nun kämpfte der kleine Adam um sein Leben, und die Ärzte hatten Denise nur wenig Hoffnung machen können, dass er es schaffte.

»Er ist so winzig, und so schön.« Denise fühlte sich so allein, als sie auf den überall an Schläuche angeschlossenen Adam in seinem nüchternen Bettchen aus Plastik blickte. Sie sehnte sich danach, ihn in ihren Armen zu halten, ihn zu wärmen, ihn ihrer Liebe zu versichern. Er wog nur sechseinhalb Pfund. Denise konnte sich nicht vorstellen, wie etwas so Kleines und Hilfloses stark genug sein konnte, um zu leben.

Aber Adam kämpfte. Und während er in den folgenden Tagen seinen Kampf focht, kämpfte auch Denise – sie kämpfte damit, die Frau im Bett nebenan nicht zu hassen, die alle paar Stunden ihr Baby liebevoll umschmuste und stillte. Mehr noch, sie kämpfte darum, Gott nicht zu hassen, der sie offensichtlich verlassen hatte.

Die düstere Szenerie draußen vor dem Krankenhausfenster trug auch nicht zur Verbesserung der Dinge bei: Die Stadt war von Schnee und Eis bedeckt, die Klinik war buchstäblich von der Außenwelt – und von Besuchern – abgeschnitten. Denise fühlte sich allein und in einer Realität gefangen, die sie schlichtweg nicht begreifen konnte – der, dass ihr Sohn vielleicht starb.

Als sie die dritte Nacht in ihrem Bett lag und versuchte, nicht an die Möglichkeit zu denken, dass sie ohne ihr Baby nach Hause zurückkehren könnte, erfüllte sie große Wut.

Gott, wie kannst du mir das antun?, schrie sie innerlich. Wie konntest du mir dieses so lange ersehnte Kind geben, das aus uns eine Familie macht – vor allem nach dieser schrecklichen Kindheit, die ich durchlitt – nur, um es mir wieder wegzunehmen? Denise glaubte, das Herz würde ihr brechen.

Sie konnte diesen heftigen Kampf der Emotionen, der in ihr tobte, nicht länger ertragen und griff nach einem Stift, um einer Freundin zu schreiben, mit der sie seit Jahren einen Briefwechsel führte. Denise hatte sich schon vor langer Zeit angewöhnt, ihre Gefühle zu Papier zu bringen und dieser Freundin ihr Herz auszuschütten. Und jetzt schien es ihr nötiger zu sein als je zuvor.

Mit dem rasch über das Papier gleitenden Stift strömten alle Angst und Qual und das tiefe Gefühl von Ungerechtigkeit aus ihr heraus und erhielten eine Stimme. Sie hatte kaum einen bewussten Gedanken beim Niederschreiben. Es floss aus ihr und füllte Seite um Seite. Schließlich ebbte der schreckliche Schmerz in ihrem Herzen allmählich ab. Und dann merkte sie ganz plötzlich, dass sie gar nicht mehr ihrer Freundin ihr Herz ausschüttete. Sie sprach zu Gott. Denise hielt inne, um die Worte zu lesen, die gerade aus ihr herausgesprudelt waren:

»Dieses Kind ist ein wahrer Segen für mich, und ich bin so in es verliebt. Er ist ein Geschenk von Gott – von mir empfangen, aber Gottes Sohn. Ich verstehe zwar nicht, warum er mein Baby von mir nehmen sollte, aber mir ist klar, dass ich nichts dagegen tun kann. Wenn der Vater Adam zu sich nach Hause holen möchte, dann soll es so sein. Gott hat ihn gegeben, Gott kann ihn wieder nehmen. Ich muss glauben, dass es einen Grund dafür gibt, einen göttlichen Plan. Also Herr und Schöpfer, tu das, was dem höheren Wohl dient. Nicht mein Wille geschehe, sondern der deine.«

Denise hatte das Gefühl, zum ersten Mal in ihrem Leben wirklich mit Gott kommuniziert zu haben. Oh weiß der Himmel, sie hatte auch schon zuvor zu Gott gesprochen. Eben noch gerade bei ihren Wutanfällen. Aber sie hatte dabei nie das Gefühl gehabt, tatsächlich mir irgendjemandem zu kommunizieren. Aber jetzt ... jetzt fühlte sie zum ersten Mal in ihrem Leben, dass sie tatsächlich zu Gott gesprochen hatte. Und nicht nur das. Sie hatte auch das Gefühl, dass Gott sie gehört hatte, ihr zustimmte, ja sogar einige an sie gerichtete Gedanken durch sie geäußert hatte. Er brachte sie dazu zu verstehen, wie sie nun erkannte. Woher sonst sollte sie diese Worte in ihrem Brief genommen haben? Das hier waren ganz bestimmt nicht ihre Gedanken gewesen.

Bis zu diesem Augenblick.

Sie fühlte sich nun seltsam ruhig, verstaute die Seiten auf dem Tischchen neben ihrem Bett, machte das Licht aus und schlief zum ersten Mal seit drei Tagen tief und fest.

»Guten Morgen, Denise.« Die Schwester berührte sie sanft an der Schulter. »Ich bin gekommen, um Ihnen zu sagen, dass wir heute Adam eine Blutprobe entnehmen, um festzustellen, ob er eine Transfusion braucht.«

Noch halb im Schlaf begriff Denise, was diese Nachricht bedeutete. Wenn Adam eine Bluttransfusion brauchte, konnte das alle möglichen Komplikationen zur Folge haben. Das neue Blut konnte sein Leben retten oder beenden.

Die Krankenschwester strich Denises Kopfkissen glatt und wisperte leise: »Halten Sie an Ihrem Glauben fest, Schätzchen.« Und mit einem weichen Lächeln schlüpfte sie aus dem Zimmer.

Denise dachte daran, wie leicht es sein musste, diese Worte zu sagen, aber wie schwer, sich in Situationen wie dieser den Glauben tatsächlich zu bewahren. Sie starrte aus dem Fenster in die leblose Wintersonne. Es schien gar nicht Morgen zu sein. Alles war so still. Seltsam, dass der Schnee die Laute so völlig erstickt, dachte sie. In dieser Stille und Trübheit stellte sie sich vor, wir ihr Sohn in ihren Armen lag, dann sah sie vor sich, wie er hochgehoben und in die Hände Gottes gelegt wurde. Noch einmal betete sie: »Dein Wille geschehe.«

Denise fühlte sich plötzlich seltsam heiß und schwach. Ein stechender Schmerz durchzuckte ihren Unterleib, es tat so weh, dass sie sich unwillkürlich zusammenkrümmte. Das Zimmer wurde dunkler, und sie beobachtete mit seltsamer Distanziertheit, wie sich die ganze Szenerie vor ihr zurückzog ... und dann gänzlich verschwand. Sie verlor das Bewusstsein.

»Du kannst nach Hause gehen, wenn das deine Entscheidung ist«, hörte Denise jemanden sagen. Sie öffnete die Augen und sah eine wunderschöne Frau neben ihrem Bett stehen. Was war mit ihr passiert, wer war diese Person? In ihrem Kopf drehte sich alles, und sie bemühte sich, deutlicher zu sehen. Es wirkte nicht so, als ob die Besucherin tatsächlich spräche, ihre melodische Stimme schien vielmehr irgendwo aus Denises Kopf zu kommen.

Die Dame blickte tief in Denises Augen. »Der Vater steht bereit, dich in Empfang zu nehmen, wenn es das ist, wonach dich verlangt. Aber ich muss dir sagen, dass deine Arbeit hier noch nicht beendet ist; dein Zweck ist noch nicht erfüllt. Dein kleiner Sohn wird leben. Es gibt hier noch viel für dich zu erfahren und zu lernen.«

Sie war in ein bezauberndes Gewand aus fließendem schwarzem Chiffon gekleidet. Ihr dunkles Haar fiel auf ihre Schultern. Denise hatte gedacht, ein Engel würde Weiß tragen, aber das hier schien irgendwie angemessen, und die Frau war so wunderschön. Ihre Augen waren von Mitgefühl und Liebe erfüllt – so viel Liebe, dass Denise sie kaum begreifen konnte.

»Gott achtet deine Wahl in allen Dingen«, schien sie zu sagen.

»Du hast dir ein paar schwierige Lektionen aufgeladen, aber diese Lektionen bereiten dich auf deinen Dienst an anderen vor, falls du dich dazu entscheidest, hier zu bleiben. Du wirst immer und immer wieder dazu aufgerufen sein, dich auf deinen Glauben zu besinnen.«

Ganz zweifellos wurde Denise hier eine Chance geboten – weiter in dieser Welt zu leben oder sich von ihr zu verabschieden und zu einem neuen Abenteuer überzugehen. Das Leben war kostbar, das wusste sie. Aber es war auch sehr schwierig. Waren denn ihre bisherigen Jahre nicht ein ständiger Kampf mit Schmerz und Angst gewesen?

Selbst jetzt kämpfte sie mit der schrecklichen Realität, dass ihr Baby möglicherweise sterben und sie für den Rest ihres Lebens kinderlos bleiben würde. Sie konnte in diesem Moment die Wahl treffen, diese Welt einfach zu verlassen. Zu gehen. Diese liebevolle Präsenz bot ihr an, sie nach Hause zu bringen, zurück in die Arme des Vaters, wo Frieden war.

Aber Denise wusste, dass sie bleiben wollte. Ihr Baby würde leben! Und mit der Zeit würde auch sie wieder gesund und glücklich werden, eine Familie haben, für die sie sorgen konnte, und ein Leben, das sich zu leben lohnte. Sie wandte ihr Gesicht ihrer speziellen Engelsgestalt zu und sah, dass auch sie lächelte und bereits wusste, wozu sich Denise entschieden hatte.

»Ich werde immer bei dir sein«, sagte sie, und dann war sie verschwunden.

Denise blinzelte … und sah die Krankenschwester an ihrem Bett stehen, die Adam im Arm hielt. Mit unglaublicher Freude streckte sie ihrem kleinen Jungen die Arme entgegen.

☆ ☆ ☆

Als Denise Moreland ihren Brief an ihre Freundin zu schreiben begann, widerfuhr ihr etwas Wunderbares. Sie ließ ihrer Wut freien Lauf und gab ihren Widerstand gegenüber dem Geschehen auf. Das war ein wichtiger Wendepunkt in ihrem Erleben.

In *Freundschaft mit Gott* steht zu lesen:

Dann akzeptiere es und widersetze dich nicht dem Bösen. Denn die Sache, der du dich widersetzt, bleibt bestehen. Du kannst nur das verändern, was du akzeptierst.

Dann hülle es in Liebe ein. Ganz gleich, welche Erfahrung du machst, du kannst buchstäblich jede unerwünschte Erfahrung weglieben. In gewissem Sinn kannst du sie »zu Tode lieben«.

Und schließlich freue dich, denn das perfekte Ergebnis ist dabei, sich zu verwirklichen. Nichts kann dir deine Freude nehmen, denn Freude ist, Wer Du Bist und immer sein wirst. Unternimm also angesichts eines Problems etwas Freudvolles.

Denises Erfahrung illustriert auch auf ganz wunderbare Weise, wie uns Gottes Weisheit sogar in völlig unerwarteten Augenblicken durch uns selbst zukommen kann. Vielleicht gerade in solchen Augenblicken.

Denise holte ein Blatt Papier und begann einen Brief an ihre Freundin zu schreiben. Und bevor sie es sich versah, schrieb sie einen Brief an Gott. Und dieser Brief an Gott tröstete sie. Die Weisheit, die sie darin zum Ausdruck brachte, war für sie gedacht, und kam ihr durch sie zu.

In *Gespräche mit Gott* wird uns immer und immer wieder gesagt, dass wir auf unsere innere Stimme hören, dass wir innere Einkehr halten sollen, um dort nach der Weisheit zu suchen, die in unserer Seele wohnt. Die Seele ist der Teil von uns, der Gott am nächsten ist, heißt es in GMG.

Denise kam »zufällig« mit diesem Teil ihres Selbst in Kontakt. (Natürlich gibt es keine Zufälle. Nichts im Leben geschieht rein zufällig. Aber Sie wissen, wie ich es hier meine.) Sie fing an, an eine Person zu schreiben, und schrieb letztlich an jemand völlig anderes.

Stellen Sie sich mal vor, was vielleicht passiert wäre, wenn sie gleich von Anfang an einen Brief an Gott geschrieben hätte! Ich meine, ganz bewusst und so …

Hallo! Sie denken doch nicht etwa, dass sie bei einem Buch gelandet wäre, oder?

Denise' Erlebnis zeigt auch auf wundervolle Weise, wie sehr wir uns irren können, wenn wir wirklich glauben, dass Gottes Botschaften nur selten von Engeln überbracht werden. Tatsache ist, dass sie uns immer von Engeln überbracht werden.

In der einen oder anderen Form.

Aber warten Sie mal einen Moment. Stimmt das auch? Gibt es so etwas wie Engel? In Wirklichkeit?

Ja.

Die Antwort ist: ja.

Sie wachen über uns. Sie nehmen sich unserer an. Und sie führen uns nach Hause, wenn unser Aufenthalt hier beendet ist. Sie schweben über uns, sie gehen an unserer Seite und stehen uns Tag und Nacht bei, in guten und in schlechten Zeiten, in Krankheit und Gesundheit, bis der Tod uns zusammenkommen lässt.

Wissen Sie noch, was Denises Engel sagte? »Ich bin immer bei dir.« Das war keine Lüge. Engel lügen nicht. Engel segnen und schützen uns und führen uns zu unserem höchsten Wohl.

Sie kommen in Form von Träumen zu uns, als Visionen bei Meditationen und sogar auch als Erscheinungen, während wir vollkommen wach sind. Aber hier ist nun etwas, das Sie vielleicht überrascht. Ich glaube auch, dass Engel als »ganz reale Leute« zu uns kommen, die nicht anders herumlaufen als Sie und ich, die in unserem Leben auftauchen und unglaubliche Dinge tun oder sagen.

Vielleicht ist das eine Fantasterei, aber ich meine, die Welt könnte ein paar fantastische Vorstellungen gut gebrauchen. Und dann kann man die Sache auch noch aus einer anderen Warte betrachten. Gott sagt in GMG: »Ich habe euch nur Engel gesandt.«

Das bedeutet, jedermann ist ein Engel! Sie kamen alle von Gott und traten mit einer Mission in unser Leben. Vielleicht ist diese Mission uns nur auf der Seelenebene bekannt, aber auf dieser Ebene ist sie uns beiden bekannt.

Überrascht?

Bedenken Sie Folgendes: Wir könnten auf sehr tiefer Ebene sehr wohl wissen, warum wir in das Leben eines anderen eintreten. Und dann schicken wir auf derselben tiefen Ebene Schwingungen aus – ich meine ganz konkrete Schwingungen, die auf unser Ziel, auf den Sinn und Zweck unserer Begegnung verweisen. Deshalb haben wir manchmal bei der Begegnung mit einer Person das Gefühl, dass irgendetwas »im Busch ist«, dass wir mit dieser Person irgendetwas zu tun haben werden.

Lassen Sie mich von meiner ersten Begegnung mit Nancy erzählen, die ja jetzt meine Frau ist. In dem Augenblick, in dem sie auf mich zukam, wusste ich, dass irgendetwas im Busch war. Ich wusste es einfach.

Hatten Sie je dieses Gefühl?

Ja?

Na gut … und glauben Sie, dass es etwas ist, das Sie sich einbilden?

Falsch.

Nancy war noch kaum zwei Meter von mir entfernt, als mich ein bestimmtes Gefühl überkam. Es war nicht dieses Gefühl, von der Sonne beschienen zu werden und Glocken bimmeln zu hören und dass mein Herz dahinschmolz. Ich sah keine Sterne, und es ging auch kein Feuerwerk los. Aber auf seine Art war dieses Gefühl ebenso eindrucksvoll. Es war, als sei mein ganzer Körper in einen erhöhten Alarmzustand versetzt worden. Anders kann ich es nicht beschreiben. Es war so etwas wie: he, wach auf!

Und dann hörte ich in meinem Innern tatsächlich Worte. Ich hörte sie sehr direkt und unverblümt: Diese Person wird für dich sehr wichtig sein.

Ich hatte keine Ahnung, was das sollte. Ich wusste überhaupt nicht, was los war. Aber ich kann Ihnen sagen, dass ich sehr genau hinsah. Ich beachtete diesen Moment.

Und ich denke, dass es ein Moment der Gnade war.

Als ich dann Monate später eine wesentliche Entscheidung zu treffen hatte, die Entscheidung, wie weit ich mich engagieren, welche Rolle ich in Nancys Leben spielen wollte und welche sie in dem meinen spielen sollte, da erinnerte ich mich an diese Botschaft. Und es mag sich ein bisschen wirklichkeitsfremd, ein bisschen »abgehoben« anhören, aber ich gründete meine Entscheidung auf jenen Moment. Und ich habe sie nie auch nur für einen Augenblick bereut.

Manche Menschen treten mit einer Mission in unser Leben. Kein Mensch taucht rein zufällig auf. Noch nicht einmal der Passant auf der Straße. Auch nicht die Kellnerin im Restaurant (die jede Woche eine andere ist).

Niemand taucht rein zufällig auf.

Wenn wir aufpassen, wenn wir wach sind, fangen wir an zu schauen, wer in unser Leben tritt, und fragen uns, welche Gelegenheit sich hier ergibt. Was passiert in diesem Moment? Welches Geschenk kann ich hier erhalten? Welches Geschenk kann ich geben?

Vielleicht tritt auch bei Ihnen in einem Traum ein Engel in Ihr Leben – so wie bei Denise, der ihr dann half, ganz klar ihre momentanen Alternativen zu erkennen. Tun Sie so etwas nicht als Fantasie oder »einfach nur meine Einbildung« ab. Was würden Sie denken, wenn sich die Sache ganz wirklich und real abspielte?

Vielleicht war es ein Engel auf dem Schulhof – die Lehrerin, die »zufällig« in Erics Richtung blickte, als dieser sich anschickte, mit einer Schlinge um den Hals von einer

Mauer zu springen. Tun Sie das nicht als Zufall, als »reinen Glücksfall« ab. Was würden Sie denken, wenn alles so geplant war?

Vielleicht war es Eric selbst, der seine Rolle perfekt spielte, so dass alle anderen, mit deren Leben er in Berührung kam, die ihren spielen konnten? Tun sie das nicht als abstrus oder »einfach nur eine verrückte Theorie« ab. Was würden Sie denken, wenn es wahr wäre?

Vielleicht sind Sie der Engel?

Haben Sie je daran gedacht?

Vielleicht sind Sie heute der Engel im Leben eines anderen Menschen. Tun Sie das nicht als unglaublich oder »bloßes Wunschdenken« ab. Was würden Sie denken, wenn es genau das wäre, was so ist?

Tatsache ist, dass es so ist.

Die einzige Frage ist jetzt nur, ob Sie es glauben.

Manche Menschen hören solche Dinge und »begreifen« sofort. Andere … nun, andere sind ein wenig eigensinnig und brauchen ein Weile.

Nehmen Sie zum Beispiel Gerry Reid …

8

Ein glückliches Missgeschick

Gerry Reid erzählt gerne die Geschichte von einem Mann, der ein wundervolles Maultier hatte, das er sehr liebte, obwohl es nichts von dem tat, was man ihm befahl. Der Besitzer brachte es zu einem bekannten Tiertrainer und fragte, ob man dem Tier beibringen könne, zu gehorchen. Der Trainer sagte: »Klar, lass es mir ein paar Tage da, und wenn du wieder kommst, wird es ein ganz neues Maultier sein.«

Der Besitzer drehte sich beim Weggehen zum Abschied noch einmal um und sah, dass der Trainer dem Tier mit dem Holzstock eins auf den Kopf gab. »Ich habe Sie gebeten, es zu trainieren, nicht es zu umzubringen!«, sagte er wütend. »Manchmal muss man einfach was tun, um ihre Aufmerksamkeit zu bekommen«, antwortete der Trainer.

Eine Menge Leute, die mit Fred Ruth in jenen letzten Wochen zu tun hatten, in denen er so große Probleme mit seinem Herz hatte, waren vielleicht versucht, ihn ein Maultier zu nennen. Um seine Aufmerksamkeit zu erringen, bedurfte es eines Blitzeinschlags in seinem Wohnzimmer. Und Gerry Reid aus Whitby in Ontario wird Ihnen erzählen, dass er sich genau so wie dieses Maultier fühlte.

Gott hat nun in der Tat seine Aufmerksamkeit. Es hat zwar gut fünfzig Jahre gedauert, ein paar Jahre hin oder her, aber wie Fred Ruth hat auch Gerry seinen Weckruf bekommen.

☆ ☆ ☆

Gerry war sein Leben lang ein ziemlich glücklicher Kerl gewesen, der die Früchte seiner Arbeit genoss, von einem Tag zum anderen lebte und seine Freude daran hatte. Er hatte nie viel Gelegenheit gehabt, über seine Seele oder ein Ding namens Gottheit nachzudenken. Er war ganz schlicht mit dem Leben viel zu beschäftigt, um auf solche Dinge zu achten.

Er verdiente als Drucker seinen Lebensunterhalt und hatte rechtzeitig erkannt, dass die Computer seine Branche radikal verändern würden. Er arbeitete sich in die Technologie des Desktop-Publishing ein, was sich später als vorteilhaft erweisen sollte.

Als er seinen Job verlor, sah er sich nach Möglichkeiten einer Weiterbildung im Desktop-Publishing um. Doch statt Kurse ausfindig zu machen, in die er sich als Schüler einschreiben konnte, erhielt er das Angebot, selbst als Dozent zu arbeiten. Wie es schien, hatte er sich hier bereits selbst mehr beigebracht, als die meisten Leute gelernt hatten. Und so kam es, dass aus Gerry, dem Drucker, binnen weniger Wochen ein Computerausbilder wurde. Er fand es leicht, Computerunterricht zu geben, da es sich um die Vermittlung von linearen Prozessen handelte; auf jeden Schritt folgte ein nächster logischer Schritt. Des Weiteren schien das Unterrichten für ihn etwas ganz Natürliches zu sein. Er mochte die Collegeatmosphäre, die Schüler waren freundlich und aufs Lernen erpicht.

Eines Tages trank er Kaffee in der Mensa, und einer der Studenten verursachte an einem der Nebentische ein wenig Aufruhr. Gerry schlenderte hinüber und versuchte, sich so lässig wie möglich zu geben.

»Also, Dan, was ist heute mit dir los?«, fragte er.

Die meisten Leute im College wussten, dass Dan an Silvester letzten Jahres einen Unfall gehabt und eine Gehirnverletzung davongetragen hatte. Ein Auto hatte ihn beim Überqueren einer belebten Straße angefahren, und seither war er ziemlich instabil und explodierte leicht. Jetzt besuchte er als eine Art Therapie Handelsfachkurse, und Lehrer wie Studenten waren an seine gelegentlichen Ausbrüche im Unterricht gewöhnt. Wutausbrüche sind ein weitverbreitetes Symptom bei Gehirnverletzungen.

»Die Lehrer können mich nicht leiden, und ich kann sie nicht leiden«, brüllte Dan in der Mensa herum. »Ich kann gar nichts lernen! Ich steige aus.«

Es muss für ihn sehr schwer sein, dachte Gerry. Dann hatte er eine Idee.

»Warum«, so sagte er zu Dan, »wechselst du, da du deine Studiengebühren nun schon mal bezahlt hast, nicht in meinen Kurs über? Es könnte sein, dass du Computer magst.«

Dieses Gespräch sollte sich als Wendepunkt für beide, für Dan und Gerry, erweisen. Wie sich herausstellte, war die von Gerry eingesetzte Lehrmethode, ein linearer Lernprozess, der Schritt für Schritt vorgeht, für jemanden mit einer Gehirnverletzung sehr gut nachvollziehbar. Die Methode führt dazu, dass das Gehirn sehr viel rascher wieder eine Fähigkeit entwickeln und ausbilden kann.

Dan blühte auf, und bald kam sein Therapeut zu Gerry, um sich mit ihm zu unterhalten und herauszufinden, was so sehr zur Verbesserung von Dans mentalem und emotionalem Zustand beigetragen hatte. Dan bekam weitaus weniger Wutanfälle und konnte in schwierigen Situationen seine Reaktionen besser unter Kontrolle halten. Es schien, dass Gerry ein weiteres Talent in sich entdeckt hatte – die Anwendung einer Heiltherapie für Personen mit einer Gehirnverletzung.

Und dann wurde ihm ein Schlag versetzt.

Als er eines Tages mit seinem Motorrad die Straße entlangfuhr, platzte ein Reifen. Gerry stürzte, und das Motorrad landete direkt auf seinem Kopf. Er lag bewusstlos und blutend auf der Straße, sein Körper war schrecklich zugerichtet, er hatte mehrere Brüche. Ein hinter ihm fahrender Autofahrer kam ihm sofort zu Hilfe. Und wie sich herausstellte, war dieser Mann ein auf Notfälle spezialisierter Mediziner im Urlaub.

Er blieb bei Gerry und kümmerte sich um ihn, bis der Krankenwagen eintraf. Die Ärzte erzählten Gerry später, dass dieser Mann ihm mit seiner sofortigen und fachgerechten medizinischen Versorgung das Leben gerettet hatte. Natürlich konnte Gerry sich an nichts mehr erinnern. Er lag viele Tage im Koma und erwachte mit einem sehr beschränkten Erinnerungsvermögen.

Sein Gehirn war geschädigt.

Und hier ist das, woran Gerry sich erinnert:

Während er bewusstlos und von Kopf bis Fuß bandagiert im Krankenhausbett lag, öffnete er die Augen und fand sich vor dem Eingang eines Tunnels in dreieckiger Form stehen. Der Tunnel leuchtete grün, bewegte sich wellenförmig und war lebendig. Gerry verspürte ein schreckliches Verlangen, in den Tunnel einzutreten, und als er das gerade tun wollte, sah er jemanden neben sich stehen.

»Du darfst nicht eintreten, Gerry«, schien diese Person zu sagen, ohne dabei konkrete Worte zu sprechen. »Es ist noch nicht an der Zeit. Aber du darfst ihn berühren.«

Gerry starrte die Wesenheit erstaunt an. Sie war ... was? Kein Mann.. auch keine Frau ... vielleicht war sie ein Engel ...

Engel, Engel ... Gerry kramte in seinem Gedächtnis. Was weiß ich über Engel? Nichts, außer dass sie meistens Michael heißen. »Bist du Michael?«, fragte er das Wesen.

Zunächst kam keine Antwort, aber Gerry hatte das bestimmte Gefühl, dass dieses Wesen irgendwie amüsiert war. »Wenn du mich so nennen möchtest, kannst du das«, schien der Engel zu sagen.

Gerry streckte den Arm aus und befühlte die grüne Wand des Tunnels. Sie war weich und biegsam, und etwas davon ging locker ab und blieb in seiner Hand. Sofort kam ihm der merkwürdige Gedanke, dass er dieses Zeug auf seinen Arm schmieren sollte – der Arm war bei diesem Unfall schrecklich verletzt worden. Und als er das grüne Material darauf verstrich, hörte der Schmerz auf. Gerry holte tief Atem.

Erleichterung.

»Danke«, sagte er, aber der Engel war schon verschwunden, samt dem Tunnel. Gerry konnte nur noch ein Dreieck über sich hängen sehen ... und dann das Krankenbett. Das Dreieck schien eine Art Vorrichtung zu sein, die von der Decke herabhing. Langsam nahm er dann das Krankenzimmer wahr. Und er bemerkte, dass er mit Bandagen umwickelt war. Er konnte sich nicht bewegen, aber der Arm schmerzte nicht mehr. Und er war definitiv am Leben!

Als er schließlich nach Wochen eines mühsamen Genesungsprozesses aus dem Krankenhaus entlassen wurde und nun selbst eine Gehirnverletzung hatte, stellte Gerry fest, dass er nicht mehr genug Ausdauer für die langen Stunden des Unterrichtens hatte. Er nahm Kontakt zu der Brain Injury Association (Vereinigung zur Unterstützung von Gehirnverletzten) auf und stellte sich seiner Ortsgruppe für ein paar Stunden am Tag freiwillig zur Verfügung. Seine Fachkenntnisse im Computerwesen waren für das Personal sehr hilfreich, und als eine der Direktorinnen erfuhr, dass der Unterricht im Umgang mit Computern zu einer anerkannten Therapieform für die Klientel der Association wurde, schlug sie Gerry vor, sein eigenes Unternehmen aufzubauen.

»Wir sind nicht in der Lage, diese Dienstleistung anzubieten, aber wir können mit Sicherheit Leute an Sie verweisen, wenn sie daran interessiert sind«, bot sie ihm an. War dieses Gespräch eine weitere Manifestation göttlichen Eingreifens? Gerry weiß nur, dass er jetzt ein erfolgreicher, glücklicher und gesunder Besitzer eines Unternehmens ist, das Menschen mit einer Gehirnverletzung eine Therapie anbietet, bei der sie Fähigkeiten im Umgang mit Computer erlernen – und dass es wunderschön ist, diese Menschen zu beobachten, von denen viele glaubten, dass sie nichts Neues mehr lernen, sich nicht mehr weiter entwickeln und entfalten könnten.

Gerry erzählt, dass sein persönlicher Engel – er nennt ihn weiterhin Michael – ihn mittlerweile oft besucht. Gewöhnlich ereignen sich diese Besuche, wenn Gerry emotionalen Beistand braucht, aber er kann nie wissen, wann er erscheint. Da sind keine Heiligenscheine oder Flügel, und wenn Gerry versucht, sich angestrengt auf ihn zu konzentrieren, oder wenn er zu neugierig wird, entschwindet Michael. Aber er ist weiterhin eine hilfreiche und liebevolle Präsenz in Gerrys Leben. So wie auch Gerry für all die, denen er zu helfen versucht, eine hilfreiche und liebevolle Präsenz ist.

☆ ☆ ☆

Sehen Sie? Gerry hat beschlossen, ein liebevoller, hilfreicher Engel im Leben anderer zu sein. Er hat es »kapiert«! Er ist heute der Engel im Leben von jemand anderem. Und er lebt diese Rolle auf jede ihm mögliche Weise aus.

Können Sie sich vorstellen, was das für eine Welt wäre, wenn wir das alle täten? Aber es ist nicht immer leicht, und ich meine, dass wir uns das eingestehen sollten. Schließlich sind wir alle auf diesem Planeten tief in unseren Illusionen versunken. *Gemeinschaft mit Gott* beschreibt ganz speziell diese Erfahrung und skizziert sie in den »Zehn Illusionen der Menschen« (Bedürftigkeit, Versagen, Spaltung, Mangel, Erfordernis, Richten, Verdammung, Bedingtheit, Überlegenheit, Unwissenheit).

Weil wir voll und ganz und auf so überzeugende Art in unseren Illusionen leben, sehen wir die Dinge nur äußerst selten so, wie sie wirklich sind. So sehen wir zum Beispiel das von uns als »schlecht« Bezeichnete als »schlecht«, und das von uns als »gut« Bezeichnete als »gut«, und bemerken nicht, dass die beiden austauschbar oder, für uns noch unglaublicher, dasselbe zugleich sind.

Doch es ist eine große Wahrheit, dass sich das, was wir als die größte Tragödie unseres Lebens bezeichnen, manchmal als das größte Geschenk erweist, das wir je erhielten. Tatsache ist – und ich weiß, es ist schwer zu glauben, also halten Sie sich fest – dass dies immer der Fall ist.

Erinnern Sie sich, dass Gott mir sagte: »Ich habe euch nur Engel gesandt.«? Nun, er hat mir auch gesagt: »Ich habe euch nur Wunder gegeben.«

Was soll das? Sagt Gott, dass alles ein Wunder ist?

Ja.

Wenn Sie nun bedenken, dass das Leben an sich ein Wunder ist – die Tatsache, dass das Leben sich auf seine Art auf diesem Planeten entwickelt hat, ist doch ausgesprochen wundersam –, dann lässt sich vielleicht leichter verstehen und akzeptieren, dass alles im Leben ein Wunder ist. Aber Gottes Aussage war sicher nicht so allgemein und damit so bedeutungslos gedacht. Ich glaube, Gott meinte, das alles, was uns spezifisch gegeben wurde, ein Wunder ist.

Doch wenn das stimmt, wie sollen wir es dann als solches erleben? Wie sollen wir zu einer derartigen Schlussfolgerung gelangen?

Gespräche mit Gott gibt uns drei goldene Worte mit auf den Weg, derer wir uns entsinnen sollen, wenn wir uns mit einer Tragödie konfrontiert oder vor schwierige Umstände gestellt sehen.

Sieh die Vollkommenheit.

Das mag nicht immer leicht sein, aber wenn es geschieht, können dadurch Augenblicke der Verzweiflung in Momente der Gnade verwandelt werden.

Wenn ich in meinen Vorträgen oder Retreats über diesen

Grundgedanken spreche, gebe ich gerne die Geschichte von Christopher Reeve als Beispiel.

Wie die meisten von Ihnen wissen, ist Mr. Reeve, dieser gut aussehende und wundervolle Schauspieler, der in »Eine Frau aus vergangenen Jahren« unser Herz stocken ließ, unsere Fantasie in Superman anregte und uns in vielen anderen Streifen fantastisch unterhielt. Seine Filmkarriere schien auf grausame Art durch einen Reitunfall beendet, denn seither ist er vom Hals abwärts gelähmt.

Auf den ersten Blick könnte sich das wie eine grauenhafte Tragödie ausnehmen. Und mit Sicherheit war es für Mr. Reeve nicht leicht. Kein Mensch würde das behaupten. Aber folgen Sie mir. Ich möchte, dass wir uns hier etwas ansehen.

Nach seinem Unfall wurde Christopher Reeve zum weltweit eindrucksvollsten, eloquentesten und bei weitem einflussreichsten Sprecher für Menschen, die physisch herausgefordert sind. Und das ist keine geringe Sache, denn diese Menschen brauchten eine eloquente und machtvolle Stimme.

Er hat Millionen Dollar an Spenden für Forschungsprogramme aufgetrieben, die alles mögliche Positive für gelähmte Menschen erbringen sollen, einschließlich der Möglichkeit, in einigen Fällen die Lähmung rückgängig zu machen.

Aber Mr. Reeve hat mehr getan, als Menschen, die mit physischen Herausforderungen zu kämpfen haben, Hoffnung auf ein besseres Leben zu machen. Er hat Tausende von ihnen dazu gebracht, schon heute ein besseres Leben zu erfahren, und zwar durch sein inspirierendes Beispiel dafür, was man unabhängig von seinem physischen Zustand aus seinem Leben machen kann.

Er ist nicht nur sehr viel herumgereist, um Spenden zu sammeln und das Bewusstsein der Menschen zu schärfen, er kehrte auch zu seiner Karriere zurück und arbeitete wieder als Schauspieler und auch als Regisseur, und das mit großartigen Ergebnissen.

Wie hat er das geschafft? Was ist sein Geheimnis?

Nun, ich habe nie mit Christopher Reeve gesprochen, aber ich bin bereit, alles darauf zu wetten, dass es mit seiner Ansicht von den Dingen zu tun hat. Ich glaube, dass er irgendwann nach seinem Unfall folgende Entscheidungen fällte: Erstens, dass er leben wollte. Zweitens, dass er produktiv, engagiert, aktiv, sinnvoll und zielgerichtet leben wollte. Und drittens, dass ihm das möglich war und ihn nichts davon abhalten konnte, wenn er es wirklich versuchte.

Folgendes wurde mir in meinen Gesprächen mit Gott gesagt und taucht praktisch in allen meinen Büchern auf: Die Wahrnehmung ist alles.

Und hier kommt nun etwas, das mir gesagt wurde und bisher in keinem meiner Bücher auftauchte. (Es kam mir »zwischen« den Büchern zu und ich fand nie eine Möglichkeit, es »einzuarbeiten«.): Wahrnehmung ist der dritte Schritt im Prozess des Zipierens.

Der Prozess des Zipierens? Ja, Sie haben richtig gelesen. Dies hat mir Gott eines Nachts im Verlauf einer Unterhaltung übermittelt: Er sagte:

Neale, alles im Leben ist ein Prozess der Zipierens.

Zipieren?, wiederholte ich. Was ist Zipieren?

Es ist ein Wort, das wir auf der Grundlage deiner Sprache erfinden, damit du ein Prinzip besser verstehst, das so außergewöhnlich ist, dass ihr kein Wort habt, um es zu beschreiben.

Also kreieren wie eines.

Ja. Ist das okay?

He, du bist der Boss.

Nun, nicht wirklich. Du bist es. Aber für den Augenblick kann ich mit deiner Charakterisierung von mir leben. Erinnerst du dich, dass ich dir vor langer Zeit sagte, dass Worte die am wenigsten verlässliche Kommunikationsform sind?

Ja.

Dies ist ein perfektes Beispiel. Eure Sprache hat kein Wort, um einen Vorgang genau zu beschreiben, der sich jeden Tag in deinem Leben zuträgt. Deshalb nehmen wir einen Teil von einigen eurer Worte und benutzen diesen: Wir nennen es den Prozess des Zipierens.

Und ich nehme an, du wirst ihn mir erklären.

Richtig, das werde ich. »Zipieren« ist der Prozess, mittels dessen du deine persönliche Realität kreierst. Und das geht so. Erst hast du einen Einfall, einen Ge-

danken, eine Idee. Das ist ein reiner Schöpfungsakt. Du empfängt etwas in deinem Geist, du erschaffst etwas in deinem Geist. Du konzipierst etwas. Dann schaust du dir an, was du erschaffen hast, und fällst ein Urteil darüber. Du bildest dir eine Meinung über deine Konzeption. Du nimmst einen Standpunkt ein in Bezug auf das, was du ursprünglich konzipiert hast. Du nimmst es wahr, du perzipierst es.

Nun wird nicht das ursprünglich Erschaffene, sondern das, als was du das Erschaffene betrachtest, zu deiner Erfahrung. Dies nimmst du auf, du rezipierst es.

Der Prozess geht also folgendermaßen vonstatten:

Konzeption.

Perzeption.

Rezeption.

Wenn du dich eng an deine ursprüngliche Idee hältst, kommt das, was du rezipierst, dem, was du konzipiert hast, äußerst nahe. Das ist die Dimension, in der die Meister und Meisterinnen leben, und ihre höchsten Gedanken werden ihre großartigste Realität. Doch du siehst die Dinge oft – allzu oft – anders als bei deiner ersten Betrachtung (so wie du auch dich selbst nun anders siehst als beim ersten Mal), weil du dir einbildest, dass dein erster Gedanke zu gut war, um wahr zu sein. Also entfernst du dich von deiner Ursprungsidee. Und dann kannst du in Bezug auf das, was wahr ist, genarrt werden. Du kannst getäuscht werden.

Wie Sie sich vorstellen können, war ich völlig von den Socken, als ich diese Information empfing. Noch nie zuvor hatte ich etwas gehört, das auch nur ansatzweise den mentalen Schöpfungsprozess so klar beschrieb.

Wie ich es nun verstehe, halten wir, wenn wir in allen Dingen »die Vollkommenheit sehen«, uns einfach nur eng an die ursprüngliche Idee unserer Seele, in der es keine Unvollkommenheit gab. Dann kann sich die Herrlichkeit und das Wunder der Ursprünglichen Absicht in unserem Leben manifestieren. Wir werden nicht länger getäuscht. Wir erblicken Momente der Gnade, wo wir sie zuvor nie gesehen hätten.

Wann ereignete sich Fred Ruths Moment der Gnade? Als er ganz buchstäblich »das Licht sah«? Natürlich. Jedermann erkennt darin einen Moment der Gnade. Jedermann sieht das als Wunder an. Aber Fred hatte noch einen anderen Moment der Gnade, der vielleicht nicht so augenfällig ist. Das war, als er seinen ersten Herzanfall erlitt. Damals mag er ihn anders erlebt haben. Vielleicht hat er ihn als einen Moment des Unglücks bezeichnet, aber nur weil er die Vollkommenheit nicht sah: Er konnte damals den Weg, den er nun eingeschlagen hat, nicht erkennen, und auch nicht wissen, welcher Bedingungen es bedurfte, um ihn zu gehen.

Wir alle erleben viele Momente der Gnade, ob wir es nun wissen oder nicht. Es ist nicht so, dass uns nur ein solcher Moment pro Leben zugestanden wird.

Gerry Reids Momente der Gnade? Einer fand statt, als er aus seinem Job entlassen wurde, den er viele Jahre innegehabt hatte. Ein weiterer ereignete sich, als er im College Dan, den gehirngeschädigten Studenten, traf. Ein dritter ereignete sich, als ein Reifen seines Motorrads platzte. Und ein vierter fand definitiv statt, als er die Wesenheit »sah«, die er Michael nennt.

In der Rückschau erkennen wir oft, wie solche speziellen Momente eine Kette bilden, eine Pipeline, eine außergewöhnliche Gleitbahn von dort, wo wir waren, bis dahin, wo wir sein wollten. Und wenn wir auf unsere Zukunft blicken, können wir die gleiche Pipeline, dieselbe Gleitbahn erkennen, aber nur, wenn wir wissen, dass sie da ist.

Manchmal ist dies nicht besonders offensichtlich ...

9

Göttliche Pläne

Troy Butterworth erinnert sich noch daran, wie er als Junge neben seiner schluchzenden Mutter lag und sie mit seinen Armen umschlang.

»Wenn du ihn nur einfach verlassen könntest, Mom«, sagte er und versuchte wieder einmal verzweifelt, sie dahin zu bringen, dass sie sich den Misshandlungen durch ihren Ehemann entzog. Es hatte viele Nächte wie diese gegeben, in denen er sie anflehte, seinen Vater zu verlassen. Ihn schauderte beim Gedanken an die Kälte in seines Vaters Stimme, der an diesem Abend gedroht hatte:

»Wenn du versuchst, dich scheiden zu lassen, du Miststück, schneide ich dir die Kehle durch.«

Niemand zweifelte an seinen Worten.

Troy wischte seiner Mutter die Tränen ab. »Was passiert denn mit dir und deinen Geschwistern, wenn ich versuche, ihn zu verlassen? Ich kann euch nicht mit ihm allein lassen, Troy. Ich muss bleiben«, schluchzte sie.

In letzter Zeit waren die Misshandlungen und der sexuelle Missbrauch noch schlimmer geworden. Nicht nur, dass seine Mutter regelmäßig geprügelt wurde, auch die perversen sexuellen Spiele, mit denen sich sein besoffener

Vater an Troy und seinen Brüdern verging, waren nahezu unerträglich geworden. Sie hatten schon vor Jahren begonnen, als Troy knapp sieben war.

Inzwischen ging Troy in die sechste Klasse, und wenn sein Dad sich betrank, versteckte er sich im Schrank. Sehnsuchtsvoll befühlte er dort die hinter den Mänteln versteckten Schusswaffen und gab sich morbiden Fantasien hin, wie er abdrückte und seinen Vater in Stücke schoss. Manchmal tastete er sogar im Dunkeln nach der Munition, als würde er seine Fantasien tatsächlich umsetzen wollen.

Außer Haus waren die Dinge nicht besser. In der Schule nannten sie ihn »schwuler Troy«. Sie nannten ihn so, weil er nicht dieselben Interessen wie die anderen Jungs hatte. Er sah auch anders aus und verhielt sich nicht so wie sie. In den Pausen versuchte er sich vor der Gang zu verstecken, die ihn gnadenlos verfolgte, Steine nach ihm warf und ihn verhöhnte. Schließlich fiel sie dann über ihn her und verprügelte ihn. Und weil er immer solche Angst hatte, konnte er sich nicht konzentrieren, also hatte er schlechte Noten.

Zusätzlich zu dieser physischen Marter quälte ihn ständig die Erinnerung daran, wie er vor drei Jahren vom Freund seines Nachbarn vergewaltigt worden war. Inzwischen war sein Leben so voller Misshandlungen und Missbrauch, dass er den Vorfall kaum noch als abnorm wahrnahm.

Bemerkenswerterweise hatte Troy trotz alledem eine tiefe und enge Beziehung zu Gott. Ihm schien Gott der Einzige zu sein, der ihn liebte. Durch die ganzen Schmerzen und Qualen seiner Kindheit hindurch hielt er an dem einen Gedanken fest, dass Gott ihn nicht verlassen würde.

Dieser Gedanke gab ihm Trost, wenn sonst nirgends Trost zu finden war. Dennoch wurde er bei allem Wissen, dass Gott ihn liebte, von Schuldgefühlen geplagt, denn er wusste – und gestand es sich nun auch ein – dass er tatsächlich schwul war.

Troy wusste nicht, wie Gott einen so sündigen Menschen lieben konnte, und so begann er, als er älter wurde, Gottes Liebe in Frage zu stellen.

Eines Tages waren seine Schuld- und Reuegefühle so schmerzhaft geworden, dass er sie nicht mehr allein ertragen konnte, und er beschloss, jemandem sein Herz auszuschütten. Er suchte den Rat des Predigers der Baptistenkirche, in der er bisher schon so viele Male Zuflucht gesucht hatte. Alle hatten ihm erzählt, was in der Bibel über Homosexualität stand. Gott würde alles vergeben, so sagten sie, jede Sünde – bis auf diese eine. »Aber vielleicht irren sie sich«, hoffte Troy. »Vielleicht könnte Gott mich lieben, so wie ich bin.« Er wünschte sich so sehr, dass es so war.

»Wenn du in Gottes Gnade bleibst«, sagte der Pastor, und die Sonne schien durch die Fenster seines Büros und erhellte seinen Schreibtisch, »wirst du in den Himmel kommen.« Troy strahlte, seine Hoffnungen schienen sich zu bewahrheiten. Die anderen hatten sich geirrt. »Aber wenn du deine Homosexualität nicht überwinden kannst«, fuhr der Pastor fort, »wirst du außerhalb der Gnade Gottes sein.«

Troy sank das Herz. Gott, der sein einziger Freund gewesen war, der einzige Trost in seinem Leben, wenn es keinen anderen gab, hatte ihm den Rücken zugekehrt. Dem Prediger schien schon bei Troys Beichte nicht wohl zu sein, und es war ihm peinlich, noch weiter darüber zu sprechen. Er konnte es anscheinend nicht so direkt sagen, aber Troy verstand vollkommen, dass Schwule zur Hölle verdammt waren.

Nun hatte Troy noch etwas zum Fürchten. Erst der sexuelle Missbrauch durch seinen Vater, dann die Prügel von seinen Klassenkameraden und nun noch die Aussicht, direkt in die Hölle geschickt zu werden.

Nichts hätte Troy glücklicher gemacht, als morgens aufzuwachen und zu entdecken, dass er hetero war. »Bitte Gott«, betete er jeden Tag, »bitte, mach mich hetero.«

Aber Gott machte ihn nicht hetero. Als Troy älter wurde und sich seine sexuellen Energien steigerten und vermehrt ausgelebt werden wollten, versuchte er es, doch er konnte sein sexuelles Verlangen nach Männern nicht zügeln. Überzeugt davon, dass Gott ihn ohnehin nicht mehr liebte, hörte Troy schließlich auf, sein Schwulsein zu unterdrücken. Oder sich diskret zu verhalten. Er wurde rebellisch. Er nahm eine Haltung ein, die besagte: »Was zum Teufel soll's, wenn ich ohnehin verdammt bin.« Er fing an, sich ganz unverblümt an öffentlichen Orten auf die Suche nach Sex zu begeben.

Er hatte Sex mit jedem, der dazu bereit war – in Parks, öffentlichen Toiletten, in Sexclubs, in die man gehen und zu jeder Tages- und Nachtzeit für wenig Geld Sex haben konnte. Er war auf einem Sextrip. Er konnte nicht mehr aufhören, ganz gleich, wie sehr er es versuchte oder sich wünschte, dass die Dinge anders wären.

Gott war weg, seine Mutter war inzwischen in einer psychiatrischen Anstalt, und das Leben war sinnlos. Missbrauch war so sehr ein Teil von Troys Existenz, dass er sich nun auch selbst missbrauchte. Er floh nach New York, wo er mehr sexuelle Partner finden und versuchen konnte, die Leere zu stopfen, die der Verlust Gottes in seinem Herzen hinterlassen hatte.

An Troys dreiundzwanzigstem Geburtstag, dem Weihnachtstag, gab es keine Glückwunschkarten, keine Telefonanrufe von seiner Familie, keinen Kontakt von Seiten irgendeines menschlichen Wesens. Es war ein grauer und regnerischer Tag. Troy hatte keinen einzigen Freund in New York. Er saß in seinem schäbigen, düsteren Apartment, lauschte auf den hereindringenden Verkehrslärm und hatte das Gefühl, mit seinem Leben auf dem absoluten Tiefpunkt angelangt zu sein. Ihm war kalt, und er war einsam.

Ich muss ja nicht allein sein, verdammt noch mal, dachte er grübelnd. Er wusste, dass ein paar Blocks weiter ein Sexclub war, den er bisher noch nicht gecheckt hatte. Ach zum Teufel. Ich geh hin. Trotzig zog er seinen Mantel an, verließ sein Apartment und machte sich auf zum einzigen Trost, den er kannte. Wenigstens werde ich ein bisschen menschlichen Kontakt haben können, sagte er sich mit einem Seufzer, als er gegen den Wind ankämpfte, der durch die Straßen wehte.

»Außer mir ist niemand hier«, sagte der Manager. Für den Betreiber eines Sexclubs sah er ziemlich jung und ehrbar aus.

»Du bist schon in Ordnung«, sagte Troy und schlenderte zur Couch.

»Nein, Mann. Ich geb mich nicht mit Kunden ab. Ich leite den Laden nur. Es ist Weihnachten. Es ist keiner da.«

»Lass es mich einfach mit dir machen. Bitte.« Troy brauchte verzweifelt das Gefühl einer menschlichen Berührung. Er wollte Sex.

»Ich hab's dir doch gesagt, Mann. Ich hab keinen Sex mit Kunden. Das hier ist nur ein Job. Ich mach das, damit ich meine Studiengebühren bezahlen kann. Ich lass mich nicht mit Kunden ein.«

Troy war absolut verzweifelt: Er musste Sex haben, er musste einfach. Aber der Mann sprach weiter, erzählte was von seinem Studium und dass er einen Freund habe. Troy konnte nicht zuhören. Er konnte nur seine Not, seine Verzweiflung spüren.

Dann verdunkelte sich plötzlich der Raum, Troy wurde schwindlig, und er verlor die Orientierung. Irgendetwas Merkwürdiges passierte. Troy sah sich plötzlich von irgendwo anders her auf das Zimmer blicken. Er befand sich nicht mehr in seinem Körper; er war auf der anderen Seite des Raums und sah seine Person auf der zerrissenen, schmutzigen, orange-braunen Couch sitzen. Der junger Manager stand vor ihm und redete und redete. »Was ist passiert?«, fragte Troy alarmiert. »Was ist hier los?«

Dann kehrte er so rasch, wie er ihn verlassen hatte, in seinen Körper zurück. Sein Kopf wurde langsam wieder klarer, als er angewidert auf der Couch zusammensackte. Sein ganzes Leben hatte er sich noch nie derart angeekelt und abgestoßen gefühlt. Noch nie hatte er einen solchen Selbsthass empfunden, nicht in all den Jahren, in denen er von seinem Vater missbraucht und von seinen Klassenkameraden angegriffen, ja noch nicht einmal, als er so brutal vergewaltigt worden war. Auch nicht, als er an all die unbekannten Männer dachte, die auf seine Avancen reagiert hatten. Nun saß er hier und bettelte um Sex. Benahm sich rüpelhaft. Machte jemanden an. Troy wollte sterben.

In diesem Augenblick beschloss er, sich umzubringen. Aber bevor er starb, wollte er noch einmal so viel Sex wie nur irgend möglich haben. Beschämt und angewidert verließ er den Sexclub und machte sich auf die Sextour aller Sextouren, bevor mit allem Schluss sein würde. Die nächsten drei Tage verbrachte er damit, die Straßen zu durchstreifen, Parks und öffentliche Toiletten aufzusuchen und mit jedem willigen Mann, den er finden konnte, Sex zu haben – drei Tage der Verzweiflung, Scham, Angst und der totalen Hingabe an seine Sucht. Eine Sucht, die ihn nicht von der Angel ließ, ihm aber auch keinen Frieden brachte.

Am dritten Tag floh er völlig erschöpft und ohne jegliches Gefühl für sich selbst auf die Straße, um noch einen Sexpartner zu finden, und dachte auch an seinen Entschluss, seinem Leben bald ein Ende zu setzen.

Während er rasch dahinging und sich trotz des Regens und der Kälte fiebrig fühlte, erinnerte er sich, irgendwo einmal gehört zu haben, dass man, wenn man sich mit Schlaftabletten umbringen wollte, diese mit Alkohol herunterspülen müsse. Er hielt an und kaufte sich in einem Schnapsladen eine Flasche Kahlua. Beim Verlassen des Ladens fiel ihm ein Schild an einem gegenüberliegenden Gebäude ins Auge.

ZENTRUM FÜR SCHWULE UND LESBEN
365 TAGE IM JAHR VERANSTALTUNGEN
WILLKOMMEN

Obwohl er es sich weder erklären noch irgendwie verstehen konnte, empfand Troy plötzlich den überwältigenden Wunsch, dort hineinzugehen – so als würde er dazu gedrängt. Er verstaute die Flasche in seinem Rucksack und überquerte die Straße.

Die Dame an der Rezeption informierte ihn schlicht: »Das einzige Treffen, das heute stattfindet, ist das der Anonymen Sexsüchtigen.«

Troy wandte sich um, um zu gehen, aber etwas hielt ihn davon ab. »Wo ist das Treffen?«, fragte er zaghaft.

»Den Gang hinunter, erste Tür rechts.«

Troy folgte der Anweisung und kam in einen kleinen Raum, wo er hinten Platz nahm. Seine Handflächen waren feucht. Er war nervös. Das Gewicht der Kahluaflasche in seinem Rucksack erinnerte ihn an seinen Entschluss, aber jetzt im Moment wollte er mit jemandem reden, irgendjemanden, bevor er in sein Apartment zurückkehrte, um sich der Endgültigkeit seiner Entscheidung zu stellen.

»Ich heiße Jane, und ich bin sexsüchtig«, sagte eine vorne im Raum stehende junge Frau. »Ich bin heute hierher gekommen, weil ich vor allem an Feiertagen dazu neige, meine Sucht auszuleben.« Sie schien Angst zu haben.

Im Verlauf des Abends, an dem er einer persönlichen Geschichte nach der anderen lauschte, entdeckte Troy, was er schon wusste, aber nie ausgesprochen hatte. Auch er war ein Süchtiger. Es war nicht leicht, es zuzugeben. Doch am Ende dieses Abends wusste Troy, dass er dieses Leben in ständiger Angst und permanentem Ekel nicht länger leben konnte. Entweder er wurde gesund oder er starb. Das erkannte er jetzt ganz klar.

Er hatte die Verzweiflung auf seinem eigenen Gesicht gesehen, als er auf der schmutzigen Couch saß und um Liebe bettelte; er hatte die kalte Einsamkeit seines leeren Apartments an einem Weihnachtstag, der zugleich sein Geburtstag war, erlebt; er trug die Erinnerung an eine leidvolle Kindheit in sich, in der die Hoffnungslosigkeit seiner Mutter seine eigene Verzweiflung spiegelte. Jetzt kam ihm ein Gedanke. Vielleicht kann ich mich wieder fangen; vielleicht gibt es Hoffnung. Er blickte sich im Raum um und sagte sich: Diese Leute sind am Leben. Sie haben Probleme wie ich, aber wenigstens tun sie etwas und versuchen, ihren Schmerz zu heilen. Er spürte einen winzigen Lebensfunken irgendwo tief in seiner Brust aufglimmen.

Troy eilte in sein Apartment zurück. Er trank den Kahlua nicht. Und er versuchte auch nicht, sich umzubringen. Stattdessen saß er da, dachte über alles nach, was er in den letzten drei Tagen durchgemacht hatte, und versuchte, Ordnung in die Dinge zu bringen.

Am nächsten Morgen stand er mehr aus Gewohnheit als aus einem Wunsch heraus auf, zog sich an und nahm die U-Bahn, um zur Arbeit zu fahren. Er meinte einen freien Sitzplatz zu entdecken und ging darauf zu, fand aber stattdessen einen Obdachlosen, der dort über zwei Sitzplätze ausgestreckt lag und fest schlief. Troys erste Reaktion war Abscheu und Ärger. Er wollte sich einfach hinsetzen und ausruhen. Warum nahm dieser Mensch zwei Sitzplätze in Anspruch?

Er sah sich um und konnte keinen weiteren freien Sitz entdecken. Warum musste er sich bei allem, was ohnehin schon los war, mit so etwas abgeben?, fragte er sich total niedergeschlagen. Warum war alles so schwierig?

Gott liebt auch diese Person, kam ihm plötzlich in den Sinn. Es traf ihn wie ein Blitzschlag: Du bist der Glückliche.

Troy hätte sich beinahe umgesehen, um festzustellen, wer da gesprochen hatte, aber er wusste, dass die Stimme aus seinem eigenen Herzen gekommen war. Ja, er war einsam und niedergeschlagen, und sein Leben widerte ihn an, aber wenigstens hatte er an diesem Tag eine Mahlzeit, und heute Abend würde er in einem sauberen Bett schlafen, das er sein Eigen nennen konnte. Und noch wichtiger: Gott hatte ihm das Geschenk der Hoffnung gegeben. Er hatte Troy seine Verzweiflung bewusst gemacht und ihn direkt zu einem Zwölf-Schritte-Programm geführt.

Dann hörte Troy noch einen Gedanken. Gott liebt auch dich.

Eine besondere Art von Wärme breitete sich in seinem ganzen Innern aus, und dann kam eine erstaunliche Offenbarung. Sie irren sich. Alle diese Menschen, die mir immer und immer wieder gesagt haben, dass Gott mich nie wirklich lieben könne, dass ich auf Grund dessen, wer und was ich bin, verdammt bin, sie irren sich. Sie haben absolut und hundertprozentig Unrecht.

Nach und nach fielen Troy Beispiele von Gottes Gnade ein – Begebenheiten, die Gottes Gegenwart in seinem Leben bezeugten. Nicht nur die Tatsache, dass er in dem Moment, als er beschloss, Selbstmord zu begehen, zu den Anonymen Sexsüchtigen gefunden hatte. Da war noch mehr. Trotz der Aidsbedrohung war er noch immer gesund. Trotz all seiner ganz offen unternommenen sexuellen Aktivitäten war er nie mit dem Gesetz in Konflikt geraten. Und vielleicht das Wichtigste: Er hatte seine Kind-

heit überlebt und sich dabei seine Menschlichkeit bewahrt.

Laut jeder religiösen Autorität, der er je zugehört hatte,
liebte Gott ihn angeblich nicht genug, um sich derart seiner anzunehmen. Er war schwul, war immer schwul gewesen und würde immer schwul sein. Aber Gott liebt
mich, dachte Troy. Also werde auch ich mich lieben. Er
brauchte den Sitz in der U-Bahn nicht mehr. Er fühlte sich,
als könne er fliegen.

Troy ist nun seit fast zwei Jahren »trocken«. Er hat einen guten Job und gute Freunde. Er besucht häufig seine
Mutter und arbeitet daran, seinem Vater zu vergeben. Die
allwöchentlichen Treffen der Anonymen Sexsüchtigen sind
ein sehr wesentlicher Bestandteil seines Lebens. Gelegentlich kauft er einem Obdachlosen eine warme Mahlzeit.
Die Flasche Kahlua steht auf dem Regal und setzt Staub
an. Troy behält sie als Erinnerung daran, wie nahe er daran
gewesen war, seinem Leben auf Erden ein Ende zu setzen,
und wie er schließlich erkannte, dass er immer in Gottes
Gnade leben wird.

☆ ☆ ☆

Ist Ihnen je einfach so ein Gedanke in den Kopf gepurzelt?
Hatten Sie je eine Idee, die Sie »völlig aus dem Nichts«
anflog? Wenn das geschah, als Sie sich gerade auf einer tiefen Suche oder in dunkler Verzweiflung befanden, dann
möchte ich wetten, dass Sie Ihr eigenes Gespräch mit Gott
hatten. Wenn der Gedanke oder die Idee positiv waren, das
Herz öffneten, Freude bewirkten, dann *weiß* ich, dass es so
war.

Eine der Fragen, die die Leute oft stellen, ist: »Wie weiß ich, dass ich eine Mitteilung von Gott bekomme und nicht irgend so einen Gedanken aus wer-weiß-woher auffange?«

Die Antwort findet sich auf den ersten Seiten des ersten Bandes der *Mit-Gott*-Reihe. Da sagt Gott:

Von mir kommt dein erhabenster Gedanke, dein klarstes Wort, dein edelstes Gefühl. Alles, was weniger ist, entstammt einer anderen Quelle.

Diese Differenzierung ist leicht, denn selbst einem Schüler im Anfangsstadium sollte es nicht schwer fallen, das Erhabenste, das Klarste und das Edelste zu erkennen.

Doch ich will folgende Richtlinien geben:

Der erhabenste Gedanke ist immer jener, der Freude in sich trägt. Die klarsten Worte sind jene, die Wahrheit enthalten. Das nobelste Gefühl ist jenes, das ihr Liebe nennt.

Freude, Wahrheit, Liebe.

Diese drei sind austauschbar, und eines führt immer zum anderen. Die Reihenfolge spielt dabei keine Rolle.

Gedanken der Wut, der Vergeltung, der Bitterkeit oder der Angst sind keine Mitteilungen von Gott. Gedanken der Sorge, der Frustration, der Begrenzung oder der Unzulänglichkeit sind keine Mitteilungen von Gott. Und ebenso wenig Gedanken der Nichtakzeptanz, der Verurteilung oder der Verdammung.

Dasselbe gilt für jegliche Gedanken, die die Hoffnung

mindern, der Freude ein Ende setzen, die Stimmung drücken oder die Freiheit einschränken.

Ich weiß, dass die Gedanken, die Troy in der U-Bahn kamen, direkte Mitteilungen von Gott waren, denn es waren Gedanken der bedingungslosen Liebe und totalen Akzeptanz. Solchen Gedanken, solchen Mitteilungen können Sie immer Glauben schenken.

Stellen wir uns aber nun eine andere Frage. War es Zufall, dass in der gleichen Gegend, in der Troy sein selbstzerstörerisches Leben führte, Programme angeboten wurden, die ihm die Werkzeuge an die Hand gaben, sich zu ändern? War es reiner Zufall, das eines dieser Programme – das einzige, das an jenem Tag seines Besuches angeboten wurde – sich direkt mit Troys Hauptproblem befasste? War es schieres Glück, dass sich dieses Gebäude direkt gegenüber dem Schnapsladen befand, in dem er das kaufte, was er als ein Instrument für sein Ableben einzusetzen gedachte?

Oder war es ein echter Moment der Gnade, der zu einem anderen in der U-Bahn am nächsten Tag führte?

Wann immer sich Ereignisse so gestalten, als stecke ein Plan dahinter, kann es sein, dass Jemand Anders seine Hand im Spiel hat ...

Nicht alle Geschichten illustrieren das auf so dramatische Weise wie die von Gerry Reid oder Troy Butterworth. Manche sind sogar ein bisschen heiter, haben aber doch ihre Auswirkungen. Fragen Sie nur mal Kevin Donka.

10

Und ein kleines Kind soll sie führen ...

Wenn die Dinge nicht gut laufen, sind Fest- und Feiertage immer schwierige Zeiten. Sie, die eigentlich Anlässe für Freude und Fröhlichkeit sein sollten, können stattdessen Düsternis und Traurigkeit mit sich bringen, wie Troys Geschichte – und die unerzählten Geschichten zahlloser anderer Menschen – veranschaulichen. Aber sie können auch, wiederum wie in Troys Geschichte, Zeiten der Heilung sein. Denn unser Herz lässt sich immer dann leichter öffnen, wenn uns unsere Traditionen und Kultur die großen Geheimnisse des Lebens in Erinnerung bringen.

Das kann Ramadan sein. Das kann Rosh Hashanah sein. Das kann die Walpurgisnacht sein. Es spielt keine Rolle. Alle Traditionen und Kulturen haben ihre speziellen Tage und Zeiten, in denen ihre tiefste Weisheit und ihr höchstes Glück durch Gedenkfeiern und Rituale, durch Lieder und Tanz, durch Familientreffen, gemeinsame Freuden und das gemeinschaftliche Feiern des Lebens offen zum Ausdruck gebracht werden.

☆ ☆ ☆

Doch Kevin Donka war zu Beginn der Weihnachtszeit in einem bestimmten Jahr nicht gerade nach Feiern zu Mute. Tatsache war, dass er sich sehr allein, sehr isoliert fühlte.

Wenn sie nur verstehen würden!, dachte er bei sich. Wenn sie nur aufhörten, so kritisch zu sein! Wenn sie nur …

In Kevins Familie war es zu ernsthaften Missverständnissen gekommen. Seine Schwester sprach kaum mehr mit ihm. Auch sein Bruder war wütend. Selbst sein Vater hatte sich eingemischt – war aber nicht auf Kevins Seite. Weihnachten war nicht die richtige Zeit, um sich zu streiten, dachte Kevin traurig, aber er konnte sich des Gefühls nicht erwehren, dass seine Familie ein paar sehr ungerechte Urteile über ihn gefällt hatte.

Es hatte alles mit einer Geschäftsvereinbarung zu tun, die er mit seinem Schwager getroffen hatte. Irgendwie war jedermann der Ansicht, dass Kevin seinen Teil der Vereinbarung nicht erfüllte.

Wenn sie nur mal zuhören würden! Ich bin der Einzige, der hier fair ist, sagte er sich mit Bitterkeit. Der Einzige. Wirklich DER EINZIGE!

Er war wütend. Tatsächlich konnte er in der Woche vor Weihnachten an nichts anderes denken. Er war schon beinahe entschlossen, nicht mit seiner Familie zum alljährlichen Weihnachtstreffen im Haus seines Vaters zu fahren.

»Ich war verzweifelt«, erinnert er sich. »Ich wusste nicht, was ich tun oder wie ich unsere Unstimmigkeiten bereinigen sollte. Und ich wollte auch nicht dorthin gehen und all die Spannungen in der Luft haben, schon gar nicht, wenn die Kinder dabei waren. Kinder merken so etwas. Du denkst, sie wissen nicht, was los ist, aber sie wissen es. Sie fühlen es. Und ich wollte ihnen nicht ihr Weihnachten verderben.«

Kevin versuchte alles, was ihm einfiel, um über diese Gefühle hinwegzukommen. Er hatte zu der Zeit ein Buch von Don Miguel Ruiz gelesen, *The Four Agreements* (Die vier Vereinbarungen). Nun versuchte er es mit einer in diesem Buch erwähnten »Empfehlungen« für eine gesunde Lebensweise: Nimm nie irgendetwas persönlich.

»Es war hart«, sagte er. »Es ist eine großartige Entscheidung, die du da triffst, aber sie ist hart durchzuhalten, wenn deine eigene Familie dir gegenüber so kritisch ist und dich so verurteilt. Ich dachte, sie würden mich besser kennen.«

Kevin Donka ist Chiropraktiker in Lake Hills, Illinois, und hatte dort schon viele Menschen geheilt. Aber jetzt konnte er nicht einmal sich selbst heilen, dachte er mit einer gewissen Ironie. Natürlich ging es hier um die Trauer des Herzens und kein physisches Leiden, und das war ja doch etwas anderes. Wie die Sache aussah, bedurfte es hier einer göttlichen Intervention. Etwas sehr viel Größerem als alles, was man ihm in seiner Ausbildung zum Chiropraktiker beigebracht hatte.

Dann kam der Samstag vor Weihnachten. Beim Abendessen war alles normal, wenn die Stimmung auch ein wenig gedämpft war. Kevin wusste, dass er bald eine endgültige Entscheidung treffen – und sie seiner Familie mitteilen musste. Wie sollte er seinen Kindern erklären, dass sie dieses Weihnachten Opa nicht besuchen würden? Wie konnte er seiner Frau Cristine die Tiefe seiner Bitterkeit vermitteln?

»Daddy, Daddy, komm und schau mir zu!«, jauchzte seine

sechsjährige Tochter Mariah, als sich alle nach dem Essen im Wohnzimmer niederließen. Ihre grünen Augen funkelten und ihr weiches, glattes braunes Haar schwang hin und her, während sie sich zur Musik von Britney Spears bewegte. Sie hatte den ganzen Tag lang mit ihrem tragbaren CD-Player einen Song eingeübt. »Kann du mich mit der Videokamera aufnehmen, Daddy?«, bettelte sie. »Ich möchte später sehen, wie ich es mache!«

Kevin lächelte. Kinder machen solche Freude. Und wenigstens für den Moment wurde er von seinen düstereren Gedanken abgelenkt. Er holte die Videokamera heraus, suchte sich eine gute Sitzposition auf dem Sofa und richtete die Linse auf Mariah, die mit ihrer Vorführung von vorne begann.

In jenem Song singt Britney Spears: »My loneliness is killing me« (Meine Einsamkeit bringt mich um). Kevin merkte, dass Mariah diese Worte jedoch etwas anders sang, nämlich: »My onlyness is killing me« (Meine Einzigkeit bringt mich um).

»Liebes, das sind nicht die Worte, die sie singt«, korrigierte Kevin seine Tochter sanft. »Sie singt ›my loneliness is killing me.‹«

Mariah dachte einen Moment nach und sagte dann: »Ich mag es lieber so, wie ich es singe.«

Kevin zuckte mit den Achseln, lächelte, und begann dann wieder mit dem Filmen.

Mariah, nun in der Stimmung, ihren Vater zu necken, machte dieses Mal etwas, das direkt dem kindlichen Übermut einer Sechsjährigen entsprang. Als sie zur Zeile kam, die ihr Vater korrigiert hatte, stolzierte sie zur Kamera, hielt ihr Gesicht direkt vor die Linse und sang Kevin an:

Your onlyness is killing you, Daddy! Deine Einzigkeit bringt dich um, Daddy!

Kevin blinzelte hinter seiner Videokamera und setzte sich dann plötzlich kerzengerade auf. »Ich hatte das Gefühl, einen heftigen Schlag bekommen zu haben«, erzählte er.

Das Gefühl der Trennung von seiner Herkunftsfamilie durchzuckte ihn schmerzlich. Seine eigenen Worte fielen ihm wieder ein. Wenn nur ... wenn nur ... ich bin der Einzige ...

Dann wusste er, dass er eine Botschaft von einem Ort aus erhalten hatte, der sehr fern von ihm und seinem kleinen Mädchen Mariah – und doch geradewegs hier in ihrem Innern existierte.

Als er später am Abend im Bett lag, nahm er ein Buch zur Hand, das er ebenfalls gerade las – *Freundschaft mit Gott*. Nachdem er ein paar Seiten gelesen hatte, wandte er sich an Cristine.

»Ich muss dir etwas erzählen, das heute Abend passiert ist«, sagte er und berichtete ihr von der Sache mit Mariah und dem Song. »Ich glaube, dass Gott mit mir über diese ganze Sache mit meiner Familie sprach. Hier in dem Buch steht, dass Gott fortwährend mit uns spricht. Wir müssen nur offen dafür sein.«

»Ich weiß«, stimmte ihm seine Frau mit sanfter Stimme zu. »Was willst du also tun?«

Eine Träne zog ihre Spur zu Kevins Mund, und er schmeckte das Salz. Er erinnerte sich an zwei Fragen aus den *Mit-Gott*-Büchern, die er sich eingeprägt hatte.

Ist dies, wer ich wirklich bin?

Was würde die Liebe jetzt tun?

»Ich werde am Weihnachtstag fahren und sie lieben, ganz gleich, was sie sagen oder tun.«

Cristine lächelte.

Am nächsten Tag rief Kevin seinen Vater an.

»Wir möchten an Weihnachten gerne mit der Familie kommen, Dad, wenn du nichts dagegen hast. Ich möchte gerne, dass wir alles ausräumen, was zwischen uns steht. Lass uns ein schönes Fest haben.«

Sein Vater erwiderte umgehend: »Das möchte ich auch, Kevin.«

Und Kevins Einzigkeit, sie brachte ihn nun nicht mehr um.

So oft hören wir unsere größten Wahrheiten aus dem Mund kleiner Kinder, und der Fall der kleinen Mariah ist ein wunderbares und herzerwärmendes Beispiel dafür. Das Gefühl, allein gegen die ganze Welt zu stehen, ist allgemein verbreitet. Um diesen Zustand überwinden zu können, braucht es einen Moment größeren Gewahrseins, so wie Kevin ihn erlebte. Manchmal können uns die merkwürdigsten Begebenheiten in diesen Gewahrseinszustand versetzen. Wie zum Beispiel die unschuldige, scheinbar zusammenhanglose Bemerkung eines Kindes.

Aber war Mariahs Satz ohne Zusammenhang? Hatte er wirklich keinen Bezug zu dem, was sich derzeit in ihres Vaters Leben abspielte? War es nur eine zufällige Äußerung, ein naiver Ausbruch von einem ausgelassenen, verspielten kleinen Mädchen? Oder war dies ein Fall einer sehr versteckten göttlichen Intervention? Könnte das ein Gespräch mit Gott gewesen sein?

Ich glaube, dass es so war. Tatsächlich weiß ich, dass es so war. Und ich glaube, dass Gott sehr oft durch Kindermund zu uns spricht. Warum? Weil Kinder nicht vergessen haben. Kinder waren nicht lange genug »weg«, um den Kontakt mit der tiefsten Wahrheit und der höchsten Wirklichkeit verloren zu haben.

Das erinnert mich an die Geschichte von dem kleinen Mädchen, die ich in Band 1 von *Gespräche mit Gott* erzählte. Dieses Mädchen saß am Küchentisch und war mit seinen Buntstiften beschäftigt. Seine Mami kam, um zu sehen, in was es so vertieft war.

»Liebes, was machst du denn da?«, fragte sie.

Das kleine Mädchen blickte mit strahlenden Augen auf: »Ich male ein Bild von Gott!«

»Oh, das ist ja so lieb«, sagte Mami lächelnd, »aber weißt du, kein Mensch weiß wirklich, wie Gott aussieht.«

»Na«, erwiderte da die kleine Tochter, »dann warte mal, bis ich damit fertig bin ...«

Sie sehen, wie das mit den Kindern ist? Ihnen kommt gar nicht der Gedanke, dass sie nicht wissen könnten, wovon andere Menschen in der Welt – die so genannten klügeren Erwachsenen – keine Ahnung haben. Kinder sind nicht nur total klar, sie verurteilen sich auch nicht dafür, dass sie sagen, was sie denken. Kinder platzen einfach mit der Wahrheit heraus, lassen ihre Weisheit ab und tanzen davon.

Meine wunderbare Freundin Reverend Margaret Stevens erzählte eine Geschichte über einen ihr unvergesslichen Augenblick, wie sie sagt. Sie hatte ihrer kleinen Tochter einen sanften Klaps auf den Po gegeben und ihr ernsthaft Vorhaltungen wegen irgendetwas gemacht, das sie getan hatte. Als das kleine Mädchen daraufhin zu weinen anfing, sah Margaret es an und sagte: »Es ist jetzt in Ordnung. Ich verzeihe dir.«

Und ihre Tochter sah ihr direkt in die Augen und erwiderte: »Deine Worte verzeihen mir, aber deine Augen nicht.«

Eine eiskalte und absolut richtige Erkenntnis. Solche Dinge kann nur ein Kind so klar sehen und sagen.

Margaret, die heute in ihren Achtzigern ist, verwendet diesen Augenblick immer noch als Lehrmaterial in ihren Vorträgen und Predigten und beschreibt, wie ihr eigenes Kind ihr eine unvergessliche Lektion über Vergebung erteilte, und dass diese nicht nur ein Lippenbekenntnis sein darf, sondern aus dem Herzen kommen muss.

Auch Kevin Donka erhält in seiner Geschichte eine Lehre – wobei dieses spezielle Stückchen Weisheit »zufällig« durch die Wortverwechslung eines kleinen Kindes übermittelt wird. Aber war es eine Verwechslung? War es ein Zufall?

Wieder sage ich, nein.

Und es war auch kein Zufall, dass Gott mir durch Kevin diese Geschichte erzählte. Denn sie war nicht nur für die Donka-Familie in Lake Hills in Illinois gedacht, sondern auch für all die Menschen, die hier in diesem Buch auf sie stoßen.

Nun möchte ich Ihnen sagen, dass die darin enthaltene Lehre umfassender ist, als Sie vielleicht denken. Als ich über die Lektionen dieser Geschichte nachdachte, merkte ich, dass in ihnen mehr steckt als auf den ersten Blick ersichtlich ist. Ich sah ganz klar, dass »Einzigkeit« ein spiritueller Zustand ist. Er kann sich ungünstig oder günstig auswirken, je nachdem, wie wir ihn erleben.

Wenn wir meinen, diese Einzigkeit bedeutet, dass wir von allen anderen getrennt sind – der »Einzige« sind, der dies oder das tut, die »Einzige«, die eine ganz bestimmte Erfahrung macht – dann wird uns die Einzigkeit schwächen.

Wenn wir aber begreifen, dass Einzigkeit bedeutet, dass wir mit allen anderen vereint sind – dass es einzig »uns« gibt, dass wir alle eins sind – dann wird uns die Einzigkeit beleben.

Unser Verständnis von Einzigkeit macht uns größer oder aber kleiner.

Hier kommt, wie ich die Sache sehe.

Es gibt »nur Gott« im Universum. Nichts anderes. Und das ist eine außergewöhnliche Aussage mit atemberaubenden Implikationen, zu denen unter anderem gehört: Wir sind wahrhaft alle eins. Wir sind aus demselben Stoff gemacht. Oder wie es der bedeutende Physiker Dr. John Hagelin ausdrückt: »In seiner Basis ist alles Leben vereint. Das Leben ist ein geeintes Feld.«

Doch wie geeint sind wir?

Die Welt war geschockt, als sie im Februar 2001 erfuhr, dass die genetische Struktur der Menschen zu 99,9 Prozent identisch ist. Die beiden weltweit operierenden wissenschaftlichen Teams, die voneinander getrennt an der Entschlüsselung des menschlichen Genoms arbeiteten, förderten erstaunliche Erkenntnisse über unsere Spezies zu Tage – Material, das endlich wissenschaftlich untermauert, was uns spirituelle Lehrer schon seit Anbeginn der Zeit sagen.

Zu den ersten Schlussfolgerungen aus diesen wissenschaftlichen Forschungen gehört unter anderem:

- Es gibt weitaus weniger menschliche Gene, als man bisher dachte – wahrscheinlich nur 30 000 oder so, und nicht 100 000, wie die meisten Wissenschaftler vorhergesagt hatten.
- Von diesen 30 000 menschlichen Genen hat man nur 300 gefunden, für die sich kein erkennbares Gegenstück in einer Maus findet.

Haben Sie gehört, dass es nur sechs Unterscheidungsgrade zwischen allen Menschen gibt? Nun, es gibt nur 300 Gene, die den Unterschied zwischen uns Menschen und Micky Maus ausmachen.

Je mehr wir über unsere Welt und ihre Wirklichkeit und über das Leben und wie es funktioniert herausfinden, desto mehr stellen wir fest, dass wir in einem Universum dessen leben, was die wunderbare kleine Mariah Einzigkeit nannte. Das Leben ist das Einzige, was es gibt. Und bei allem, was wir darüber entdecken, sehen wir immer nur Variationen eines Themas.

Ich nenne dieses Thema Gott.

Die Evolution fordert uns auf, eine Veränderung in unserem Denken über Einzigkeit vorzunehmen, der Einzigkeit in Form von Trennung ein Ende zu machen und mit der Einzigkeit in Form von Einheit anzufangen.

Wenn wir wirklich erkennen, dass das Leben das Einzige ist, Das Es Gibt, dann werden wir auch erkennen, dass auch die Liebe das Einzige ist, Das Es Gibt. Und dasselbe werden wir auch in Bezug auf Gott erkennen. Denn Leben, Liebe und Gott sind dasselbe. Diese Begriffe sind austauschbar. Sie können diese Worte praktisch in jedem Satz gegeneinander austauschen, ohne dessen Bedeutung zu verändern oder ihn in seiner Verständlichkeit zu mindern. Ja, sie werden beides erweitern.

Leben, Liebe, Gott kommunizieren jeden Tag mit uns auf hunderterlei Wegen, manchmal durch die Stimmen der Kinder und manchmal durch das Wispern eines Freundes im Innern ...

11

Unser Freund, der du bist im Himmel ...

»Kinder, in Seattle wird alles besser sein. Wartet nur ab, ihr werdet schon sehen.«

Marias Mama sang die Worte, als sie mit dem klapprigen alten Kombiwagen auf der Autobahn dahinfuhr. Die rote Farbe des Autos hatte schon in Philadelphia ein wenig verblichen ausgesehen, nun aber war der Wagen mehr staubfarben als rot.

Es war eine lange Reise gewesen, und die kleine Maria Endresen hatte es satt, aus dem Fenster zu sehen. Und noch satter hatte sie es, sich im Wagen mit ihren drei sehr viel älteren Geschwistern herumzustreiten. Weil sie so viel älter waren, schienen sie ständig auf ihr herumzuhacken. Vielleicht hätte sie einfach bei ihrem Dad und den zwei älteren Brüdern bleiben sollen. Aber da sie die Jüngste war, hatte sie keine Wahl. Als ihre Mama beschloss, sich mit nichts als einem alten Kombiwagen, vier Kindern und 200 Dollar in der Tasche zu einem besseren Leben aufzumachen, blieb ihr gar nichts anderes übrig als mitzukommen.

»Warum Seattle?«, hatte Maria ihre Mama hundertmal gefragt. »Das ist ja auf der anderen Seite der Welt.«

»Genau deshalb. Es ist noch dasselbe Land, aber so weit weg von Philly wie irgend möglich«, hatte ihre Mutter geantwortet.

Nachdem sie tagelang unterwegs gewesen waren, kam endlich die Stadt in Sicht, und die ganze Gegend sah kalt und grau aus. Maria hatte kein sehr gutes Gefühl in Bezug auf die ganze Aktion. Natürlich hätte sie es anders ausgedrückt, wenn sie darüber geredet hätte. Sie hätte gesagt: »Mami, ich hab ein Grummeln im Bauch.«

Die Zeit verging, nicht aber dieses Gefühl des Unbehagens.

Marias Mutter hatte sogleich einen Job gefunden. Das waren die guten Neuigkeiten. Aber er war in Chinatown, einem geschäftigen, merkwürdigen Ort. Die Leute sprachen schnell und auf eine komische Art; sie schienen es immer eilig zu haben, irgendwo hinzukommen. In den Auslagen der Läden häuften sich eine Unmenge seltsam aussehender Dinge – an den Hälsen aufgehängte nackte Enten und Hühner, unbekanntes Gemüse und getrocknetes Wasauchimmer, bei deren Anblick sich Maria der Magen umdrehte. Und um die ganze Sache noch schlimmer zu machen, regnete es oft, und der Himmel war meist bewölkt.

Niemand achtete auf das kleine Mädchen, das hinter der Rezeption in dem alten Hotel herumlungerte, in dem seine Mutter arbeitete. Maria fühlte sich hier wie eine Fremde. Es gab niemanden, mit dem sie reden konnte: Es waren keine anderen Kinder da, und ihre Geschwister waren jeden Tag in der Schule. An manchen Tagen ging ihre Mutter mit ihr während der Mittagspause hinunter zum Wasser, um die Möwen zu füttern, aber im Allgemeinen blieb sie in der staubigen Hotellobby sich selbst überlassen. Die meiste Zeit fühlte sie sich einfach allein ... und einsam.

Als Maria alt genug für die Schule war, hatten ihre Geschwister die Schule schon beendet und waren außer Haus. Maria und ihre Mutter waren in den Süden der Stadt umgezogen. Das Haus, das ihre Mutter gefunden hatte, war größer als alle ihre früheren Behausungen, aber Maria war darin nicht glücklich. Es war irgendwie gespenstisch, vor allem der staubige Keller mit all diesen dunklen Ecken, in denen es vor Spinnweben wimmelte. Doch zumindest war es ein Viertel, in dem es noch andere Häuser gab wie das ihre, und wo Kinder waren, mit denen sie spielen konnte.

Marias Mutter hatte nun einen langen Heimweg von der Arbeit. Der rote Kombiwagen hatte schon lange seinen Geist aufgegeben, und der Bus aus der Innenstadt Seattles nahm eine umständliche Route. Ihre Mutter war, nachdem sie den ganzen Tag gearbeitet und anschließend eine Stunde im Bus verbracht hatte, oft zu müde und schlecht gelaunt, um noch viel mit ihrer Tochter zu spielen. Für die achtjährige Maria war Einsamkeit ein fester Bestandteil ihres Lebens geworden.

Jeden Morgen zog sie sich selbständig an und machte sich zur Schule auf. Wenn sie am Nachmittag nach Hause kam, war sie allein und saß daher viel vor dem Fernseher. Das große alte Haus gab knarzende und ächzende Laute von sich, und Maria hielt sich auch bei Tageslicht nicht gern allein darin auf. Sie hatte Angst. So lungerte sie oft im Laden an der Ecke herum, sah sich Zeitschriften an und redete mit den Leuten, die herein- und herauskamen.

Eines Tages war sie ein bisschen hungrig, hatte aber wie gewöhnlich kein Geld. Sie dachte daran, sich einfach den Schokoriegel zu nehmen, den sie haben wollte. Kein Mensch würde es sehen. Man würde sie nicht erwischen. Und er kostete ohnehin nur ein paar Cents. Sie ließ den Schokoriegel in die große Tasche ihres purpurfarbenen Mantels gleiten. »Das war leicht.« Maria lächelte vor sich hin.

Es war so leicht, und die Befriedigung war so groß, dass Maria nun regelmäßig zu stehlen anfing. Sie hatte nie Taschengeld und fand immer Dinge, die sie gern haben wollte, also lernte sie, sich einfach zu nehmen, wonach ihr der Sinn stand. Der purpurfarbene Mantel eignete sich perfekt dafür. Er hatte große Taschen und war weit genug, um darunter alles zu verstecken, was sie haben wollte.

An manchen Tagen ließ sie einfach nur so aus Spaß Dinge mitgehen. So weit war es mittlerweile gekommen. Es ging nicht um Dinge, die sie zu brauchen glaubte, oder um Süßigkeiten, wenn sie hungrig war. Jetzt ging es darum, einfach wegen des Nervenkitzels zu stehlen. Sie hatte nie Schuldgefühle.

Eines Tages ging sie vom Laden nach Hause und kaute an einem Schokoriegel, den sie gerade gestohlen hatte. Und da passierte es. Da hatte sie das Erlebnis, das ihr Leben veränderte – und bis auf den heutigen Tag beeinflusst.

Ist das, wer du bist?, hörte Maria eine Stimme fragen.

Sie blieb stehen und sah sich um. Niemand war in ihrer Nähe.

Ist das, wer du sein möchtest?

Nun schien die Stimme aus ihrem Kopf zu kommen. Maria erstarrte.

Wa-was … meinst du?, erwiderte sie in ihrem Innern.

Ist das, wer du bist?, wiederholte die Stimme.

Da verstand Maria. Sie hatte keine Angst, und sie schämte sich auch nicht. Sie begriff einfach nur, dass die Stimme sie fragte, ob das Stehlen von Schokoriegeln und anderen Dingen, die ihr nicht gehörten, das war, was sie wirklich wollte, ob sie in ihrem Leben eine Diebin sein wollte.

Die Stimme klang freundlich. Es lag keine Verurteilung, keine Anklage darin. Da war nur eine Frage. Eine Frage, auf die Maria ganz natürlich eine Antwort fand.

Nein, dachte sie, ich will keine Diebin sein.

Sie warf den Schokoriegel in einen Abfallkorb und fühlte sich fast sofort besser. Sie wurde sich eines plötzlichen und sehr eindrücklichen inneren Wissens bewusst. Sie hatte Größeres zu tun, in ihrem Leben gab es einen höheren Sinn und Zweck. Es schien etwas Bestimmtes zu geben, das zu erreichen sie hierher gekommen war, und dem diese … diese Sache mit Stehlen … im Wege stand.

In diesem Augenblick wusste Maria, dass sie nie wieder etwas nehmen würde, das ihr nicht gehörte. Und sie wusste noch etwas in diesem Moment. Sie wusste, dass sie nicht mehr allein war! Da sie immer allein war, hatte Maria sich auch immer allein gefühlt. Das tat sie nun nicht mehr. Sie wusste, dass sie einen Freund hatte. Sie hatte die Stimme dieses Freundes tief in ihrem Herzen gehört.

Es sollte noch eine Weile dauern, bis Maria diesem Freund einen Namen gab (sie beschloss schließlich, diese Präsenz in ihrem Leben »Gott« zu nennen), aber an diesem Tag fiel ihre Einsamkeit von ihr ab, und ihr »Freund« wurde ihr ständiger Begleiter.

☆ ☆ ☆

Freundschaft mit Gott ist sehr viel mehr als nur eine versponnene Idee. Sie kann zur funktionierenden, konkreten Realität werden. In dem Buch *Freundschaft mit Gott* werden uns sieben Schritte gegeben, die uns zu diesem Seinszustand führen können. Aber es ist nicht unbedingt nötig, Schritt um Schritt vorzugehen. Wie bei allen Evolutionsprozessen können viele Schritte – manchmal auch *alle* Schritte – übersprungen werden. In Wahrheit haben wir dann nicht Schritte übersprungen, sondern sie ganz einfach alle auf einmal gemacht.

Genau das widerfuhr Maria, als sie ein kleines Mädchen war. Sie hatte eine mystische Erfahrung, einen Moment der Gnade, an der Straßenecke im südlichen Seattle, und dieser änderte alles an der Art und Weise, wie sie das Leben erfuhr. Sie fühlte sich nicht mehr allein. Sie war in Bezug auf ihre Wertvorstellungen nicht mehr verwirrt.

An dieser Straßenecke zogen Maria und das Universum alle Schritte zum Erlangen einer Freundschaft mit Gott zusammen und absolvierten sie alle auf einmal.

Die Sieben Schritte hin zu einer Freundschaft mit Gott lassen sich leicht merken und sind auch leicht durchführbar. Hier sind sie:

1. *Kenne Gott*
2. *Vertraue Gott*
3. *Liebe Gott*
4. *Umarme Gott*
5. *Nutze Gott*
6. *Hilf Gott*
7. *Danke Gott*

Freundschaft mit Gott geht auf diese Schritte in ihren Einzelheiten ein. Es spricht darüber, ja illustriert, wie das Leben innerhalb des Lebensprozesses selbst funktioniert. Es erkundet die Fünf Einstellungen Gottes (die hier in diesem Buch in Kapitel 15 noch einmal aufgezählt werden) und erläutert die drei Kernprinzipien der ganzheitlichen Lebensweise (Gewahrsein, Ehrlichkeit, Verantwortlichkeit).

Es ist ein außergewöhnliches Dokument, und ich möchte jedermann dazu auffordern, seinen Inhalt gründlich zu prüfen, seinen Aussagen zutiefst auf den Grund zu gehen und seine Schätze zu heben. Wenn Sie das tun, werden Sie erkennen, dass Sie, um jemanden kennen zu lernen, wirklich kennen, alles vergessen müssen, was Sie über diese Person zu wissen glaubten, und auch alles, was andere Ihnen über diese Person gesagt haben. Sie müssen sich einfach nur in Ihr eigenes Erleben begeben.

Dasselbe gilt für Gott. Sie können Gott nicht wirklich kennen lernen und kennen, wenn Sie meinen, schon alles, was es über Gott zu wissen gibt, zu wissen – vor allem, wenn sich Ihr vermeintliches Wissen auf das gründet, was andere Leute Ihnen erzählt haben. (Troy Butterworth lieferte uns hier ein beeindruckendes Beispiel. Andere Menschen, einschließlich eines Geistlichen, hatten ihm gesagt, wie Gott über Schwule denkt, und so meinte er, Gott in dieser Hinsicht ziemlich gut zu kennen. Er würde geradewegs zur Hölle fahren, und damit hatte es sich. Dann begab er sich in sein eigenes Erleben von Gott und merkte, dass Gottes Liebe bedingungslos ist und sich nicht die klein karierten Urteile zu Eigen macht, die manche Menschen fällen – und von denen manche Menschen möchten, dass andere glauben, dass Gott sie gefällt hat.)

Sie finden es vielleicht sehr schwierig, jemandem zu vertrauen, den Sie nicht wirklich kennen, und haben vielleicht ebenso Schwierigkeiten, Gott zu vertrauen.

Sie finden es vielleicht sehr schwierig, jemanden zu lieben, dem Sie nicht vertrauen können, und haben vielleicht ebenso Schwierigkeiten, Gott zu lieben.

Sie finden es vielleicht sehr schwierig, jemanden herzlich zu umarmen und in Ihr Leben einzubeziehen, den Sie nicht lieben, und haben vielleicht ebenso Schwierigkeiten, Gott zu umarmen.

Sie finden es vielleicht sehr schwierig, irgendetwas in Ihrem Leben zu nutzen, das Sie nicht einmal bereit sind, auch nur in den Händen zu halten, zu umarmen, und haben vielleicht ebenso Schwierigkeiten, Gott zu nutzen.

Sie finden es vielleicht sehr schwierig, irgendjemandem zu helfen, den Sie absolut nicht gebrauchen können, und haben vielleicht ebenso Schwierigkeiten, Gott viel Hilfe zukommen zu lassen.

Und Sie finden es vielleicht sehr schwierig, für jemanden Dankbarkeit in Ihrem Herzen zu empfinden, dem Sie auch nicht die leiseste Hilfe zukommen lassen können, und haben vielleicht ebenso Schwierigkeiten, Gott gegenüber Dankbarkeit zu empfinden.

Wie bei allen wundervollen Prozessen und Offenbarungen, die uns in der *Mit-Gott*-Buchreihe übermittelt wurden, führt auch hier das eine zum anderen. Interessanterweise lässt sich der ganze Prozess der Sieben Schritte hin zur Freundschaft mit Gott auch umdrehen. Das heißt, Sie können damit beginnen, dass Sie als Erstes Gott für alles und jedes in Ihrem Leben danken.

Nachdem Sie Inventur gemacht und alles gesehen haben, wofür Sie dankbar sein müssen, werden Sie dann ganz natürlich Gott helfen wollen. Gott ist »auf etwas aus«, wie Sie sehr bald entdecken werden, wenn Sie die Dinge ein wenig genauer betrachten. Es wird für Sie ganz selbstverständlich sein, dass Sie Gott »helfen« wollen, dass Sie bei der vollkommenen Entfaltung Ihres Selbst Ihren Part übernehmen wollen – was, wie sich herausstellt, genau das ist, worauf Gott aus ist.

Dadurch, dass Sie Gott helfen, werden Sie entdecken, dass Sie im Grunde Gott und alles, das Gott ist, nutzen. Dadurch, dass Sie Gott und alles, das Gott ist, nutzen, werden Sie merken, dass Sie Gott in Ihrem Leben wirklich umarmt haben. Im Augenblick der Erkenntnis, dass Sie Gott umarmt haben, werden Sie sich ganz natürlich in Gott verlieben. Und in Ihrer großen Liebe zu Gott werden Sie allmählich Gott auch vertrauen. Wenn der ganze Prozess beendet ist, wird Ihnen klar werden, das Sie Gott nun so kennen, wie Sie Gott nie zuvor gekannt haben. Sie werden eine sehr reale, sehr echte Freundschaft mit Gott haben.

Wir sehen also, dass bei diesem Prozess die Dominosteine nach beiden Seiten hin fallen können. Oder sie können, wie bei der kleinen Maria, allesamt zugleich fallen.

Maria hat immer noch eine Freundschaft mit Gott. Das ist keine Einbildung, das ist keine Wunschvorstellung. Sie ist sehr real, sehr echt und sehr praktisch. Immer wenn Maria in ihrem Leben an irgendeinem Kreuzweg angelangt ist, wenn sie vor einer Wahl steht, wenn sie mit irgendeinem Problem konfrontiert ist, wenn sie sich vor eine

Herausforderung gestellt sieht, weiß sie, dass sie nicht allein ist. Sie hat einen Freund. Einen, der ihr Rat erteilt.

Und es ist immer ein guter Rat.

Der ihr in ihrem Herzen zugeflüstert wird.

12

Reisen der Seele

Jason Gardhams ungewöhnliche Erfahrungen begannen, als er ein Kind war. Er liebte das Leben auf der Farm, wo er herumlaufen, spielen und ungehindert umherstreifen konnte, und morgens war er immer der Erste, der aus dem Bett kam. Sein Lieblingsort war ein nahe gelegener Wald, der an das Familiengrundstück grenzte. Jeden Sommermorgen machte er sich, nachdem er ein Sandwich heruntergeschlungen hatte, dorthin auf.

Seine Mutter wusste es immer, dass Jason schon vor allen anderen aufgestanden und bereits unterwegs war, denn wenn sie herunterkam, stand das Glas mit Erdnussbutter noch auf dem Tisch, und die Brotpackung lag angebrochen herum.

Jason ging in den Wald, um mit seinen speziellen Freunden zu spielen. Sie waren nicht von dieser Welt, wie er wusste, aber er redete über sie, als wären sie es. Wenn die Sonne am Himmel aufstieg und er unter die Bäume trat, konnte er die Energie in der Luft spüren und wusste gleich, ob es ein Tag sein würde, an dem er die lachend zwischen den Farnen herumtollenden Kinder sehen würde. Manchmal warteten sie auf ihn, und dann spielten sie den ganzen

153

Tag lang Verstecken hinter den Bäumen und Fangen und lachten und rannten.

An anderen Tagen brachte Jason den Morgen damit zu, nach seinen Freunden Ausschau zu halten und auf sie zu lauschen, fand sie aber nicht. An solchen Tagen kam er niedergeschlagen und mit Tränen in den Augen nach Hause.

»Was ist los, Liebling?«, fragte dann seine Mutter.

»Meine schönen Kinder sind heute nicht im Wald. Ich weiß nicht, wo sie sind«, erwiderte er dann schluchzend. Seine schönen Kinder, so nannte er sie immer.

Jasons Mutter legte dann den Arm um ihren kleinen Jungen. Sie dachte nicht daran, an ihm zu zweifeln, noch kam sie je auf die Idee, ihm Vorhaltungen zu machen, weil er sich eingebildete Spielkameraden heraufbeschwor. Einmal hatte sie ihn nach ihnen gefragt und wie er denn wüsste, dass sie da waren, und er hatte ganz schlicht geantwortet: »Vertrauen.« Und so wie er seinen Spielkameraden und dem Leben an sich vertraute, dass es sie zu ihm bringen würde, vertraute seine Mutter ihm und allem, war er über seine ungewöhnlichen Erfahrungen berichtete.

Ihr Sohn hatte ihr schon viele Male ganz nüchtern und in Einzelheiten die Dinge erzählt, die er gesehen oder gehört hatte, Dinge, die die meisten Mütter vielleicht alarmiert hätten. Doch sie hatte einfach darauf zu vertrauen gelernt, dass ihr Sohn irgendwie etwas Besonderes, dass er anders war.

In der Atmosphäre einer solchen Akzeptanz und bedingungslosen Liebe wuchs Jason zu einem gesunden jungen Mann heran, der sich gut zurechtfand. Und da man ihm die Freiheit gelassen hatte, ungewöhnliche Dinge zu erleben und offen über sie zu sprechen, ohne Angst haben zu müssen, dass man sich über ihn lustig machte, tat er dies auch weiterhin. Seine Mutter hatte ihn zudem gelehrt, dass man auch ihr vertrauen konnte.

So kam es, dass Jason Gardham mit siebzehn eine Reise in die fernsten Bereiche des Kosmos, bis an den Rand des Himmels unternahm. Und das tat er, ohne sein Schlafzimmer zu verlassen.

Nun muss darauf hingewiesen werden, dass wir hier über einen ganz normalen Teenager sprechen, der litt, wenn er das angebetete Mädchen nicht kriegte, der Sport trieb und seine künstlerischen Talente entwickelte. Er war kein Typ, der sich die Zeit mit Drogen vertrieb oder mit LSD-Trips experimentierte. Bücher lagen ihm mehr. Es machte ihm Freude, ein gutes Buch zu lesen.

Und genau das wollte er an einem Abend im Juli 1958 nach dem Abendessen tun. Es war nicht das, was er tat, sondern tun wollte. Aber als er in sein Zimmer ging, um ein Buch herauszusuchen, fand er eine völlig veränderte Realität vor.

Als er über die Schwelle trat, fand er sich von totaler Dunkelheit umgeben. Vollständige Dunkelheit. Nicht das geringste Licht drang von irgendwo herein. Hoppla, dachte er und streckte die Hand nach dem Lichtschalter aus, als er plötzlich das Gefühl hatte, in Angst erregendem Tempo durch eine Leere geschleust zu werde.

Ich werde sterben!, schrie er innerlich. Es ist keine Luft da! Es geht zu schnell.

Dann wusste er, was zu tun war. Er musste vertrauen. Das machte er immer, wenn sich seltsame Dinge ereigneten. Also rief er Gott an. Er war für die Dinge des Geistes und der Seele immer aufgeschlossen geblieben und hatte nach seinem Dafürhalten eine enge, persönliche Beziehung mit Gott. Und die Unterstützung und Führung, die er durch diese Beziehung zu erhalten glaubte, war ein wichtiger Bestandteil seines Lebens. Er wankte nie in seinem Glauben, seinem Vertrauen. Er war davon überzeugt, dass Gott ihn liebte und immer für ihn da war. Und in diese Dimension des Vertrauens begab er sich nun.

Sofort fühlte sich Jason umarmt und in ein wundervolles Gefühl vollkommener Sicherheit eingehüllt. Es war ein warmes Gefühl, ein Gefühl äußersten Friedens und tiefer Ruhe. Sein Herzrasen ließ allmählich nach, und er schaute sich verwundert um.

Er flog durch die Luft! Die Schwärze war durch ein atemberaubendes Spektakel von Sternen und Planeten, Monden, Asteroiden und Kometen und all dem Weltraumzeug abgelöst worden.

Habe ich das Bewusstsein verloren? Bilde ich mir das ein?, fragte er sich.

Als er die Sterne an sich vorbeirasen sah, blickte er voller Ehrfurcht auf die unglaubliche Schönheit, die er mit unvorstellbarer Geschwindigkeit durchreiste. Er reiste immer weiter und weiter, es war ihm weder kalt noch warm, und er war sich nur der Sterne gewahr, die still an ihm vorbeiglitten.

Wohin gehe ich und warum werde ich dorthin gebracht?, fragte er sich.

Und dann entsann er sich wieder Gottes Liebe. Er erinnerte sich: Vertraue.

Sogleich merkte Jason, dass er langsamer wurde. Und dann anhielt. Vor ihm ragte so etwas wie eine Wand auf –

eine riesige goldene Wand, die in überirdischem Licht erstrahlte. Sie war so hoch, dass er ihr oberes Ende nicht sehen konnte, und ebenso wenig konnte er ihr Ende zur Linken oder zur Rechten ausmachen. Ihre Schönheit war Ehrfurcht gebietend, und Jason konnte seinen Augen nicht trauen.

Als er dort schwebte, nahm direkt vor ihm so etwas wie ein Erkerfenster Gestalt an, dessen Doppelfenster sich öffneten. Für Jason nahm es sich aus wie ein Fenster zur Ewigkeit, durch das eine Seele in den Himmel fliegen konnte. Von hinter dem Fenster gingen eine Menge Farbstrahlen aus, die spektakulärer funkelten, als er es jemals gesehen hatte. Er streckte die Hand aus, um einen dieser Farbstrahlen zu berühren, und musste die Augen bedecken. Das Licht wurde so gleißend und wunderschön, dass er es nicht ertragen konnte, hinzusehen.

Aber ich muss hinsehen, rief er und hatte das Gefühl, sein Herz würde vor Liebe zerspringen.

Dann nahm er die Hand von den Augen.

Und befand sich wieder in seinem Zimmer.

Seine Rückkehr war so verblüffend wie seine Abreise. Jason stand fassungslos an der Stelle, von der sich sein Körper nie weggerührt hatte. Er wusste ganz klar – er hatte keinen Zweifel –, dass er auf eine ganz besondere Reise mitgenommen worden war. Eine Reise der Seele, die ihn einen Blick auf die größte aller Wirklichkeiten hatte werfen lassen. Nenn sie Gott, nenn sie Himmel, nenn sie was du willst. Jason wusste, dass er sie gesehen, dass er sie erfahren hatte. Aber warum?, fragte er sich. Warum diese Reise?

Er dachte, dass er sich das vielleicht sehr lange fragen würde.

Und da hatte er Recht.

Oh, es war nicht so, dass er nicht versucht hätte, die Antwort zu finden. Er fragte viele Menschen, von denen er dachte, dass sie ihm vielleicht einen Anhaltspunkt geben, ihm eine Erklärung für sein Erlebnis liefern könnten. Aber ihre Antworten lauteten gewöhnlich etwa so: »Es muss etwas gewesen sein, das Gott dich sehen lassen wollte, und wenn du dann seine Bedeutung verstehen sollst, wirst du es auch.«

Und so blieben Jasons Fragen unbeantwortet. Manchmal trieben ihm die Erinnerung an seine Reise und das Gefühl, nicht genau zu wissen, was es alles bedeuten sollte, Tränen in die Augen. Er war traurig um seiner selbst willen und wegen seines Mangels an Bewusstsein, aber noch trauriger um der Welt und der Menschen willen, die, so fürchtete er, das Wunder und die Freude dessen, was er erlebt hatte, nie kennen lernen würden.

Fast dreißig Jahre lang erinnerte er sich immer wieder an diese Reise, unternahm sie im Geiste in stillen, intensiven Momenten aufs Neue.

Es war mitten im Sommer 1987, da ging Jason in einen Laden für Künstlerbedarf, um sich ein paar Dinge zu kaufen, die er brauchte. Er hatte gerade herumzustöbern begonnen, als er aus den Augenwinkeln einen Mann wahrnahm, der auf ihn zukam.

Es war ein sehr groß gewachsener, imposant aussehender Indianer mit langem blauschwarzem Haar und dunklen, durchdringenden Augen. Er trug eine Weste über seinem Jeanshemd. Er blieb etwa einen Meter vor Jason stehen, sagte aber nichts.

Sofort war Jason von einem Gedanken erfüllt. Wenn ein

Gedanke einen Körper völlig ausfüllen, jede Zelle durchdringen kann, dann war es das, was Jason widerfuhr. Er wusste auf zellularer Ebene: Dieser Mann hat dir etwas Wichtiges zu erzählen.

Er blinzelte, schüttelte dieses Gefühl ab und richtete seine Aufmerksamkeit wieder auf den Mann.

»Kann ich Sie einen Augenblick sprechen?«, fragte der Indianer mit tiefer angenehmer Stimme.

Jason verspürte einen Anflug von Nervosität. Dann besann er sich: Vertraue.

»Ja«, erwiderte er gleichmütig. »Natürlich.«

»Vielleicht können wir nach draußen gehen.« Jason nickte und folgte ihm.

Die beiden Männer nahmen in einem Straßencafé nebenan Platz. Der Fremde atmete tief durch.

»Ich wusste sofort, dass Sie es sind.«

Jason blinzelte wieder, sagte aber nichts. Sein Herz klopfte, so erpicht war er auf das, was der Mann ihm zu sagen hatte. Aber er fühlte sich wie gelähmt. Er schien nicht die richtigen Worte für die Fragen finden zu können, die in ihm hochsprudelten.

Während er bemüht war, sich innerlich zu sammeln, und sich schon anschickte zu fragen, für wen ihn denn dieser Indianer hielt, trat ein Bild vor sein geistiges Auge. Es war das Bild der goldenen Wand. Und mit diesem Bild ging ein Gefühl einher. Vertrauen. Hab Vertrauen in das, was jetzt geschieht. Vertraue deiner Intuition. Hab einfach … Vertrauen.

Nun fühlte Jason sich völlig unbefangen. Er wusste, dass er als Erster sprechen würde. Er würde das Eis brechen, würde die Verständigung erleichtern, würde den Weg frei machen, was immer der andere Mann ihm zu sagen gekommen war.

»Darf ich Ihnen, bevor Sie irgendetwas sagen, zuerst etwas erzählen? Es geht um ein Erlebnis, das ich vor Jahren als Teenager hatte. Irgendwie denke ich, dass Sie darüber Bescheid wissen sollten.«

Der Indianer lächelte. »Bitte«, sagte er. »Ich würde gerne etwas darüber hören.«

Jason erzählte ihm die Geschichte von seiner Reise durch Zeit und Raum. Er wusste nicht, warum er es tat. Er wusste nur, dass er sie ihm erzählen musste. Er achtete darauf, keine Einzelheiten auszulassen. Er schilderte alles, was er gesehen und gehört hatte, und gab auch seiner Traurigkeit darüber Ausdruck, dass er nie etwas über die Bedeutung dieses Erlebnisses erfahren hatte. Irgendwann mitten in seiner Erzählung merkte er, dass dem anderen Mann eine Träne über die Wange lief.

Als Jason geendet hatte, fühlte er sich wundervoll erleichtert. Nun wusste er, warum er diesem völlig fremden Menschen seine intimste und persönlichste Geschichte anvertraut hatte. Er wusste instinktiv, dass ihm endlich die Möglichkeit gegeben würde, das, was ihm vor fast drei Jahrzehnten widerfahren war, auf tieferer Ebene zu verstehen. Der Mann, der da vor ihm saß, hatte die Antworten, nach denen er suchte. Jason wusste nicht, woher er dies wusste. Er wusste es einfach.

Der Indianer sprach langsam.

»Lassen Sie mich Ihnen sagen, was ich weiß«, sagte er. Jason beugte sich erwartungsvoll vor.

»Ich bin Gary Winter Owen vom Maricopa Stamm. Ich arbeite hier in dem Laden für Künstlerbedarf. Eines Tages, es ist erst wenige Wochen her, bediente ich einen Kunden, als mich plötzlich das Gefühl überkam, dass ich mich von ihm entfernen und allein sein sollte. Es ergab keinen Sinn, denn wir kamen perfekt miteinander aus, aber ich konnte das Gefühl nicht abschütteln. Schließlich entschuldigte ich mich und ging nach hinten in den Lagerraum.

Und dort hörte ich eine Stimme in meinem Kopf. Sie sagte: »Nimm einen Stift und schreibe.« Ich nahm einen Stift zur Hand. Ich wusste nicht, was ich schreiben sollte, also schrieb ich hin, was mir als Erstes in den Sinn kam. Als ich durchlas, was ich geschrieben hatte, verstand ich es nicht. Doch ich wusste, dass es wichtig war.

Dann sagte die Stimme: »Du wirst dem Mann begegnen, für den dies geschrieben ist, und du wirst ihn erkennen, wenn du ihn siehst.«

Er sah Jason direkt an.

»Ich erzählte meinem Großvater von dieser Stimme«, berichtete er weiter. »Ich zeigte ihm die Botschaft. Mein Großvater sagte, dass ich, wenn ich diesem Mann begegne, ihn kennen lernen und von ihm lernen muss.«

Jason rutschte unbehaglich auf seinem Stuhl herum. Gary erzählte weiter. »Ich konnte die Botschaft nicht vergessen. Sie schien so wichtig zu sein und so schön in ihrer Rätselhaftigkeit. Ich stellte eine Schriftrolle her und schrieb den Text darauf. Als ich Sie heute sah ... hörte ich die Stimme wieder.«

Es entstand eine lange Pause. Die Blicke der beiden Männer trafen sich.

»Sie sagte mir, dass Sie derjenige sind.«

Jason atmete tief aus. »Als ich Sie sah, wusste ich, dass

Sie mir etwas zu sagen hatten«, sagte er leise. »Etwas, auf das ich seit dreißig Jahren gewartet habe.«

Gary nickte. »Das stimmt.« Dann überreichte er Jason eine wunderschöne, aus Rinde gefertigte Schriftrolle, die mit einem Band umwickelt war. Ein Teil in Jason wollte sie nicht öffnen, wollte sie in ihrer Schönheit unangetastet lassen. Doch der größere Teil in ihm musste wissen, was in ihr stand.

Mit zitternden Händen knüpfte er das Band auf. Er sah auf und blickte in die dunklen, fast schwarzen Augen des Indianers. Er wusste, dass ihm ein ganz besonderes Geschenk gemacht worden war, von jemandem, der sein Freund werden würde.

Er begann zu lesen, was da in wunderbarer, fließender kalligrafischer Schrift auf die Rinde gepinselt stand.

> With honesty, integrity
> and loving in my soul,
> I took this man, this gentle man,
> into a wall of gold

> (AUFRICHTIG, LAUTER UND
> LIEBEND IN MEINER SEELE,
> NAHM ICH DIESEN MANN, DIESEN SANFTEN MANN,
> HINEIN IN EINE WAND VON GOLD)

Jason stockte das Herz. Er sah zu Gary auf, der ihm nur lächelnd mit einer Kopfbewegung bedeutete, weiterzulesen.

> A light so bright, it fills the night,
> a glow that angels know,

for on the ground that we have found,
a love begins to grow.

(EIN STRAHLEND LICHT ERFÜLLT DIE NACHT,
EIN GLANZ, WIE IHN DIE ENGEL KENNEN,
DENN ES BEGINNT AUF DEM VON UNS GEFUNDENEN GRUND,
EINE LIEBE AUFZUBLÜHN.)

Jason dachte an den Ehrfurcht einflößenden, wunderschönen farbigen Lichtstrahl.

It rises high, solidifies
with every smile and tear.
And as we wait, we communicate
to chase away the fear.

We talk of life, we sing of strife,
we share forgotten pain.
And although we give, inquisitive
is how we will remain.

For I know not why, this man would cry.
Your love is mine … behold!
So I took this man, this special man,
into a wall of gold.

(SIE ERHEBT SICH HOCH UND FESTIGT SICH
MIT JEDEM LÄCHELN, JEDER TRÄNE,
UND WIR WARTEN UND VERSTÄNDIGEN UNS,
UM DIE ÄNGSTE ZU VERJAGEN.

Wir sprechen vom Leben, wir singen vom Kampf,
wir teilen vergessnen Schmerz.
Wir geben, aber dennoch
bleiben wir wissbegierig.

Warum weint dieser Mann, ich weiss es nicht.
Schau ... deine Liebe ist die meine!
So nahm ich diesen Mann, diesen besondren Mann
hinein in eine Wand von Gold.)

Jason legte die Schriftrolle nieder. Er wusste nun, dass er nie wieder eine Träne der Traurigkeit darüber vergießen würde, was er und andere nicht zur Gänze wissen konnten. Denn nun wusste er, dass er wusste – und dass jedermann wissen konnte. Das Leben ist voller Freuden und stets durch Gott geleitet. Und er konnte Gottes Liebe schauen. Nicht nur schauen, sondern auch mit anderen teilen.

Heute ist Jasons Leben von einem tiefen Gefühl von Sinn und Zweck durchdrungen, das ihn durch seine Tage trägt. Er hat sich selbst die Aufgabe zugewiesen, Frieden und Liebe in die Welt zu bringen.

Das versucht er durch die Übermittlung einer einzigen Botschaft zu bewirken. Einer einfachen, aber machtvollen Botschaft.

Vertraue.

Vertraue dir selbst. Denn die Weisheit findet sich in deinem Innern.

Vertraut einander. Denn wir sind alle eins.

Vertraut dem Leben. Denn es wird dich überraschen und entzücken und dich erhalten.

Vertraue Gott. Denn Gott liebt dich vollkommen und wird dir alle Tage deines Lebens helfen und dich nach Hause rufen, wenn deine Arbeit hier getan ist.

Jason begreift nun, dass er ein Lehrer ist. Und dass Gary, ein Fremder in einem Laden für Künstlerbedarf, sein erster Schüler sein sollte. Aber nicht sein einziger. Es sollten noch sehr viel mehr kommen, um zu lernen, dass es nichts gibt, was sie lernen müssen. Sie brauchen sich nur an das zu erinnern, was sie als Kinder bereits wussten.

Als wunderschöne Kinder ... die im Wald tanzen.

Hat Jasons Reise ganz real stattgefunden? Können Menschen in andere Bereiche »reisen«? Können wir tatsächlich unseren Körper verlassen – oder, was das angeht, in ihm verbleiben – und andere Wirklichkeiten erleben?

In Band 2 von *Gespräche mit Gott* finden wir folgende Passagen:

Du bist ein göttliches Wesen, zu mehr als einer Erfahrung zu gleicher »Zeit« fähig – und imstande, dein Selbst in so viele verschiedene »Selbste« zu unterteilen, wie dir beliebt.

Du bist ein Wesen von göttlichen Ausmaßen, das keine Begrenzung kennt. Ein Teil von dir trifft die Wahl, dich selbst in deiner gegenwärtig erlebten Identität kennen zu lernen. Aber das ist bei weitem nicht die Grenze deines Wesens, obgleich du denkst, dass es so ist.

Doch gibt es so etwas wie ein »Fenster zur Ewigkeit«, durch das wir blicken und von wo wir Erinnerungen zurückbringen können?

Die Antwort lautet ja. Mit allem Nachdruck: ja.

Ich spreche aus Erfahrung.

Am Abend des 8. Januars 1980 hatten meine damalige Frau und ich eine schreckliche Auseinandersetzung. Es war zweifellos meine Schuld, wie gewöhnlich in jenen Tagen. Mit mir zusammenzuleben war nicht leicht. Ich wollte eine umgängliche Person sein. Ich wünschte mir zutiefst, es zu sein. Aber ich schien es einfach nicht zu schaffen.

Ich weiß heute nicht mehr, worum es bei dem Streit ging. Damit möchte ich sagen, es war wohl etwas sehr Unbedeutendes. Wahrscheinlich ging es darum, wer dran war, den Abfall wegzubringen. Wer weiß? Ich erinnere mich aber, was dann passierte. Etwas, das ich nie vergessen werde.

Ich stürmte aus dem Wohnzimmer, ließ meine Frau mitten in unserer hitzigen Debatte stehen, tat sie mit einer Handbewegung ab und verschwand, die Tür hinter mir zuknallend, im Schlafzimmer.

Ich warf mich in äußerster Frustration aufs Bett, starrte an die Decke und begann zu weinen. Jesus, dachte ich, warum können wir nicht einfach miteinander auskommen? Was braucht es, damit Menschen miteinander auskommen?

Ich hatte davor schon in zwei Ehen versagt und konnte mir nicht erklären, was ich falsch machte. Was braucht es, fragte ich Gott, was braucht es, um glücklich zu sein?

Ich vergrub meinen Kopf im Kopfkissen und wimmerte:

»Bitte, Gott, hilf mir. So möchte ich nicht sein, ein Mann, der sich wegen nichts streitet. Hilf mir. Hilf mir …«

Erschöpft merkte ich, dass ich am Einschlafen war. Es war, als hätte jemand den Stöpsel rausgezogen und alle Energie aus mir abfließen lassen. Ich ließ einfach los und spürte, wie ich tief in die Matratze, ins Kissen sank. Ich erinnere mich noch an meinen letzten Gedanken, bevor ich wegdriftete.

Das wird der tiefste Schlaf meines Lebens.

So war es.

Irgendwann – es kann nach einer Stunde oder einer Minute oder der halben Nacht gewesen sein, ich weiß es nicht – wurde ich durch eine merkwürdige Empfindung geweckt. Ich hatte das Gefühl, vom Bett gesogen zu werden. Hatten Sie je das Gefühl, aus dem Bett zu fallen? Nun, so ähnlich war es – nur umgekehrt. Nach oben, nicht nach unten.

Lassen Sie mich sehen, ob ich es anders erklären kann. Stellen Sie sich eine Fliege vor, die ganz still auf einem Tisch sitzt. Und nun kommt jemand mit einem Staubsauger und schafft es, den Staubsaugerschlauch über die Fliege zu stülpen. Dann schaltet er den Staubsauger ein. Ich fühlte mich genau wie diese Fliege sich nun fühlen würde. Ich lag auf dem Bauch und hatte ein Gefühl, als würde ich in von der Matratze gesogen werden. Es nahm mir den Atem.

Meine Augen waren vor Erstaunen aufgerissen, und ich war noch erstaunter, als ich mich über meinem Bett schweben und auf etwas hinunterblicken sah, das ein riesiger Klumpen aus Lehm zu sein schien, so geformt und geschnitzt und modelliert, dass er genau so aussah wie ich.

Aber das war ich nicht, sagte ich mir, denn ich war ja hier oben und blickte hinunter.

Außerdem hatte diese vertraute Gestalt auf dem Bett kein Leben in sich. Keine Lebensenergie. Sie war leblos.

Und in diesem Moment dämmerte mir die erste wesentliche Erkenntnis im Verlauf dieses Abenteuers.

Mein Gott, ich bin nicht dieser Körper!, sagte ich mir. Ich bin dies. DIES.

Ich bin diese ... Wesenheit, diese ... Energie ... die jetzt jenen Körper BEOBACHTET.

Das mag heute wie eine Binsenweisheit klingen, aber damals war es eine große Offenbarung für mich. Die Auswirkung dieser Erkenntnis war zweifellos deshalb so gewaltig, weil es nicht einfach ein Gedanke oder eine Theorie war, sondern etwas, das ich im Hier und Jetzt erlebte.

Kaum hatte ich mir dies vergegenwärtigt und verdaut, wurde ich umgedreht, so dass ich nun zur Decke blickte, und dann, wusch, flog ich direkt durch die Decke und weg.

Ich fand mich sogleich an einem dunklen Ort wieder, der ein Tunnel zu sein schien, und dann wurde ich mit wahnsinniger Geschwindigkeit durch diesen Tunnel gedrückt oder gezogen. Ich hatte dabei keine Angst, nur ein Empfinden von unglaublicher Geschwindigkeit.

Bald entdeckte ich vor mir einen winzigen Lichtpunkt, und darauf raste ich nun zu. Der Lichtpunkt wurde größer und größer, bis ich schließlich gewissermaßen aus dem Tunnel flutschte und ins Licht katapultiert wurde.

Und nun kommt etwas Interessantes. Ich war im Licht, schien mich aber zugleich außerhalb des Lichts zu befinden und es anzublicken. Ich erinnere mich, dass man es fast unmöglich anschauen konnte, weil es so schön war.

Ich weiß nicht, wie ich erklären soll, dass ein Licht so schön sein kann, denn ein Licht ist ein Licht, oder? Außer dass dieses Licht wunderschön war. Vielleicht hat es etwas damit zu tun, wie es sich anfühlte. Ich weiß nicht. Ich weiß nur, dass seine Schönheit etwas war, das ich nicht ermessen konnte. Ich meine, sie war für ein menschliches Bewusstsein zu groß, zu herrlich, um sie in sich aufnehmen zu können. Ich fühlte mich klein, beschämt. Ich entsinne mich, dass ich dachte …

Nein, nicht ich. Ich bin nicht würdig, in diesem Licht zu sein. Ich bin nicht würdig, dies zu sehen. Bei allem, was ich getan habe, bei all den schwarzen Flecken auf meiner Seele, so oft, wie ich in Bezug auf mich und andere versagt habe – ich bin nicht würdig.

Dann schämte ich mich, denn indem ich an sie dachte, erinnerte ich mich an all diese Dinge ausführlich. Und ich weinte in meiner Scham und meinem Schuldgefühl. Ich bebte vor Tränen. Warum hatte ich es nicht besser gemacht? Warum hatte ich so oft die schlechtere Wahl getroffen? Es tat mir alles zutiefst Leid. Noch nie hatte ich, so weit ich mich entsinnen kann, eine solche Reue empfunden. Und dann erfüllte mich – erfüllte mich in diesem Augenblick – ein Gefühl, das ich nicht beschreiben kann. Wenn ich nach Worten suche, scheint es keine passenden zu geben. Wenn ich jetzt darüber nachdenke, möchte ich sagen, dass es so war, als wäre mir zum ersten Mal in meinem Leben Frieden, wahrer Frieden, totaler Frieden geschenkt worden. Ich hatte das Gefühl, als berührte mich ein riesiger Finger sanft unterm Kinn, um meinen Kopf anzuheben. Und ich hörte diese Worte in meinem Herzen widerhallen:

Du bist vollkommen, so wie du bist. Du bist unbeschreiblich schön, und ich liebe dich bedingungslos. Du bist mein Kind, an dem ich großen Gefallen habe.

Ich fühlte mich sanft gehalten, umarmt, das Licht hüllte mich nun ein und ließ mich weich in seiner Mitte dahintreiben. Aus mir wich alle Traurigkeit. Auch das Bedauern verschwand. Ich fühlte mich geheilt, heil und ganz gemacht. Meine Seele war erfüllt von Dankbarkeit, mein Herz wollte vor Liebe zerspringen.

Dann wurde ich von meiner zweiten Erkenntnis erfüllt: Mir wird nie für irgendetwas, das ich tue, vergeben werden. Ganz gleich, wir traurig ich über irgendeine Handlung oder Entscheidung bin, ganz gleich, wie sehr ich sie bereue, mir wird nie vergeben werden. Weil Vergebung nicht nötig ist. Ich bin ein Kind Gottes, ein Abkömmling des Göttlichen, und ich kann in keiner Weise das Göttliche verletzen oder schädigen, denn das Göttliche ist absolut unverletzbar, unzerstörbar. Ich werde immer im Herzen und im Heim Gottes akzeptiert sein, es wird mir gestattet sein, durch meine Fehler zu lernen, es wird mir gestattet sein, mehr und mehr zu werden, Wer Ich Wirklich Bin, durch jedwelchen Prozess, den ich erwähle, auch wenn das bedeutet, dass ich mich selbst und andere schädige. Denn auch ich und andere können gar nicht geschädigt werden. Wir denken nur, wir können es.

Die Auswirkung dieser Offenbarung war zweifellos so gewaltig, weil sie nicht nur ein Gedanke oder eine Theorie war, sie war etwas, das ich im Hier und Jetzt erlebte.

Ich fand mich sofort nach dieser Erkenntnis in einer dritten Realität und umgeben von einer Million, nein, einer Milliarde winziger Energieteilchen ... so kann ich es nur beschreiben. Sie waren überall, vor mir, links von mir, hinter mir, rechts von mir. Sie schienen wie winzige Zellen oder Kügelchen, die alle ihre eigene Form und Farbe hatten.

Und die Farben! Oh meine Güte, die Farben waren beeindruckend, überraschend, atemberaubend schön. Die blauesten Blaus, die grünsten Grüns und die rotesten Rots und die großartigsten Kombinationen und Schattierungen, die ich je gesehen hatte. Und das will etwas heißen, denn sehen Sie, ich bin farbenblind …

Für mich war es also ein spektakulärer Anblick.

Nun tanzten diese Zellen aus Farbe vor mir und rings um mich herum. In diesem Tanzen bildeten sie eine schimmernde Decke der Schönheit, die alles bedeckte – die Alles war.

Ich wusste: Das, was ich da sah, war die Essenz Allen Lebens. Es war Leben in seiner sub-sub-submolekularen Form. In seinen kleinsten Partikeln. Auf seiner Grundebene. An seiner Wurzel. Und dann beobachtete ich etwas Faszinierendes.

Als ich zusah, wie diese Zellen herrlichster Farben vor mir tanzten und schimmerten, bemerkte ich, dass sie sich veränderten! Sie schienen aufzuleuchten und zu erlöschen, in sich selbst verschluckt zu werden, um dann in anderer Form und in anderer Farbe wieder aufzutauchen. Und während sie Farbe und Form änderten, schienen auch all die sie umgebenden Zellen ihre Gestalt und Farbe zu verändern, um sich ihnen anzupassen und sie zu ergänzen. Und all diese Zellen umgebenden Zellen taten dasselbe, wie auch wiederum alle jene Zellen umgebenden Zellen und so weiter und so weiter … das ganze Ding war ein sich ständig veränderndes, ständig adaptierendes, ewig wechselseitig verbundenes Puzzlespiel. Ein pulsierendes, vibrierendes Mosaik aus reiner Energie.

Mein Sein sprudelte über vor Verlangen, diese unsagbar schönen Teilchen zu berühren, eins mit ihnen zu werden. Ich wollte mit ihnen verschmelzen. Ich wollte in sie hineinschmelzen. Ich weiß nicht, warum. Es war ein inneres Rufen, ein inneres Verlangen, das ich in den Wurzeln meines Seins verspürte.

Ich versuchte, mich nach vorne zu bewegen, näher heranzukommen. Aber mit jeder Bewegung, die ich machte, wich das Mosaik zurück. Mir kam der Gedanke, es auszutricksen, so zu tun, als wollte ich mich nach vorne bewegen, um dann plötzlich nach einer Seite zu springen. Es funktionierte nicht. Ich konnte die Matrix nicht zum Narren halten. Sie wusste um jede meiner Bewegungen. Ja, sie sah sie voraus.

Ich konnte einfach nicht näher herankommen und fing zu weinen an. Die Traurigkeit über diese Zurückweisung und Verweigerung waren mehr, als ich ertragen zu können glaubte. Und dann verflüchtigte sich diese Traurigkeit so abrupt, wie ich zu meiner dritten Erkenntnis gebracht wurde: Ich konnte nicht näher an die Energie herankommen, weil ich die Energie war! Wenn ich mich bewegte, bewegte sie sich. Ich war schon mit ihr verschmolzen!

Alle Dinge sind Ein Ding. Es gibt nur Ein Ding, und es gibt Kein Ding, das nicht Teil dieses Einen Dings ist.

Die Auswirkung dieser Offenbarung war zweifellos gewaltig, weil sie nicht einfach ein Gedanke oder eine Theorie war, sondern etwas, das ich im Hier und Jetzt erlebte.

Und wieder wurde ich, sobald ich sie verstand, von dieser Realität entfernt. Ich fand mich nun einem riesigen Buch gegenüber. Es sah so groß aus wie das größte Buch, das ich je gesehen hatte. Nein, doppelt so groß. Dreimal so groß. Es sah so gewaltig aus wie einhundert zusammengeklebte Telefonbücher von Manhattan. Und auf jeder Seite – auf jeder Seite – fand sich genug winzig Gedrucktes, um tausend Enzyklopädien zu füllen.

Als ich vor diesem riesigen Band stand, hörte ich wieder diese Stimme, die ich schon gehört hatte, als ich von dem Licht umarmt und eingehüllt wurde. Sie sagte ganz sanft, fast nachsichtig, machte sich aber in keiner Weise über mich lustig:

Okay, Neale, okay. Du hast dein ganzes Leben nach Antworten gesucht. Du hast gesucht und gesucht, und deine Suche war eine wirkliche Suche. Sie war aufrichtig, es war eine ehrliche Suche nach der Wahrheit. Also hier. Hier sind die Antworten.

Und damit blätterten sich die Seiten dieses Buches, wie von einem gigantischen Daumen oder einem heiligen Wind bewegt, vor mir auf. Rasch flogen die Seiten an mir vorbei, das gesamte Dokument wurde, Seite um Seite, binnen einer Nanosekunde aufgeschlagen und präsentiert. Und doch war ich imstande, jedes Wort auf jeder Seite zu lesen und in mir aufzunehmen.

Und dann wusste ich. Ich wusste alles, was es zu wissen gab, zu wissen gibt und je zu wissen geben wird. Ich verstand die Kosmologie des Universums und das Geheimnis allen Lebens. Ich sah die Einfachheit all dessen. Diese äußerste und elegante Einfachheit.

Die Auswirkung dieser Offenbarung war zweifellos gewaltig, weil sie nicht einfach ein Gedanke oder eine Theorie war, sondern etwas, das ich im Hier und Jetzt erlebte.

Das war meine vierte Erkenntnis. Und ich erinnere mich, dass ich, als die letzten Seiten des Buches an mir vorbeiglitten und sich der schwere Rückendeckel schloss, sagte …

Natürlich.

Das war alles, was ich sagte. Einfach …

Natürlich.

Dann wachte ich auf. Ich war wieder in meinem Körper, und er fühlte sich schwerer an, als ich je erlebt hatte. Es schien, als würde schon mein kleiner Finger eine Tonne wiegen. Ich wollte zum Nachtkästchen greifen, einen Stift und Papier nehmen, um aufzuschreiben, was ich gerade erlebt hatte, damit ich mich daran erinnern, damit ich beweisen konnte, dass ich all das erfahren hatte. Aber ich konnte meinen Arm nicht bewegen. Ich konnte nur mit den Augen blinzeln.

Dann hörte ich diese Stimme ein letztes Mal, meine Besondere Stimme, die während dieses Traums, dieser Reise, dieses, dieses … was immer es war, zu mir gesprochen hatte. Sie sagte:

Es ist nicht nötig. Glaubst du, dass du vergisst, was dir widerfahren ist? Du kannst es nicht beweisen und brauchst es auch nicht. Die Wahrheit kann weder bewiesen noch widerlegt werden. Sie existiert einfach.

Danach schlief ich ein.

Als ich am nächsten Morgen aufwachte, war ich euphorisch. Ich tanzte in die Duschkabine, drehte das Wasser auf und wurde von einem Strahl kalten Wassers getroffen, doch es machte mir gar nichts aus. Ja, ich empfand es als spektakulär, belebend. Dann drehte ich das warme Wasser an und stand da und sah zu, wie es aus dem Duschkopf auf meine Körper sprudelte.

Ich hatte das Gefühl, eins mit dem Wasser zu sein, eins mit dem Duschkopf, eins mit den Kacheln in der Duschkabine, und ich stellte mir vor, dass es so sein musste, wenn man auf halluzinogenen Drogen war. Ich spreizte die Finger und drückte meine Handfläche gegen die Wand – absolut darauf gefasst, dass sie sich durch die Kacheln hindurchbewegen würde, denn ich konnte die Moleküle der Kacheln und die Moleküle meiner Hand sehen. Mir wurde klar, dass man, wollte man durch die Wand gehen, lediglich darauf achten musste, die eigene feste Materie dahin zu bringen, wo sich die feste Materie der Wand nicht befand. Für den, der über Einsicht verfügte, das heißt über die Fähigkeit, hineinzusehen, war dies ein Leichtes.

Ich ließ das Wasser auf meinen Körper prasseln und versuchte mich daran zu erinnern, was ich in dem Buch gelesen, was ich gesehen hatte. Ich nannte es das Große Buch, und nun rang ich darum, mir jedes einzelne Wort das ich darin gefunden hatte, ins Gedächtnis zu rufen.

Da sagte die Stimme zu mir:

Du sollst es nicht wissen.

… mir wurde zu verstehen gegeben, dass meine »Schaltkreise durchbrennen« würden, wenn ich versuchen wollte, alles, was ich hatte sehen dürfen, in meinem Bewusstsein herumzutragen. Da wäre zu viel, wie soll ich sagen … Elektrizität … zu viel Energie …, als dass sie ein so kleiner körperlicher Raum, wie mein Gehirn es ist, aushalten könnte.

Dann wurde mir gesagt:

Wisse einfach, dass du weißt. Und wisse, dass auch jeder

andere weiß. Wenn du dich in einem bestimmten Augenblick an etwas Bestimmtes erinnern musst, musst du nur die Weisheit in deinem Innern aufrufen. Du wirst dich erinnern.

Das Gefühl, das dann in mir einsetzte, war unglaublich und unbeschreiblich. Ich stand zwanzig Minuten lang in dieser Dusche, und es war, als sei ich mir jedes einzelnen Wassertropfens gewahr, der mich traf. Als ich aus der Dusche heraustrat, wurde mein Körper von kühler Luft begrüßt, es war, als würde eine Flasche frischen, funkelnden Lebens über mir ausgegossen. Es kribbelte in mir und meine Seele war weit offen. Ich weiß noch, dass ich mich abtrocknete und dachte, wie außergewöhnlich es sei, dass ich jede Faser dieses Handtuchs spüren konnte.

An diesem Tag fragten sich alle bei der Arbeit, was mit mir los sei. Eine Frau starrte mich an, als ich hereinkam, und sagte schließlich: »Was ist denn mit dir passiert? Du siehst zwanzig Jahre jünger aus.« »Tatsächlich?«, erwiderte ich. Und sie sagte: »Du solltest mal dein Gesicht sehen.«

Ich behielt dieses Gefühl, »in dieser Welt, aber nicht von ihr zu sein«, noch wochenlang, dann wurde es schwächer, blieb aber noch für eine ganze Weile auf bestimmter Ebene haften. Und seither kann ich mir dieses Gefühl und die tränenreiche Freude dieser Erfahrung jederzeit wieder zurückholen, indem ich mich einfach erinnere.

Die Erfahrung gehört mir, ich kann sie mir bewahren, ich kann sie haben und behalten, ich kann sie wieder durchleben, wann immer ich will. Die Stimme hatte Recht. Ich werde sie nie vergessen.

Darum kann ich Ihnen Folgendes sagen: Reisen der Seele sind nicht nur möglich, sie ereignen sich ständig. Wir alle machen sie. Alle von uns. Keine einzige Seele bleibt von der physischen Geburt bis zum physischen Tod ohne Unterlass bei ihrem Körper.

Wenn eine Seele den Körper verlässt, sei es im Schlaf, während einer »Trance«, wie manche Menschen es nennen, während einer Meditation oder ganz einfach bei einem Spaziergang im Wald (oder beim Betreten des Schlafzimmers), dann gibt es nichts zu fürchten. Es gibt nichts, worum man sich Sorgen machen muss, nichts, was einem peinlich sein müsste oder worüber man nur widerwillig mit jemand anders reden könnte.

Tatsächlich ist es gut, mit jemandem darüber zu sprechen. Denn es sind Momente der Gnade, und wenn wir solche Erfahrungen mit anderen teilen, berühren wir die Welt mit ihrem Wunder und ihrer Magie und ihrer Kraft, Leben zu verändern.

So wie das Leben von John Star, der eines Tages am Ufer des Michigansees ein sehr interessantes Erlebnis hatte ...

13

Das Land der Schatten

John Star saß am Küchentisch, den Kopf in die Hände gestützt, sein kalt gewordenes Frühstück auf dem Teller vor sich.

»Du hast wohl heute Morgen nicht viel Appetit, John?«, fragte seine Mutter. Sie hatte in den letzten paar Tagen beobachtet, wie er trübsinnig im Haus herumschlich. Diese Lustlosigkeit war sonst nicht seine Art.

»Mom, ich scheine die Dinge nicht in den Griff zu kriegen.« John beschloss, sie ein wenig ins Vertrauen zu ziehen, obwohl er nicht wollte, dass sie sich Sorgen machte. »Ich scheine nicht weiterzukommen. Und in letzter Zeit gehen mir immer wieder alle möglichen Fragen im Kopf herum. Große Fragen ... wie, was ist wirklich wichtig? Warum bin ich hier? Wo komme ich her?« Er sah auf und blickte seine Mutter flehentlich an. »Ich begreife nicht, warum ich so ruhelos bin, und gleichzeitig scheine ich nicht viel Energie zu haben.«

Sie ließ sich neben ihm nieder. »Lieber, das sind Fragen, mit denen wir uns alle unser ganzes Leben lang herumplagen. Du musst Geduld haben. Schließlich bist du gerade erst mit der Highschool fertig geworden. Du hast den ganzen Sommer, um über diese Dinge nachzudenken. Du brauchst einfach Zeit, um diese Fragen für dich zu beantworten. Und denk daran, die meisten Menschen finden diese Antworten nie.«

John seufzte. Liebe Mom, dachte er, sie meint es gut. Aber das half ihm in Grunde nicht besonders viel. Das Gesicht seiner Mutter hellte sich plötzlich auf. »Warum gehst du nicht schwimmen? Du weißt, danach fühlst du dich immer besser.«

Warum eigentlich nicht?, dachte John. Hab ja sonst nichts zu tun. Kann genauso gut auch was für meinen Körper tun.

Der Michigansee war zu dieser Jahreszeit warm. Heute war es bewölkt, und das Wasser sah mehr grau als blau aus. John war ein guter Schwimmer. Er hatte sich schon seit seiner frühen Kindheit im Wasser wohl gefühlt und jahrelang mit dem Schwimmerteam der Stadt an Wettbewerben teilgenommen. Er schwamm gerne, über die Wellenbrecher hinweg, etwa so eine halbe Meile in den See hinaus, wo das Wasser kühler und klarer war.

Er bewegte sich mit ruhigen Schwimmzügen rasch und gleichmäßig durchs Wasser und merkte, dass er in den Bewusstseinszustand eintrat, den er stets so beruhigend und entspannend fand ... einfach eins werden mit dem Wasser, ohne Gedanken durchs Wasser gleiten, nur von der Kraft seiner Arme und Beine angetrieben, nichts sehen außer wässrige Formen und Schatten unter sich. Dies ist ein Zustand, den Sportler die Zone nennen.

Doch an diesem Tag war das Wasser bewegt. Als John seinen Kopf zur Seite drehte, um Atem zu holen, schwappte eine Welle auf ihn zu, und er schluckte Wasser. Das zerstörte seine Konzentration, und als er spuckend und keuchend Luft zu holen versuchte, erwischte ihn eine weitere Welle voll im Gesicht. Als erfahrener Schwimmer, wusste er, dass er in Schwierigkeiten geraten konnte. Er war über eine halbe Meile vom Ufer entfernt und merkte plötzlich, dass er unter diesen Umständen beim Schwimmen Probleme bekommen konnte. Er kehrte um und schwamm in Richtung Ufer zurück.

Doch schon nach ein paar Metern begann es in seinem Kopf zu summen, und ihm wurde schwindlig. Plötzlich hörte er ein lautes Schnappen hinter seinem Kopf. Ohne Vorwarnung wurde das Wasser auf einmal ganz glatt. John hörte auf zu schwimmen und sah nach oben. Der Himmel war klar, und die Sonne schien hell; der See hatte eine tiefblaue Farbe angenommen.

Was zum Teufel ist denn hier los?, fragte er sich verblüfft, als er in den klaren Himmel blickte. Die Sonne schien heller als gewöhnlich zu sein, aber er konnte sie ansehen, ohne dass seine Augen schmerzten. Plötzlich hatte er das Gefühl, irgendwie gerufen zu werden. Er sah hinunter und sah sich mit einem unglaublichen Anblick konfrontiert.

Da unter ihm war sein Körper, der noch immer auf das Ufer zuschwamm und sich so gerade und schnell bewegte wie ein Motorboot. Er sah zutiefst erstaunt und verwundert zu. Wenn das da unten er war und sein Bewusstsein sich hier befand, wo war er dann wirklich, und was passierte mit ihm?

Ein Licht schien hinter ihm aufzustrahlen. Es war ein ganz besonderes Licht, ein Licht mit … Gefühl. Er wandte sich ihm zu. Es war wunderbar! Es tauchte ihn in eine

überaus wundervolle Wärme; John sog sie in sich auf wie
ein Schwamm. In diesem Augenblick überkam ihn ein
Gefühl von totaler Freiheit. Es war, als sei der Druck eines
ganzes Lebens von ihm gewichen; der Deckel, der so viel
Spannung im Innern aufgestaut hatte, war gehoben worden. Er konnte wieder atmen.

Energie schien in ihn einzuströmen und Teile seiner
selbst zu lockern und geschmeidig zu machen, von denen
er gar nicht gewusst hatte, dass es sie gab. Sein ganzes Sein
war von Erregung und einem wunderbar freudigen Gefühl
erfüllt. Er wusste, dass er dieses Gefühl schon irgendwo irgendwann einmal gehabt hatte, aber er konnte sich nicht
erinnern, wann. Es war wie ... nach Hause kommen.

Die Zeit selbst schien weich und geschmeidig zu werden. Solange John denken konnte, schienen die Minuten,
Tage und Jahre seines Lebens festgesetzt zu sein wie die
Markierungen auf einem Lineal. Nun schien das Mess-
band der Zeit weich und flexibel zu werden. Es schien sich
zu dehnen und zusammenzuziehen wie ein Gummiband.

Er konnte Ereignisse aus seiner Vergangenheit sehen, sie
mit größerer Klarheit und genauer betrachten als damals,
als sie sich zutrugen, und er konnte unbegrenzt lange bei
diesen Erinnerungen verweilen. Doch es schien, als sei gar
keine Zeit vergangen.

John bewegte sich hin und her, versenkte sich tief in
Episoden seiner Geschichte und kehrte dann zurück zum
Licht. Oder war es so, dass sich die ihm bekannte Welt
zurückzog?

Das Leben, von dem er anzunehmen gelernt hatte, dass
es das Einzige war, das es gab ... die Gewissheiten, die
Zweifel, der Stolz, die Schuldgefühle, die Freuden und

Ängste ... all dies schwand dahin. Als Einziges blieb das Licht und das überwältigende Gefühl von Wohlbefinden, das es in sich barg.

Es war ein Gefühl, als würde er aufwachen. Als hätte er tief geschlafen und einen eindringlichen und detaillierten Traum geträumt und sei nun wach, und der Traum verbliche.

Als sich seine Augen langsam an diesen strahlenden Glanz des Lichts gewöhnt hatten, konnte John Gestalten darin ausmachen. Es standen Leute um ihn herum! Leute, die er kannte und liebe. Und zudem kam ihm auch der Ort, an dem er sich befand, völlig vertraut vor.

»Hast du einen netten Trip?«, fragte einer seiner Freunde. Die anderen brachen in brüllendes Gelächter aus. Sie machten einen Witz. John wusste intuitiv, dass sie ihn nach seinem irdischen Aufenthalt fragten, und stimmte in das Gelächter ein.

Wie gut es sich anfühlte, so frei zu lachen! Er war wieder total lebendig, ein Leben jenseits von Anfang und Ende, ein Leben, das ewig währte.

Die kosmische Welt, in die er nun eingetreten war, war so solide und real wie die Welt, die er hinter sich gelassen hatte, aber das Licht war immer noch sichtbar. Es war ein lebendiges Licht. Es hatte Vitalität und Gefühl. Es fokussierte sich in jedem lebendigen Ding, so wie sich die Sonne mit einem Vergrößerungsglas auf einen Punkt fokussieren lässt. Da waren auch Farben. Nicht nur die Farben, mit denen er auf Erden vertraut war, sondern eine Palette von Farben, von denen er einige noch nie gesehen hatte.

Seine Freunde und auch alles andere Lebendige waren von Farben umgeben, die zu verschlungenen geometrischen Mustern angeordnet waren, jedes Muster einzigartig, jedes

Muster originär. Töne durchdrangen die Farben und Muster – zahllose Oktaven von Klang. Es war, als könnten die Farben gehört werden. Sehr subtil, praktisch nicht wahrnehmbar, aber bis in die Unendlichkeit reichend.

Über diesem Summen lag die Melodie, die durch den einzelnen Ton eines jeden lebendigen Dings geschaffen wurde. Licht und Ton und Farbe und geometrische Muster waren alle zu einer Totalität harmonischer Vollkommenheit zusammengefügt.

Jahre mochten vergangen sein. Jahre oder Stunden oder Minuten, man konnte es nicht wissen. Sein war die einzige Realität. Sein, das untrennbar war vom Augenblick, untrennbar von ewigen Jetzt, untrennbar vom Leben, das in allen anderen Wesen war.

Obwohl dieser Ort so konkret und real war wie die Welt, die er hinter sich gelassen hatte, waren dort Zeit und Raum kein Hindernis. Es war ein Ort, an dem es keine Meinungen, Schlussfolgerungen oder Überzeugungen gab, ein Ort, an dem es nur Ehrfurcht gebietende Schönheit und Freude gab.

Dann begannen in Johns Geist Bilder von seinen anderen Leben aufzuflackern – zunächst flüchtig, dann stärker und klarer. Visionen von Menschen, die ihm lieb waren, rückten in den Brennpunkt, Visionen von Dingen, die er sehen und tun wollte. Schließlich erklang von irgendwo tief in seinem Innern eine machtvolle Stimme:

Von der Ewigkeit hast du genug gesehen.
Noch ist's nicht Zeit für dich zu bleiben.
Nun kehr zurück zum Land der Schatten,
wo die sterblichen Geschöpfe spielen.

Wuuusch, wuuusch. John hob den Kopf, um zu sehen, was dieses Geräusch verursachte. Kleine Wellen brachen sich am Ufer eines spiegelglatten Sees und spielten mit den kleinen Kieseln am Strand. Er lag im Sand am Ufer des Michigansees, ein paar Zentimeter vom Wasser entfernt. Er fühlte sich unglaublich, als hätte er gerade die beste Erholungspause seines Lebens gehabt. Er stand auf und sah sich um.

Im Westen sah er die Skyline von Chicago, die sich im See spiegelte und durch eine beeindruckend orangerote Sonne eine Silhouette bildete. Der Himmel war tiefer blau, als er ihn je gesehen hatte, und die Bäume grüner. Es war, als hätte sich ein Schleier von seinen Augen gehoben. Er hätte Jahre weg gewesen sein können oder auch nur einen Augenblick. Wie ein Mann, der ein langes, erfülltes Leben gelebt und an den Ort seiner Jugend zurückgekehrt war, um einen Blick auf die ihm einst vertraute Szenerie zu werfen, sah er nun, dass alles das Gleiche, aber irgendwie anders war.

War das alles ein Traum gewesen?, fragte er sich. Oder habe ich gesehen, wie es ist, wenn man wirklich und wahrhaftig wach ist, und träume ich jetzt wieder einmal? Irgendwie wusste er die Antwort.

Eine Brise ließ John in seiner nassen Badehose frösteln, und er machte sich auf den Weg nach Hause. Er hatte nun keine Fragen mehr zu seinem Platz in der Welt. Er hatte seinen Platz im Kosmos gesehen, und er war perfekt.

Er betrat das Haus durch die Hintertür und fand sein Mutter in der Küche werkeln.

»Hi, Mom«, begrüßte er sie fröhlich.

»Hi, Schatz. Wie war das Schwimmen?«

»Kosmisch!«, erwiderte er mit einem breiten Grinsen.
»Kosmisch!«

☆ ☆ ☆

Als ich Johns Geschichte zum ersten Mal hörte, war ich
erstaunt, wie sehr sie Jasons und meiner Geschichte ähnel-
te. Jeder dieser »Besuche« auf »der anderen Seite« oder in
»einem größeren Reich« oder wie immer Sie es nennen
wollen, brachte den Anblick von einem unglaublich schönen, zutiefst beeindruckenden Licht und spektakulären
Farben mit sich.

John und ich sahen beide Energie in Form von geometrischen Mustern, jedes Muster einzigartig, jedes Muster ein
Original. John hörte auch Töne oder Klänge im Verein mit
den Energiemustern, etwas, wovon auch andere berichten.
Mystiker sprechen schon seit langem davon, dass der Ton
von Om der Signaturton des Universums, des Lebens selbst
ist.

Wenn ich von Erfahrungen wie dieser hier höre oder
mich an mein eigenes Erlebnis erinnere, komme ich immer wieder auf die erste wesentliche Botschaft zurück, die
ich in den über fünfzehnhundert Seiten der *Mit-Gott*-Bü-
cher bekam: Wir sind alle eins.

Alles und jedes besteht aus den exquisitesten Bausteinen,
die Sie sich je vorstellen können. Ich habe dieses
Einssein gesehen. Ich habe es erlebt. Doch Sie brauchen es
nicht zu sehen, um es in Ihrer Realität zu begreifen. Sie
brauchen es nur in Ihrem Herzen zu fühlen und in Ihrer
Seele zu akzeptieren. Und das ist leicht zu machen. Es ist
eine Entscheidung, keine Reaktion. Wie die Liebe. Liebe

ist eine Entscheidung, und die meisten Menschen denken, sie sei eine Reaktion.

Was mich weiterhin an Johns Erlebnis beeindruckte, war das Wissen, das ihn überkam, dass »Sein die einzige Wirklichkeit« ist. Dies stimmt wunderbar überein mit der letzten der drei Erklärungen, die in Band 1 von GMG abgegeben werden.

1. *Wir sind alle eins.*
2. *Es ist genug da.*
3. *Es gibt nichts, das wir tun müssen.*

Wir brauchen nichts weiter zu tun als zu sein. Der Unterschied zwischen »Sein« und »Tun« ist wie der Unterschied zwischen Tag und Nacht. Die meisten Menschen sind zutiefst mit einem Leben des »Tuns« beschäftigt. Sie rennen herum und tun dies und das und das und dies und stehen am Ende nur vor einem großen Haufen Getue und Gemache.

Wir werden in den nächsten fünfzig Jahren auf diesem Planeten eine neue Art von Mensch erleben können, einen ganz neuen Menschen, der nicht vom »Tun«, sondern in jedem Moment vom »Sein« her kommt. Viele Leute machen diese Transformation sogar schon jetzt durch. Dies ist durchaus möglich, auch in der Arbeitswelt. Sie brauchen sich nicht zu verabschieden und zwanzig Jahre in einer Höhle zu leben oder neun Stunden am Tag zu meditieren oder irgendetwas dergleichen. Nicht, dass es schlecht wäre, solche Erfahrungen zu machen. Sie sind nur nicht unbedingt notwendig.

Es ist nicht nötig, ein Eremit oder »Aussteiger« zu werden, um die Seligkeit des Seins zu empfinden, die sich in Ihnen, als Sie und durch Sie ausdrückt. Sie können dieses Gefühl erfahren, während Sie Ihrer Arbeit in der Welt nachgehen, ja aufgrund der Arbeit, die Sie in der Welt tun.

Sie können sogar den Prozess des sich Hineinbegebens ins Sein als Werkzeug benutzen, um zum rechten Lebenserwerb und zur rechten Lebensweise zu finden. Sie müssen nur wissen, was Sie »sein« möchten. Das heißt, welchen Seinszustand oder welche Seinszustände möchten Sie in sich, als und durch Sie erleben und zum Ausdruck bringen? Wenn Sie diese Entscheidung getroffen haben, lehnen Sie einfach jegliche Art von Aktivität in der Welt (und ganz gewiss jegliche Art von Beschäftigung) ab, die Sie nicht dazu führt, dies zum Ausdruck zu bringen.

Bring Licht in die Welt, ein Büchlein, das Sie in vierzig Minuten durchlesen können, erläutert, wie dieser Prozess im Speziellen funktioniert. Es erklärt, wie jemand dadurch zur Arbeit oder zum Job seiner oder ihrer Träume gebracht werden und sich so den rechten Lebenserwerb schaffen und die rechte Lebensweise aufbauen kann. Ich schrieb dieses Büchlein, um den vielen Bitten von Menschen überall auf der Welt zu entsprechen, die in den *Gespräche-mit-Gott*-Büchern über das Sein gelesen hatten und mehr davon verstehen wollten.

Es gibt Tausende von Menschen, die durch außerkörperliche Reisen das Sein erfahren haben, Geschichten, wie sie Jason, John und ich erzählt haben. Vielleicht kennen Sie jemanden, der einen solchen Moment erlebt hat. Vielleicht gehören Sie selbst dazu. Ich habe diese Geschichten hier mit aufgenommen, damit Menschen, die solche Erlebnisse hatten, alle Gefühle, die sie eventuell noch mit sich herumschleppen, irgendwie seltsam oder anormal zu sein, abschütteln können. Ich möchte es noch einmal wiederholen: Derartige Erfahrungen sind allgemein ziemlich verbreitet und ganz normal.

Doch nicht alle Momente der Gnade landen in solch spektakulärer Verpackung an der Schwelle unserer Seele. Manche kommen in winzigen Schachteln verborgen an. Sie sollen sich nicht ausgeschlossen fühlen und meinen, nie einen wirklichen Moment der Gnade in Ihrem Leben erfahren zu haben, nur weil Sie nicht so ein Erlebnis hatten, das Sie wie ein Blitzschlag traf.

Menschen, die Erfahrungen machten, wie Jason, John und ich sie beschrieben haben, unterscheiden sich nicht besonders von allen anderen – sind aber möglicherweise ein bisschen wissbegieriger! Ich frage mich oft, ob eine Person, die sich endlos innere Fragen über kosmische Realitäten stellt, nicht diese Art von Momenten der Gnade anzieht, über die wir hier sprechen. Aber weder ist sie die einzige Art, die es gibt, noch ist garantiert, dass sie die effektivste ist. Viele Menschen kehrten mit mehr Fragen als Antworten und verwirrter denn je von solchen Reisen zurück!

Gott findet viele Wege, um einen Moment der Gnade zu erschaffen, und es braucht keinen »Blitzschlag«, um ein elektrisierendes Resultat zu erzielen. Ein solcher Augenblick mag zu einer gewaltigen Lebensveränderung führen oder zu einer einfachen, sanften Einsicht. In beiden Fällen kann er eine enorme Auswirkung darauf haben, wie Sie den Rest Ihrer Tage verbringen.

Lassen Sie sich von Margaret Hiller aus Ashland in Oregon eine kleine Geschichte erzählen.

14

Das Heilige in jedem Augenblick sehen

Ein großer Lehrer brachte mir bei, dass die ganze Reise heilig ist – ganz gleich, wie sie sich ausnimmt. Ich nenne ihn den heiligen Antonius. Er ist ein kleiner Junge.

Anthony begann seine eigene Reise in sehr prekärem Zustand. Er wurde als drogensüchtiges Baby geboren, und seine Großeltern adoptierten ihn sofort, doch die Ärzte sagten, dass es eines Wunders bedürfe, um Anthony am Leben zu erhalten.

»Was meinen Sie mit Wunder? Was für eine Art von Wunder?«, fragte seine Großmutter.

Die Ärzte erklärten ihr, dass jemand dieses Baby, damit es weiterleben könne, die ersten beiden Jahre seines Lebens praktisch ununterbrochen in den Armen halten müsse. So lange würde es dauern, bis der winzige Körper durch Zuwendung und Pflege geheilt werde.

Ohne zu zögern sagte die Großmutter: »Nun, bei Gott, das kann ich doch machen!«

Und das machte sie auch.

Anthony lebte bei seinen Großeltern in einer wundervollen Umgebung. Er befand sich ganz buchstäblich in den

Armen der Liebe, und es wurde ihm von zutiefst spirituellen Menschen das Geschenk des Seins gemacht. Ab seinem ersten Tag auf Erden waren bedingungslose Liebe und Spiritualität Teil seines Lebens. Natürlich gedieh er in dieser Atmosphäre und war sehr glücklich. Er konnte nicht wissen, dass ihm zum zweiten Mal in seinem jungen Leben eine drastische Veränderung bevorstand – und der Wechsel zu einer neuen Familie.

Als Anthony sechs war, erkrankte seine Großmutter schwer an Krebs und starb. Ich gehörte zu der Gruppe, die sie bei ihrem Sterbeprozess unterstützte und begleitete, und verbrachte viele Nächte in ihrem Haus und viel Zeit mit Anthony. Er war natürlich traurig über das, was geschah, aber sein großes spirituelles Verständnis – schon mit sechs Jahren – gab ihm das Bewusstsein, dass sich seine Großmutter zu einem wundervollen Ort aufmachte, und so war es ihm möglich, sich auch für sie zu freuen.

Ein paar Monate später starb auch sein Großvater, und ich denke oft, dass die Ursache vielleicht ein gebrochenes Herz war. So manche Kinder hätte all das vielleicht am Boden zerstört, doch nicht so Anthony. Die unglaubliche Liebe, die er in den ersten Jahren seines Lebens bekommen hatte, muss ihm das Gefühl gegeben haben, in der Welt sicher zu sein, denn er stand diese schwierige Zeit auf bewunderungswürdige Art durch.

Sein Vertrauen und Glauben an die Welt wurden belohnt, denn wir erfuhren sogleich, dass seine Tante und ihr Mann eingewilligt hatten, ihn zu adoptieren, obwohl die beiden eigentlich beschlossen hatten, keine Kinder zu haben.

Da ich mit all den Umständen vertraut war, hatte ich das Privileg, Anthony auf seiner Reise zu seiner neuen Familie zu begleiten. Ich hatte das Gefühl, eine weise alte Seele zu übergeben, die ihren neuen Hütern ein Lehrer sein würde. Und Anthony belehrte auch mich. Seine Fragen und Ängste öffneten mich für meine eigenen Fragen und Ängste, und gemeinsam fanden wir inmitten einer traurigen Erfahrung Frieden in unserer Seele.

Wir mussten am Flughafen in Denver umsteigen, und unser Flugzeug hatte Verspätung. So hatten wir die große Freude, von einem Gate zum anderen zu rennen – und natürlich war es das Gate, das am weitesten weg war.

Ich nahm Anthony an der einen Hand, unser Bordgepäck in die andere, und dann spurteten wir den Gang entlang.

Ich rief den Leuten am Ticketschalter noch zu: »Ruft bitte den Schalter am Gate an, sagt ihnen, sie sollen das Flugzeug aufhalten.« Sie sahen mich an, als sei ich verrückt! Und natürlich hielten sie das Flugzeug nicht auf.

Anthony blickte auf in mein Gesicht (das keinen engelhaften Ausdruck zeigte, wie ich gestehe) und sagte: »Mawguet, haben wir einen Wenntag?«

Und ich erwiderte äußerst frustriert: »Ja! Genau das haben wir – einen Wenntag!«

Wir kamen gerade noch rechtzeitig an, um zu sehen, wie sich das Flugzeug rückwärts rollend vom Gate entfernte. (Sie kennen das Gefühl – macht wirklich Spaß, nicht wahr?) Anthony und ich wanderten zum Ticketschalter zurück und erfuhren, dass unser nächster Anschlussflug in fünf – ich wiederhole: fünf – Stunden ging.

Mein erster Gedanke (ich war in diesem Augenblick nicht wirklich in meinem heiligen Selbst) war: Was, ich muss fünf Stunden mit einem Sechsjährigen auf einem Flughafen verbringen? Gott, machst du Witze? Ich konnte mir nur vorstellen, dass es »interessante« fünf Stunden werden würden.

Und dann begann meine Lektion in Alles Ist Heilig.

Die Angestellte am Ticketschalter fragte uns: »Würden Essensgutscheine helfen?« Anthony streckte begeistert die Hand nach den Gutscheinen aus, als ob sie ein Lotteriegewinn wären! Ich war auf hundertachtzig und Anthony war entzückt, als wir unsere »fröhlichen Mahlzeiten« verspeisten, was insgesamt eine großartige halbe Stunde in Anspruch nahm.

Dann machten wir uns in den größtenteils leeren Wartebereich auf ... wo wir noch viereinhalb Stunden auf das Flugzeug warten durften. Ich sah dieser Erfahrung nicht besonders freudig entgegen, weil ich im Grunde nicht wusste, was ich in dieser Zeit mit einem Sechsjährigen unternehmen sollte. Und ich hatte vergessen zu fragen: »Worauf ist Gott bei dieser Erfahrung aus?« (Das ist die erste Regel, um zu sehen, wie sich das Heilige in allen unseren Erfahrungen im Leben entfaltet.)

Anthony jedoch machte das Warten gar nichts aus. Er widmete sich seinem Rucksack und zog all die Power Rangers, das Studentenfutter, die Malbücher und die Malstifte, die wir eingepackt hatten, heraus. Dann bildete er mit all diesen »heiligen Elementen« eine großen Kreis auf dem Teppichboden, legte sich bäuchlings mitten hinein und begann zu malen.

Ich dachte bei mir: Das wird ganze zehn Minuten dauern.

Tatsache ist, dass diese heilige Zeremonie die nächsten viereinhalb Stunden andauerte. Und die Geschichte wird noch besser.

194

In einem anderen Wartebereich gegenüber begann ein kleiner Junge zu weinen – die Art von Geheul, die besagte, dass er sich durch nichts, was seine Eltern unternehmen mochten, trösten lassen würde. Anthony stand auf, um zu dem heulenden Jungen hinüberzusehen und bedeutete ihm voller Eifer mit seinem Zeigefinger, zu ihm herüberzukommen.

Der kleine Junge kam, unter den wachsamen Blicken seiner Eltern, schüchtern und immer noch heulend auf ihn zu und blieb am Rande des Kreises stehen, den Anthony um sich aufgebaut hatte. Anthony sah ihn fragend an.

»Hast du keine Malbücher?«, wollte er wissen.

»Nein.« Der kleine Junge schniefte.

Anthony schien irgendwie überrascht. »Na gut!«, sagte er, riss eine Seite aus seinem Malbuch heraus, schob sie ihm zusammen mit ein paar Stiften über den Teppich zu und bedeutete dem kleinen Jungen, in den Kreis zu treten. (Interessanterweise betrat dieser den heiligen Kreis erst, als er dazu aufgefordert wurde.)

»Wie alt bist du überhaupt?«, fragte Anthony den kleinen Jungen.

Weiterhin schniefend und die Tränen mit dem Ärmel abwischend, antwortete dieser: »Drei.«

Anthony sah zu mir auf, rollte mit den Augen und flüsterte: »Das passt!«

Und während die Stunden vergingen, fanden weitere Kinder den Weg zu Anthonys heiligem Kreis, und ein jedes blieb am Rand stehen, bis es zum Eintreten aufgefordert wurde. Der Kreis wuchs und wuchs, seine Markierungen wurden immer wieder versetzt, um Platz für weitere Ankömmlinge zu schaffen.

Bald begannen sich auch die Eltern zu versammeln und mit Erstaunen dieser Szene zuzusehen. Wir vergaßen die Bücher, die wir gerade lasen, unsere Frustration wegen der Verspätungen und die verpassten Anschlussflüge. Wir wurden in den heiligen Moment hineingezogen, in den ewigen Augenblick, in dem keine Zeit existiert, nur Liebe, nur Frieden, nur was zählt.

In diesem Moment wurde mir klar, dass ich nie wieder solche heiligen Stunden mit dem sechsjährigen Anthony haben würde – eine dieser seltenen Gelegenheiten, wenn wir die geliebte Person sehen und uns ihrer Gegenwart bewusst sein können, egal unter welchen Umständen und ganz gleich, wer diese geliebte Person sein mag.

Dieser Tag brachte mir in Erinnerung, dass die ganze Reise heilig ist, dass jede Erfahrung zu unserer Unterweisung, zur Entfaltung des heiligen Selbsts und zur Feier dessen, wer wir wirklich sind, gedacht ist. Der »heilige Antonius« half mir, mich daran zu erinnern.

Ich freue mich berichten zu können, dass Anthonys Tante und Onkel, die wie schon gesagt eigentlich nie Kinder wollten, nun, da sie Anthony bei sich haben, ihr Leben als sehr viel vollständiger ansehen. Und dieses Kind wächst und gedeiht. Es gedeiht emotional, mental und spirituell!

Ich wünsche jedermann Segen auf seiner oder ihrer Reise – und denken Sie daran, Ihre Malbücher und Malstifte mitzunehmen!

Ja, denken Sie daran.

Ich möchte Margaret dafür danken, dass sie mir diese Geschichte geschickt hat. Sie und ihr Mann David gehören zu denen, die Die Einladung bereits akzeptiert haben. (Darüber werde ich Ihnen am Ende des Buches mehr erzählen.) Margaret und David gehen von Ort zu Ort, Kirche zu Kirche, Vortragssaal zu Vortragssaal, Mensch zu Mensch, um ihre persönlichen Erfahrungen mit kleinen Augenblicken, die große Wahrheiten in sich bergen, mit anderen zu teilen. Das, was ich Momente der Gnade nenne.

Diese Geschichte weist eine Menge wundervoller Lektionen auf. Der Gedanke, dass jeder Augenblick heilig ist und für uns wunderbare Schätze und große Belehrungen bereithalten kann, ist eine davon. Eine weitere ist die, dass Menschen (jeden Alters), wenn sie von tiefer Anteilnahme, Fürsorge und echter Liebe umgeben sind, eine unglaubliche Ausrüstung an die Hand bekommen, mit der sie die größten Herausforderungen des Lebens bewältigen können.

Die dritte Lektion ist: Sei die Quelle. Das ist eine ganz wesentliche Botschaft, die in den *Mit-Gott*-Büchern immer und immer wieder auftaucht. Wenn es etwas gibt, das Sie erleben möchten, dann seien Sie für eine andere Person die Quelle dieser Sache.

Ich denke nun nicht, dass Anthony dies bewusst tat (obwohl ich mir da gar nicht so sicher bin, spirituell wach wie er ist), aber ganz offensichtlich praktizierte er genau dieses Prinzip. Er wollte auf seiner Reise zu seinem neuen Zuhause die Erfahrung machen, keine Angst zu haben, dessen bin ich mir sicher. Und als er den kleinen Jungen im Wartebereich gegenüber weinen sah, nahm er dem kleinen Kerl und damit auch zugleich sich selbst die Angst.

So funktioniert dieser Prozess, und wenn Sie gelernt haben, ihn bewusst anzuwenden, haben Sie ein großes Geheimnis erlernt. Wenn Sie sich glücklich fühlen wollen, dann sorgen Sie dafür, dass sich eine andere Person glücklich fühlt. Wenn Sie in Begleitung und nicht einsam sein wollen, dann seien Sie einer anderen Person ein Begleiter oder eine Begleiterin und sorgen Sie dafür, dass sie sich nicht einsam fühlt. Wenn Sie Freude erleben möchten, dann machen Sie einer anderen Person eine Freude. Tatsache ist, ganz egal, was es ist, das Sie erleben oder erfahren möchten, der schnellste Weg dahin ist der, dass Sie es eine andere Person erleben oder erfahren lassen.

Warten Sie nicht darauf, dass die Welt Ihnen bringt, was Sie haben wollen. Seien Sie in dieser Sache die Quelle für einen anderen Menschen. Das war es, was Anthony in jenem Flughafen machte. Ich meine, welche Kinder wollen sich schon stundenlang langweilen? Er hält also andere Kinder davon ab, sich zu langweilen. Und raten Sie mal, wer sich auch nicht langweilt …

Darin liegt Magie. Dies ist eine Zauberformel.

Nun gibt es mindestens noch eine Lektion, die wir aus dieser kleinen Geschichte lernen können.

Wenn guten Menschen Schlechtes widerfährt (und vor allem, wenn es sich bei diesen guten Menschen um Kinder handelt), fragen wir uns oft, warum das Leben so sein muss, wie es ist. »Was ist hier los?«, fragen wir uns. Wir stellen die unendliche Liebe des Universums in Frage. Doch ich habe schließlich begriffen, dass die Seele ein wunderschönes Muster stickt.

Wenn wir die Stickerei von einer Seite betrachten, sehen wir nur einen Mischmasch aus Zickzacklinien und

Farben, der überhaupt keinen Sinn ergibt und eigentlich als hässlich zu bezeichnen ist. Von der anderen Seite betrachtet, lässt sie uns eine ganz andere Erfahrung zuteil werden. Wir erblicken die Schönheit des Musters, wir sehen das Wunder seiner Verschlungenheit und Verwobenheit, wir begreifen die Notwendigkeit des Mischmaschs.

Dr. Elisabeth Kübler-Ross, die berühmte Ärztin, Psychiaterin und Pionierin auf dem Gebiet der Trauer und des Verlusts, des Sterbens und des Todes, die eine große und beeindruckende Lehrerin ist, hat eine wundervolle Art, all das in den richtigen Kontext zu stellen. Sie pflegte zu sagen:

»Wenn ihr die Felsschluchten vor den Stürmen bewahrtet, würdet ihr nie die Schönheit ihrer bizarren Formen zu sehen bekommen.«

Ich habe das nie vergessen.

Dass ich die Chance hatte, als Mitarbeiter in ihrem Team eng mit Elisabeth zusammenzuarbeiten, war einer der großen Momente der Gnade in meinem Leben. Sie hat mit ihrem Mitgefühl, mit ihrem tiefen Verstehen der Bedingungen menschlicher Existenz und ihrer Liebe zur gesamten Menschheit die ganze Welt berührt.

Manchmal werde ich gefragt: »Gibt es Engel auf Erden? Wandeln Engel unter uns?« Dann antworte ich: »Ja! Ich kenne einen!«

Ich betrachte Elisabeth Kübler-Ross als einen Engel, der viele Leben geheilt hat.

Und David Hiller hatte ein Erlebnis, das in der Folge aus Elisabeths Arbeit erwuchs. Es ist ein wunderbares Beispiel dafür, wie die Dinge, die wir tun, in ihrer Erweiterung Tausende andere berühren können.

15

Es ist nie zu spät, gesegnet zu werden

Wenn Sie sich je in Ihrem Leben in irgendeiner Situation nicht willkommen fühlten, wissen Sie, wie niederschmetternd eine solche Erfahrung sein kann. Manche Menschen halten an dieser Enttäuschung lange fest. Und einige werden noch bis auf den heutigen Tag davon beeinflusst.

David Hiller fühlte sich bis vor kurzem auf Grund einer Erfahrung, die er mit neunzehn Jahren machte, außerordentlich unwillkommen, und das schmerzte ihn zutiefst. Dann ereignete sich kurz vor seinem zweiundfünfzigsten Geburtstag ein entscheidender Wandel in seinem Leben. Kürzlich erzählte er mir, wie er zustande kam. Hier hier ist seine Geschichte.

Im Juni 2000 nahmen meine Frau Margaret und ich an einer Konferenz im Unity Village in Kansas City teil, dem Hauptquartier der Unity Church. Wir boten einen unserer Heilungsworkshops an, den wir *Shifting into Miracle Thinking* (auf Deutsch: *Zum Wunderdenken übergehen*) nennen und in allen Kirchen im ganzen Land abhalten.

Wir waren wirklich sehr dankbar dafür, dass wir bei unserer Veranstaltung vielen Menschen bei ihrer bewegenden Hinwendung zur Heilung unterstützen und sie ihnen erleichtern konnten, doch ahnten wir nicht, dass später in der Woche die Reihe an mir sein sollte, geheilt zu werden. Es passierte, als wir am Workshop eines anderen Seminarleiters teilnahmen.

Der Workshop hieß *Coming Home* (Heimkehren) und wurde von Sky St. John, einem Geistlichen der Unity Church geleitet. Sky erzählte uns eine Geschichte, die Elisabeth Kübler-Ross erzählt hatte, als er bei ihr die Ausbildung zur Durchführung dieses Workshops machte. Eine Geschichte, die Sky das Herz aufgehen ließ (so wie auch mir das Herz aufging, als ich diese Geschichte hörte). Elisabeth hatte Folgendes erzählt:

In einer ihrer großen Workshopgruppen befand sich eine ganze Anzahl von Vietnamveteranen, und sie bat diese, sich in einen anderen Raum zu begeben, damit sie der restlichen Gruppe eine Prozedur erläutern konnte, bei der es um sie, die Veteranen, gehen würde. Also verließen die Veteranen den Raum und warteten, bis sie wieder gerufen wurden.

Elisabeth erklärte nun dem Rest der Gruppe, dass es an der Zeit für eine gewisse Heilung war. Diese Kerle hatten an einer Menge Kummer fest gehalten, an dem umfassenden Gefühl, nicht unterstützt oder geliebt zu werden, nicht willkommen zu sein, als sie aus Vietnam nach Amerika zurückkehrten. Nun wäre es Zeit, damit anzufangen, diese tief sitzenden Wunden zu heilen.

Sie bat die Gruppe, die Veteranen, wenn sie wieder in den Raum kamen, zu bejubeln, so als würden sie das erste

Mal heimkommen. Sie sollten die Männer auf liebevolle, eindrückliche und willkommen heißende Art feiern, ihnen zärtliche, heilende Worte zuflüstern, ihnen ganz viel Ermunterung geben und sie segnen – mit anderen Worten, sie auf eine Art zu Hause willkommen heißen, die sie im Kern ihres Seins berühren würde. Die Gruppe war damit einverstanden, und Elisabeth ließ die Veteranen wieder in den Raum holen.

Als sie hereinkamen, ließ die Gruppe sie hochleben und beklatschte sie, sang Lieder und ließ ihnen eine Menge an liebevoller Ermunterung und heilender Energie zukommen. Die Veteranen waren emotional so überwältigt, dass ihnen die Tränen übers Gesicht liefen. Es kamen in ihnen so starke Gefühle hoch, dass manche weinend auf die Knie fielen. Viele kam es hart an, die Segnung dieses Willkommens auszuhalten und in sich aufzunehmen. Und doch waren sie so dankbar, sie zu bekommen. Jemand begann auf dem Klavier Festzugsmusik zu spielen, und man bildete einen Kreis um die Veteranen.

Elisabeth bat die Männer, im Kreis herumzugehen und von jeder Person eine persönliche Botschaft der Segnung und des Willkommens in Empfang zu nehmen und umarmt und aufgemuntert und bejubelt zu werden. Einige der Veteranen waren so überwältigt, dass ihnen die Beine versagten. Also krabbelten sie auf Händen und Knien um diesem Kreis und erlebten auf gänzlich neue Weise eine Heimkehr. In der Gruppe blieb kein Auge trocken. Alle waren von dieser Heilungszeremonie berührt. Nicht nur die Veteranen erfuhren an jenem Tag Heilung, die ganze Gruppe wurde durch diese Erfahrung berührt und gesegnet.

Als Sky uns diese beeindruckende Geschichte auf seine sanfte und mitfühlende Art erzählte, gestand er, dass sie in ihm, als er sie hörte, das Bedürfnis weckte, selbst im Leben willkommen geheißen zu werden, ein Bedürfnis, das wir alle haben.

Und während er weitersprach, konnte die Gruppe seinen Wunsch spüren, uns zu dienen und auch uns eine solche Heimkehrerfahrung zu ermöglichen.

Sky fragte nun, ob wir uns ebenfalls jemals unwillkommen und nicht unterstützt gefühlt hätten, sei es von Seiten unserer Eltern oder anderer Personen. Ob wir uns ebenfalls je in irgendwelchen Situationen befunden hätten, in denen wir keine Anerkennung und Unterstützung bekamen.

Er erklärte, dass uns durch die Heimkehr-Prozedur die Gelegenheit geboten werde, unsere Erfahrungen des Unwillkommenseins in einen Segen zu verwandeln, unsere Wunden ein für alle Mal zu heilen – denn im Willkommenheißen steckt eine machtvolle heilende Medizin. Die Personen, die den heilsamen Segen des »Heimkehrens« erhalten wollten, wurden aufgefordert, sich im hinteren Teil des Saals zu versammeln. Alle anderen sollten nach vorne treten.

Es müssen an die hundertfünfzig Leute gewesen sein, die nach vorne gingen, um die anderen willkommen zu heißen. Da ich bei dieser Konferenz selbst Workshopleiter war, wollte ich natürlich nach vorne gehen und mich dem Begrüßungsteam anschließen. Doch in diesem Augenblick sagte eine leise innere Stimme in mir: David, du musst nach hinten gehen. Es gibt ein paar sehr wesentliche Dinge in deinem Leben, die du noch nicht geheilt hast, weil du dich nicht geliebt und unterstützt fühltest.

Die Botschaft war klar und klang wahr, also hörte ich auf sie und vertraute ihr. Ich ging nach hinten, obwohl ich gar nicht wusste, was ich sagen würde, wenn die Reihe an mir war. Eine Person nach der anderen trat ans Mikrofon und beschrieb dem »Empfangsteam« eine Situation, in der sie sich unwillkommen gefühlt hatte. Außerdem gaben sie dem Team gegenüber eine Erklärung ab wie: »Ihr steht für meine Eltern, meine Geschwister, meine Arbeitskollegen« oder wer auch immer an der Geschichte der betreffenden Person beteiligt sein mochte.

Wenn sie geendet hatte, machte sie sich auf den Weg nach vorne, und das Willkommensteam begann zu jubeln, zu applaudieren, die betreffende Person wurde in die Arme genommen und bekam eine Menge positive Unterstützung. Sky sagte dann: »Du bist nach Hause gekommen«, und das Herz des betreffenden Menschen wurde von starker heilender Energie berührt.

Während ich beobachtete, wie andere diese außerordentlich emotionale Erfahrung durchmachten, rückte der Zeitpunkt immer näher, an dem ich an der Reihe sein würde. Ich war mir immer noch nicht sicher, was ich sagen würde, hatte aber nach wie vor das Gefühl, dass die Teilnahme daran sehr wichtig für mich war.

Dann war ich dran und hörte, als ich zum Mikrofon ging, dieselbe innere Stimme sagen: David, du warst einer jener Vietnamveteranen, und du hast an den Erinnerungen und am Schmerz dieser Erfahrung viele, viele Jahre lang festgehalten. Du bist zu Hause nicht willkommen geheißen worden. Dein Land hat dich vergessen, und das schmerzt bis auf den heutigen Tag. Jetzt hast du deine Chance.

Ich nahm zitternd das Mikrofon in die Hand und keuchte hervor: »Ich war einer dieser Vietnamveteranen, und mein Land hat mich vergessen, als ich dort war, und ich fühlte mich bei meiner Rückkehr nach Hause nicht willkommen. Das hat mich lange Zeit verletzt und ich habe im Verlauf der Jahre auch in vielen anderen Veteranen diesen Schmerz gesehen, und es ist Zeit für eine Heilung, Zeit, dass ich geheilt werde.«

Die Gruppe brach in donnernden Applaus und Beifallsrufe aus! Leute aus dem Begrüßungsteam eilten auf mich zu, streckte ihre Hände aus, berührten mich und flüsterten: »Willkommen zu Hause. Wir sind so froh, dass du wieder da bist. Wir haben dich vermisst. Danke, dass du für den Rest von uns dort warst.«

Sky sauste zum Klavier und begann Musikstücke wie zum Beispiel »God Bless America« zu spielen. Auch mich überwältigten die Gefühle. Tränen rannen mir übers Gesicht. Ich sank auf die Knie. Ich konnte kaum gehen. Es war, als stünde die Zeit still. Es war ein so überwältigendes Gefühl. Ich werde es nie vergessen!

Jedes Mal, wenn ich mich wieder hochrappelte und weiter in die Gruppe vordrang, segneten mich weitere Menschen, nahmen mich in den Arm und hießen mich willkommen. Sky sagte: »Du kommst nach Hause. Du bist geliebt und willkommen.« Es berührte mich im Innersten meiner Seele. Jede meiner Körperzellen reagierte auf diese Erfahrung.

Ich zitterte und bebte, als ich durch die Gruppe ging, aber ich konnte buchstäblich spüren, wie der Schmerz aus meinem Körper wich. Die schwere Last, die ich so lange getragen hatte, wurde mir von den Schultern genommen.

Die Verletzung verschwand, als ich in den Armen der Liebe gehalten wurde. Ich konnte das Willkommen fühlen, das ich mir so sehr von meinem Land gewünscht hatte, und ich entschied, es in Empfang zu nehmen. Und was für ein Willkommen ich bekam!

Ich konnte die Tränen auf den Gesichtern der Menschen sehen, die mich segneten, und ich wusste, dass ihre Liebe und Unterstützung ehrlich waren. Es war die stärkste Heilung, die mir je in meinem Leben zuteil wurde.

Nach dem Workshop kamen viele Leute zu mir und erzählten mir Geschichten über die Erfahrungen ihrer Lieben in Vietnam und die Schwierigkeiten, mit denen sie sich bei ihrer Rückkehr konfrontiert sahen. Auch diese Väter, Mütter und Ehefrauen von Vietnamveteranen brauchten Heilung, Vergebung und Verständnis. Sie waren dankbar für die Erfahrung, mich willkommen geheißen zu haben, denn ich stand für ihre Lieben, die auch von ihrem Land willkommen geheißen werden mussten. Diese Menschen hatten es ebenso nötig, mich willkommen zu heißen, wie ich es nötig hatte, von ihnen willkommen geheißen zu werden!

Ich hatte nie gewusst, warum ich in Vietnam war, doch nun ergibt es für mich einen Sinn. Mein Ziel ist jetzt, andere dabei zu unterstützen, sich daran zu erinnern, dass es nie, nie, niemals zu spät ist, gesegnet zu werden, ganz gleich, woran wir festhalten, ganz gleich, wie die Umstände sind.

Es ist nie zu spät, zu Hause willkommen geheißen zu werden, geliebt zu werden, unterstützt zu werden, unsere alten Wunden und Erinnerungen zu heilen. Es ist nie zu spät! Vergessen Sie das nie. Woher ich das weiß? Weil es mir passiert ist. Und wenn ich von diesem Augenblick an irgendjemandes Herz berühren und ihm oder ihr helfen kann, sich dessen zu erinnern, dann werde ich es tun.

Ich danke Gott. Ich danke den Veteranen. Ich danke Sky St. John. Ich danke Elisabeth Kübler-Ross dafür, dass sie diese wunderbare Sache machte, die schon seit so vielen Jahren hätte getan werden müssen. Gott segne sie. Gott segne all die Veteranen. Und Gott segne Sie.

☆ ☆ ☆

Dies ist eine so herzerwärmende Geschichte, und sie sagt so viel so darüber aus, wie wundervoll das Leben sein kann, wenn wir einfach nur auf die kleinen Dinge achten, die wir füreinander tun, zueinander sagen und zum Ausdruck bringen können. Das sind absolut keine unwesentlichen, sondern im Leben der Seele ganz gewaltige Dinge.

Ich hoffe, dass ich nie zulassen werde, dass sich irgendjemand in meiner Umgebung unwillkommen fühlt, und ich hoffe, Sie werden es auch nie zulassen.

Seit Anbeginn der Zeit will jeder und jede von uns im Grunde nichts weiter, als lieben und geliebt werden. Und seit Anbeginn der Zeit tun wir als Gesellschaft nichts weiter, als diese Erfahrung praktisch unmöglich zu machen.

Wir haben alle möglichen religiösen Beschränkungen, Stammestabus, Gesellschaftsstrategien, Gruppenrichtlinien, Nachbarschaftsnormen, Grenzlinien, Gesetze, Prinzipien, Regeln und Vorschriften geschaffen, die uns sagen, wen wir wann, wo, wie und warum lieben dürfen und wen wir wann, wo, wie und warum nicht lieben dürfen.

Leider ist die zweite Liste länger als die erste.

In der Gestaltung der Erfahrung, die wir menschliche Liebe nennen, haben wir das Urteilen vor das Akzeptieren gestellt, das Verdammen vor das Mitgefühl, die Vergeltung vor die Vergebung und die Begrenzung vor die Freiheit. Mit einem Wort: Wir haben der Liebe Bedingungen aufgezwungen. Mit dieser Entscheidung haben wir sie all ihres Sinns beraubt, sie zu einer kompletten Fälschung gemacht, die mit wirklicher Liebe gar nichts zu tun hat.

Doch es ist noch nicht zu spät – es ist nie zu spät – dafür, dass sich unsere Herzen öffnen und wir das Geben und Empfangen von echter Liebe erfahren. Und das tun wir, wenn wie einander segnen.

Genau das ist David Hiller in der hier berichteten Geschichte widerfahren. Die Gruppe segnete ihn und fühlte sich selbst gesegnet. Dies geschieht immer, denn das Segnen ist die Vollendung des Kreises der Liebe.

Das Segnen wird etwas ganz Natürliches, wenn wir schließlich wissen, Wer Wir Wirklich Sind. So lesen wir in *Freundschaft mit Gott*:

> *Im Augenblick eurer totalen Erkenntnis (ein Augenblick, der jederzeit eintreten kann) werdet auch ihr so empfinden, wie ich immer während fühle: absolut freudig, liebend, akzeptierend, segnend und dankbar. Das sind die fünf Einstellungen Gottes, und ... das Übernehmen dieser Einstellungen in eurem jetzigen Leben kann und wird euch zur Göttlichkeit bringen.*

Lassen Sie mich Ihnen bitte noch einmal sagen, dass es nie zu spät ist, einen solchen Segen zu empfangen und niemals zu spät, ihn anzubieten. Sogar wenn unsere Herzen erst in den letzten Minuten unseres Lebens geheilt werden, kann es uns das Gefühl geben, dass unser Leben es wert war, gelebt zu werden.

Wenn wir gesegnet werden, fühlen wir uns akzeptiert, fühlen wir uns willkommen. Es begeistert mich, dass David Hiller diesen Prozess des »Heimkehrens« so schön und bewegend geschildert hat. Nun kann der Prozess seinen Weg von Elisabeth Kübler-Ross über Sky St. John und David zu Ihnen nehmen – zu allen von Ihnen, die Sie Heilarbeit oder helfende Arbeit leisten und eine Möglichkeit sehen, ihn in Ihr Programm, Ihre Aktivitäten, Ihre spezielle Ausdrucksform in der Welt einzubauen. Und machen Sie sich keine Sorgen wegen eines Plagiats. Niemand wird Ihnen böse sein, wenn Sie die Idee »klauen«. Im Gegenteil, es ist erwünscht.

Warum? Weil es jetzt an der Zeit ist, in großem Umfang alle Menschen zu heilen, die sich irgendwo unwillkommen fühlten. Ich bin von Menschen auf der ganzen Welt gebeten worden, die Botschaft von *Gespräche mit Gott* zu ihnen zu bringen. Von Oslo bis Kroatien, von Kopenhagen bis Johannesburg, von Toronto bis Tokio ist der Wunsch nach Liebe, die Suche nach Wahrheit, der Durst nach Verstehen, das Streben nach Heilung und das Verlangen nach tiefem Glück offenkundig.

Ich konnte es in den Ruinen von Machu Picchu und im Vatikan fühlen. Ich stand auf der Chinesischen Mauer und an der demilitarisierten Zone, die nach fünfzig Jahren noch immer Nord- und Südkorea voneinander trennt, und überall – überall – ist es dasselbe: ein Hunger nach Frieden und Harmonie und Einssein und, endlich, das Ende von allem, was uns trennt und zu Konflikten führt.

Kollektiv gesehen können wir auf der Ebene des Geistes noch immer nicht von unseren Urteilen lassen und auch keinen Weg entwickeln, um unsere Vorurteile, unseren Ärger und Groll und unsere eingebildeten Bedürfnisse beiseite zu lassen. Doch auf der Ebene des Herzens haben wir alle miteinander kein Problem, uns an einen Ort zu begeben, wo wir uns alle einig sein können: Die Menschen verschiedenen Glaubens, verschiedener Kulturen, verschiedener Hautfarbe oder sexueller Vorlieben, verschiedener Religionen oder politischer Überzeugungen – im Kern ihres Innern sind sie im Grunde alle gleich. Und obschon sie alle dann und wann, an dem einen oder anderen Ort, auf die eine oder andere Weise dazu gebracht wurden, sich gottlos und ganz und gar unakzeptabel zu fühlen, sollte es niemals, nirgendwo und auf keine Weise möglich sein, dass durch Intoleranz Menschen dazu gebracht werden, sich unwillkommen zu fühlen – und schon gar nicht in Gefahr. Nicht, wenn wir die sind, die wir zu sein behaupten. Nicht, wenn wir den Anspruch erheben, die am höchsten entwickelten Geschöpfe auf diesem Planeten zu sein, vom Universum ganz zu schweigen.

Unsere Herausforderung besteht jetzt, da wir ins erste Jahrzehnt des einundzwanzigsten Jahrhundert eintreten, darin, immer offener zu werden für neue Ideen, neue Möglichkeiten und neue Wege, einander und Gott – und Gottes viele Geschenke – zu verstehen.

Einschließlich ...

16

Die Gabe der Prophetie

Eines Morgens wachte Monique Rosales tränenüberströmt auf. Sie hatte geträumt, ihre liebe Mutter sei gestorben.

Ein Traum, der schon für sich genommen reichlich beunruhigend war, aber für Monique war er doppelt beängstigend, denn in der Vergangenheit hatten sich viele ihrer Träume bewahrheitet. Darunter auch ein Traum, in dem sie sich mit einem Mann wieder vereinte, den sie dreizehn Jahre lang geliebt, aber fast sechs Jahre lang nicht gesehen hatte. Sie wusste also gleich, dass sie bei ihrer Mutter anrufen und nachfragen musste.

»Mom? Ist mit dir alles in Ordnung heute Morgen?« Monique bemühte sich beiläufig zu klingen und sich ihre Gefühle nicht anmerken zu lassen. Diese Mischung aus Befürchtung und Beeindrucktsein war ihr inzwischen nur allzu vertraut. Warum hatte sie diese Fähigkeit zu träumen, was in Zukunft passieren würde? Ich weiß nicht, ob es ein Segen oder ein Fluch ist, dachte sie traurig.

»Natürlich, Liebes, warum fragst du?« Ihre Mutter wusste selbstverständlich um Moniques seltsame Fähigkeiten. Als sie den Hörer auflegte, fragte auch sie sich beunruhigt, was der Traum, den ihre Tochter ihr gerade erzählt hatte, wohl zu bedeuten hatte; gewöhnlich erwiesen sich Moniques Vorahnungen als zutreffend.

In der nächsten Nacht hatte Monique nochmals einen ähnlichen Traum. Dieses Mal rief sie ihre Mutter nicht an. Sie wollte sie nicht ernsthaft beunruhigen, da es nun schon zwei Träume gab, die ihren Tod vorhersagten.

Zwei Monate später wurde das Rätsel gelöst. Bei Moniques Mutter wurde Krebs in der linken Niere diagnostiziert – unheilbar.

»Mein Gott, Schatz, du hattest Recht«, hatte ihre Mutter gesagt. Monique fühlte sich wegen ihrer Gabe fast schuldig.

»Oh Mom, es tut mir so Leid …«

»Liebes, es ist nicht deine Schuld. Du hast nur gesehen, was kommt. Wenn überhaupt etwas, so hat es dazu beigetragen, dass all diese Nachrichten ein bisschen weniger schockierend sind. Bitte, hab kein schlechtes Gefühl deswegen.«

Monique pflegte ihrer Mutter während ihrer Krankheit und betete, dass Gott ihnen beiden die Stärke verleihen möge, diesen schmerzlichen Verlust zu ertragen. Nach nur wenigen Monaten war ihre Mom gegangen.

Monique vermochte ihre tiefe Traurigkeit nicht abzuschütteln und wälzte sich jede Nacht unruhig in ihrem Bett hin und her. Dass sie diese Träume hatte, machte es für sie nicht leichter. Wenn sie das nächste Mal wieder einen solchen Traum über einen Menschen hatte, den sie liebte, würde sie schon davor und nicht erst nach seinem Tod trauern, dachte sie.

»Gott, warum kann ich nicht eine gute Vision haben?«, fragte sie klagend.

Und dann hatte sie eine. Eines Nachts erschien ihr ihre

Mutter in einem Traum. »Ich bin glücklich und gesund«, schien sie zu sagen. Monique begann ruhiger zu schlafen.

Ein paar Jahre später, Monique lebte inzwischen in Deutschland, besuchte ihre Mutter sie wieder im Traum. »Du musst dich von einem Arzt untersuchen lassen, Monique«, sagte sie. »Du hast drei Zysten in der Nähe deiner Eierstöcke.«

»Werde ich sterben, Mama?«, fragte Monique.

»Nein, mach dir keine Sorgen. Aber geh sofort zu einem Arzt«, bekam sie zur Antwort.

Trotz dieser Versicherung wachte Monique in Panik auf. Da sie nur schlecht Deutsch sprach, bat sie eine Englisch sprechende Freundin, ihr zu helfen, einen Arzttermin zu bekommen. Die Zeit bis zum vereinbarten Tag verging nur sehr langsam.

Bei der Untersuchung versuchte Monique dem Arzt zu sagen, was sie von ihrer Mutter erfahren hatte. Auf den Schirm des Ultraschallgeräts blickend erwiderte er: »Ihre Mutter hat Recht. Das ist unglaublich. Wo lebt sie?«

»Im Himmel«, antwortete Monique.

»Was für ein Geschenk!«, sagte der Arzt und griff nach dem Telefon, um binnen einer Woche eine Operation anzuberaumen.

Drei Tage, bevor sie ins Krankenhaus musste, meditierte Monique sechs Stunden in absolutem Gebet. Sie war bereit. Als sie ihre Tasche für den Krankenhausaufenthalt packte, betete sie wieder. Trotz der Versicherung ihrer Mutter hatte sie Angst. Sie war allein und sprach nur wenig Deutsch. Aber auf Gott vertrauend begab sie sich in den Untersuchungsraum, wo noch einmal ein letzter Ultraschall vor

215

der Operation gemacht werden sollte, um die Zysten ganz genau zu lokalisieren.

Der Arzt begann mit seiner Ultraschalluntersuchung, aber bald wurde ein weiterer Arzt dazu gerufen. Sie schienen zu diskutieren und sich über irgendetwas in Bezug auf diese Untersuchung im Unklaren zu sein. Schließlich wurde ein dritter Arzt dazu gerufen. War Monique schon davor nervös gewesen, so geriet sie nun schier außer sich. Was konnte hier los sein? War irgendetwas schief gelaufen? Sie lag da, der Panik nahe. Ihr Herz raste wie wild! Wenn sie nur genug Deutsch könnte, um zu fragen, was los war.

Dann hörte Monique eine Stimme in ihrem Innern. Es war ihre Mutter.

Monique, es wird dir gut gehen. Gott hat dein Gebet gehört. Vertraue darauf, dass Gott dich in seiner Liebe bewahrt.

Monique atmete tief durch. Als schließlich eine Übersetzerin hereinkam, fand sie Monique verwirrt, aber ruhig vor.

»Offensichtlich hat sich an Ihrem Zustand etwas verändert«, erklärte die Übersetzerin. »Die Ärzte können keinen Hinweis auf Tumoren oder Zysten finden. Sie stehen vor einem Rätsel.«

Monique war perplex. »Was? Was erzählen Sie mir da?«, fragte sie.

Aber so war es. Die Ärzte schienen angesichts der Untersuchungsergebnisse fassungslos zu sein und erklärten mit Hilfe der Übersetzerin: »Normalerweise hätte es zumindest eine Spur von einer Zyste geben müssen, aber wir können keinen Hinweis darauf finden, dass Sie überhaupt krank waren. Die Zysten scheinen vollständig verschwunden zu sein.«

Von diesem Augenblick an hat sich Monique für die Wunder in ihrem Leben bedankt – einschließlich des Wunders ihrer sehr speziellen Gabe, wichtige Botschaften aus dem Höheren Reich zu empfangen – und dorthin zu schicken. Sie betet und bittet darum, dass sie von ihrer Gabe der Prophetie in einer Weise Gebrauch macht, die anderen eine Hilfe sein kann. Und vor allem dankt sie ihrer Mutter, dass sie weiterhin bei ihr ist und über sie wacht.

Wenn wir hören, dass Menschen solche Erfahrungen machen oder solche Fähigkeiten an den Tag legen, will unser Intellekt immer wissen: Gibt es wirklich so etwas wie mediale Fähigkeiten? In Band 1 von *Gespräche mit Gott* steht:

> *Ja, es gibt die Medialität. Du bist medial. Jeder ist das. Es gibt keine Menschen, die nicht über mediale Fähigkeiten verfügen, wie ihr sie nennt, sondern nur welche, die sie nicht nutzen.*
>
> *Der Gebrauch der medialen Fähigkeit ist nichts anderes als der Gebrauch eures sechsten Sinns.*

Aber Monique sagt hier, dass sie nicht nur Informationen erhält, die sich als mediale »Treffer« erweisen – Erkenntnisse oder Visionen von künftigen Ereignissen –, sondern auch direkte Mitteilungen von ihrer Mutter; eine, als sie noch immer wegen ihres Todes unter Schock stand, die andere Jahre später, als ihre Mutter kam, um sie zu warnen. Ist das denn möglich?

Dazu eine Passage aus GMG Band 3:

Du sprichst nun von der Kommunikation mit Geistern. Ja, ein solches Kommunizieren ist möglich ...

Geliebte Personen sind dir nie fern. Sie sind nie weiter weg als ein Gedanke, und sie werden immer da sein, wenn du sie brauchst, bereit, dir mit Rat und Trost beizustehen.

Wenn du dir große Sorgen machst, ob es einer geliebten Person gut geht, wird sie dir ein Zeichen, ein Signal, eine kleine »Botschaft« schicken, die dich wissen lässt, dass alles in Ordnung ist. Du musst sie nicht einmal herbeirufen, denn Seelen, die dich in diesem Leben geliebt haben, werden im Augenblick, in dem sie in deiner Aura auch nur die geringste Sorge oder Verstörtheit wahrnehmen, von dir angezogen und fliegen herbei ...

Und wenn du für sie offen bist, wirst du ihre tröstliche Gegenwart spüren.

Wenn wir begreifen, dass Moniques Geschichte gar nicht ungewöhnlich ist, sondern dass so etwas schon vielen Tausenden von Menschen widerfahren ist und auch genau in diesem Augenblick wieder geschieht, werden wir bereit sein, den Quantensprung zu vollziehen, nach dem sich die ganze Menschheit sehnt; jenen Sprung ins Morgen, wo wir uns selbst als Neue Menschen wiedererschaffen werden.

Es gibt heute Meister und Meisterinnen auf diesem Planeten, die diese Ebene erreicht haben. Sie waren an vielen

Orten und bei vielen Völkern Ausgestoßene, weil ihre Ansichten den Status quo erschüttern, weil sie uns zur Selbstprüfung veranlassen, uns auf alarmierend klare Weise zeigen, was wir einander antun – und wie wir damit aufhören können, wenn wir nur erkennen und akzeptieren würden, Wer Wir Wirklich Sind.

Es ist nun an der Zeit, unser voneinander Getrenntsein zu beenden. Wir müssen jene »zu Hause willkommen heißen«, die uns unsere eigene Großartigkeit enthüllen. In der Vergangenheit haben wir sie verspottet, kritisiert, gemieden – ja sogar gekreuzigt. Jetzt sind wir aufgefordert, zur Erkenntnis und zum Eingeständnis zu gelangen, dass die Gabe der Einsicht und Weisheit und ja, auch die Gabe der Prophetie, allgemein verbreitet ist.

So wie auch …

17

Die Gabe des Heilens

Wir sind Bill Tucker, der in der Nähe von Milwaukee in Wisconsin lebt, schon in Kapitel 2 begegnet. Er war jener ungläubige Manager einer Immobilienagentur, dem angesichts der schrittweisen Entfaltung von Mr. und Mrs. Johnsons Wunder vor Staunen die Kinnlade herabfiel. Bill erzählte mir, dass sein Leben seit jenem Tag buchstäblich von Wundern erfüllt war, und als er mir ein weiteres schilderte – eine verblüffende und eindrucksvolle Geschichte –, konnte ich nicht widerstehen, auch sie in diese Sammlung aufzunehmen, weil sie auf sehr dramatische Weise einen Punkt illustriert, um den dieses Buch kreist:

Es gibt Dinge, von denen wir keine Kenntnis haben, es gibt eine direkte Verbindung zwischen den Menschen und dem Göttlichen, und Erfahrungen mit dieser Verbindung kommen häufiger vor, als der Großteil unserer Gesellschaft bislang eingestand.

So wie ich hoffte, mit *Gespräche mit Gott* endlich die Illusion zu zerstören, dass Gott nicht mehr direkt zu den Menschen spricht, hoffe ich mit diesem Buch klar zu machen, dass das Außergewöhnliche allgemein verbreitet ist.

Wenn wir das erst einmal kapiert haben, werden wir auch

kapieren, dass unsere gesamte Auffassung vom Leben auf diesem Planeten bestenfalls ungenau, schief und unvollständig ist. Und dann werden wir ernsthaft anfangen, nach der wirklichen Geschichte zu suchen.

Diejenigen von uns, die viel in unser beschränktes und von Mängeln erfülltes Leben investiert haben und stark daran interessiert sind, dass es so weitergeht wie bisher, werden vielleicht ein bisschen Schwierigkeiten damit haben. Dagegen werden jene, die für unser kollektives Auftauchen als neue Menschen in einer neuen Gesellschaft bereit sind, diese Hinweise auf unsere Bereitschaft und unsere Fähigkeit, gemeinschaftlich diese Erfahrung zu erschaffen, begrüßen.

Jetzt gebe ich Bill Tucker das Wort, der eine zweite interessante Geschichte zu erzählen hat, dieses Mal mit seinen eigenen Worten …

☆ ☆ ☆

An einem kalten Februartag im Jahr 1990 rief mich meine Mutter aus dem St. Mary's Hospital in Milwaukee an.

»Du musst sofort hierher ins Krankenhaus kommen!«, bat sie mich flehentlich.

»Was ist das Problem?«, fragte ich.

»Deinem Vater ging es sehr schlecht, deshalb habe ich ihn in die Notaufnahme gebracht«, schluchzte sie ins Telefon, »und sie weigern sich, mit mir zu reden, solange du nicht auch da bist!«

Ich sprang ins Auto und fuhr im Eiltempo zum St. Mary's hinüber. Sie schickten mich hinunter in die Onkologie. Damals wusste ich noch nicht, dass die Onkologie die Abteilung für Krebskranke ist. Meine Mutter führte mich zum Arzt, und ich fragte ihn, warum er nicht mit ihr reden wollte.

»Weil ich sehr schlechte Nachrichten habe, und ich möchte, dass ein Familienangehöriger dabei ist, der ihr beistehen kann.«

»Okay«, sagte ich, »was ist das Problem?«

»Legen Sie den Arm um die Schultern Ihrer Mutter und halten Sie sie gut fest«, sagte er, und das tat ich. »Ihr Vater stirbt an Krebs … und wir können nichts mehr für ihn tun.« Meine Mutter schrie auf: »Oh Gott, neeeeiiin«, und war dabei, ohnmächtig zu werden. Ich hielt sie aufrecht.

»Können Sie nicht doch irgendetwas tun, Doktor?«, flehte sie.

»Es tut mir Leid, aber er hat über fünfzig Jahre geraucht, und achtzig Prozent seiner beiden Lungenflügel sind futsch. Wir können ihn nicht bestrahlen, weil bei der Bestrahlungsdosis und dem großen Bereich, den wir bestrahlen müssten, alle lebenswichtigen Organe zerstört würden. Wir können ihm auch keine Chemotherapie verabreichen, weil ihn vermutlich auch da die verabreichte Dosis umbringen würde. Damit würden wir nur erreichen, dass er sich in seinen letzten Tagen furchtbar krank und elend fühlt. Und wir können auch nicht operieren, weil wir ihm seine beiden Lungenflügel völlig entfernen müssten, und dann könnte er mit nichts mehr atmen.«

Meine Mutter hatte nun Angst und suchte nach irgendeinem Hoffnungsstrahl. »Wie lange hat er noch?«

Der Arzt zögerte und sagte dann langsam: »Es werden keine sechs Monate mehr werden …« Er bedeutete mir mit einem Nicken, meine Mutter wieder fest zu halten.

Ich begriff, dass noch weitere schlechte Nachrichten im Anmarsch waren.

»Doktor, wir haben für Juli einen Urlaub in Florida geplant«, sagte meine Mutter flehentlich. »Wird er dazu imstande sein?«

»Ich glaube, Sie verstehen nicht«, erwiderte dieser. »Es kann sein, dass Ihr Mann den Juli nicht mehr erlebt.«

Meine Mutter wandte sich mir mit weit aufgerissenen Augen zu, als würde sie das, was sie da hörte, verwirren. »Was sagte er, Bill?«

»Der Arzt versucht dir so schonend wie möglich beizubringen, Mom, dass Dad sehr viel früher als erst in sechs Monaten sterben wird.« Da stöhnte sie auf, sackte zusammen und wurde in meinen Armen ohnmächtig. Riechsalz brachte sie wieder zu sich.

Sichtbar zitternd bat sie den Arzt: »Bitte, Doktor. Sagen Sie es nur. Wie lange hat er noch?« Nickend gab ich ihm zu verstehen, dass es in Ordnung war, wenn er es ihr sagte.

»Nun … es lässt sich unmöglich vorhersagen … natürlich …« – ich schlug die Augen gen Himmel –, »aber ich glaube nicht, dass er in drei Wochen noch bei uns sein wird.« Dann fügte der Arzt eilends hinzu: »Aber wir können ihm etwas gegen die Schmerzen geben. Wir werden ihn wahrscheinlich auch etwas bestrahlen, aber das wird sich auf seine Lebensspanne nicht mehr auswirken. Es wird es ihm nur ein wenig leichter machen.«

Da wandte sich meine Mutter an mich und sagte: »Ich weiß, dass du eine besondere Beziehung zu Gott hast. Sohn, du musst deinen Vater retten!«

»He, Mom«, erwiderte ich. »Ich bin doch nicht Jesus Christus! Was kann ich denn tun?«

»Glaubst du, ich weiß nichts von den Wundern, die du in deinem Leben erfahren hast? Ich weiß, dass deine Tochter in wundersam kurzer Zeit von einer totalen Lähmung genesen ist«, sagte sie. »Und ich weiß von all dem Geld, das du durch Beten erhalten hast. Jetzt musst du deinen Vater heilen!«, beharrte sie.

Da traf ich eine Entscheidung. Meine Mutter hatte, was meine Tochter anging, natürlich Recht. Sie genas von einer fast völligen Lähmung – und ich war derjenige, der gesagt hatte, dass es so kommen würde. Und sie hatte auch Recht in Bezug auf das Geld. Ich bat Gott einmal, mir innerhalb von vierzehn Tagen eine Million Dollar zukommen zu lassen. Am vierzehnten Tag gab mir die Bank eine Million Dollar als Investition in eine Geschäftsidee, die ich hatte.

Auch in diesem Fall hatte ich jedermann erzählt, dass es so kommen würde. »Gott versagt nie«, hatte ich gesagt.

Also wusste ich, als ich da im Krankenhaus stand, dass es wieder einmal an der Zeit war, sozusagen den »Worten Taten folgen« zu lassen.

Ich wandte mich an den Arzt und sagte: »Okay, mein Vater ist jetzt geheilt. Er wird nicht sterben. Der Krebs ist verschwunden.«

Das hörte sich sicher völlig gaga an, aber ich war nicht gaga. Ich meinte es völlig ernst. Doch der Arzt starrte mich mit hervorquellenden Augen und offenem Mund an, als sei ich verrückt geworden. »Verdrängen wird hier nichts helfen, Sohn«, sagte er in ruhigem Ton. »Ihr Vater wird den Monat nicht überleben.«

»Doktor, Sie haben vielleicht keine Ahnung, womit Sie es hier zu tun haben, aber ich sage Ihnen, mein Vater ist von seinem Krebs geheilt.«

Und damit verließen meine Mutter und ich das Krankenhaus.

Ich dachte nicht mehr an die Sache. Da es eine »abgeschlossene Angelegenheit« war, hatte ich keinen Grund mehr, darüber nachzudenken, nachzufragen oder mir »Sorgen zu machen«, ob es sich als wahr erweisen würde oder nicht. Ich wusste, das Wunder hatte sich bereits ereignet, gleich ob nun irgendjemand von uns einen physischen Beweis dafür entdecken konnte oder nicht.

Sie bestrahlten meinen Vater ein wenig ... in der Tat überraschend wenig, dachte ich ... eine Dosis alle sechs Wochen über ein paar Monate hinweg. Er siechte dahin, besser gesagt, er »schleppte sich dahin«. Zugegebenermaßen war er noch ziemlich krank, als meine Eltern trotz allem im Juli nach Florida in Urlaub fuhren!

Im Oktober wurde ich als Navykommandant der Reserve im Zusammenhang mit der Operation Desert Shield, dem Vorläufer von Desert Storm, wieder zum aktiven Dienst einberufen. Die Navy entsandte mich nach Chicago, um einen anderen Kommandanten zu ersetzen, der nach Saudi-Arabien geschickt wurde.

Ende Februar 1991, der fünftägige Bodenkrieg war gerade beendet, bekam ich einen Anruf in meinem Büro bei der Navy. Es war der Onkologe meines Vaters. »Kommandant Tucker ... aus Milwaukee?«, fragte er zögerlich.

»Ja, hier ist Bill Tucker«, erwiderte ich.

»Gott sei Dank! Ich habe schon in der ganzen Navy herumtelefoniert, um Sie ausfindig zu machen!«, sagte er. »Sie werden es nicht glauben, aber ...«

»Natürlich werde ich es glauben, Doktor«, fiel ich ihm ins Wort.

»Nein, nein, hören Sie! Sie werden es nicht glauben, aber Ihr Vater ist … sein Krebs ist völlig verschwunden!«

»Natürlich ist er das«, erwiderte ich.

»Nein, nein, ich meine, er ist geheilt! Es ist ein Wunder!«, sprudelte er hervor.

»Wo sind Sie denn gewesen?«, fragte ich. »Das ist schon letztes Jahr im Februar passiert, da im Krankenhaus.«

»Was? Ich kann Ihnen nicht folgen …«

»Doktor, was Sie gerade erlebten, ist ein Wunder. Nicht im metaphorischen Sinn, nicht so, wie Sie das meinen. Im buchstäblichen Sinn. Erinnern Sie sich nicht an damals, als ich Ihnen sagte, dass mein Vater geheilt ist?«

»Ja, doch, aber ich meine, dies ist das Wunder … ich weiß nicht, wie ich es sonst nennen soll!«, rief er und begriff eindeutig nicht, was ich meinte.

Mein Vater ging die nächsten sieben Jahre regelmäßig zur Arbeit. Dann wurde er eines Tages wieder krank. Wir brachten ihn ins Krankenhaus, aber diesmal ins Columbia, denn sein Arzt arbeitete in beiden Krankenhäusern und hatte uns dorthin geschickt.

Als wir die Klinik betraten, kam sein Arzt auf uns zu, um uns an der Tür zu begrüßen. Den Arm noch um die Schultern meines Vaters gelegt, drehte er sich um und verkündete dann der ganzen in Hörweite befindlichen Belegschaft: »Alle mal herhören! Hier ist er! Der Wunder-Mann!«

Das Personal kannte offensichtlich die Geschichten, die man sich im Krankenhaus über die wunderbare Heilung meines Vaters erzählte, und brach in Applaus aus. Ich freute mich, dass diese medizinischen Profis bereit waren, die Möglichkeit eines spontanen Wunders anzuerkennen, war aber nicht so glücklich darüber, dass sie es mir zuzuschreiben schienen. Da ist noch viel Aufklärungsarbeit zu leisten, sagte ich mir.

Nachdem er meinen Vater untersucht hatte, rief mich der Arzt zur Beratung herein.

»Nun, ich fürchte, dieses Mal ist er dran«, sagte er niedergeschlagen. »Dieses Mal hat er ein Oat-Cell-Karzinom. Dieses kleinzellige Karzinom ist ein Krebs der schlimmsten Art, er wächst sehr rasch und ist gegen Behandlungen am resistentesten.«

»Machen Sie sich keine Sorgen, Doktor«, sagte ich. »Er ist schon davon geheilt.«

Der Arzt starrte mich mit zusammengezogenen Augenbrauen und missmutig schweigend an und dachte über meine Worte nach. Dann sagte er sehr betont: »Ich … glaube … diesmal … nicht.«

Ich kicherte. »Das letzte Mal haben Sie es auch nicht geglaubt, Doc. Was hat sich denn Ihrer Ansicht nach seither an Gott geändert?«

»He!«, rief er aus. »Ich will gar nichts gegen die Religion sagen. ›Hauptsache, es funktioniert‹ ist mein Motto. Aber eine Menge Leute haben den Glauben, und Gott heilt sie nicht alle vom Krebs.«

»Vielleicht bitten sie Gott nicht darum, Doktor. Haben Sie daran schon mal gedacht? Vielleicht sind sie einfach nur Fatalisten und belästigen Gott nicht mit einer solchen Bitte, weil sie ans ›Schicksal‹ glauben. Oder vielleicht bitten sie ihn, zweifeln aber in ihrem Herzen, dass Gott die Bitte erfüllt. Das würde dann mit Sicherheit alles zunichte machen. Aber schauen Sie mir in die Augen, Doktor. Sehen Sie irgendwelche Zweifel in mir oder Zweifel an meiner Überzeugung?«

»Nun, wir müssen einfach abwarten und sehen ...« Er ließ den Satz in der Schwebe.

»Das hört sich für mich nicht gerade sehr überzeugt an, Doktor. Sehen Sie, man muss im Voraus wissen – absolut wissen –, dass das Wunder bereits geschehen ist ... oder es kann nicht geschehen.«

Der Arzt lächelte nachsichtig. »Wie Sie sagen«, antwortete er ganz ruhig.

»Genau.« Ich erwiderte sein Lächeln. »Jetzt haben Sie es kapiert!«

In der nachfolgenden Woche teilte uns der Arzt mit, dass der Krebs verschwunden sei, und sah uns voller Ehrfurcht aus der Klinik marschieren.

Eine Woche später war Dad wieder da, und der Krebs war zurückgekehrt. Wieder sagte ich mein Gebet, und in der Woche darauf wurde mein Vater erneut für krebsfrei erklärt.

Doch ein paar Wochen später kam er wieder zurück. Wir wurden regelmäßige Besucher im Columbia Hospital.

Mit jeder Runde, die er zurückkam, schien der Krebs mehr und mehr von meinem Vater wegzunehmen. Seine Beine schwollen an, und das Gehen fiel ihm schwer. Sein Atmen wurde angestrengt. Ich konnte sehen, dass es ihm immer schlechter ging.

In den nächsten sieben Monaten verschwand der Krebs jedes Mal, wenn ich sagte, dass er verschwinden würde, kehrte dann aber zurück. Ich begann mich allmählich schuldig zu fühlen, so als ob ich in einen größeren Plan des Himmels eingreifen würde. Soll ich das denn ewig machen? Und ganz bestimmt will ich nicht, dass er so leidet, dachte ich bei mir.

Und dann dämmerte es mir. Es war so offensichtlich, dass ich mich genierte, nicht schon früher darauf gekommen zu sein.

Nicht ich war es, an den der Ruf erging.

Es war nicht mein Leben.

Es war nicht meine Verantwortung.

Es war Dads … und Gottes.

Also sagte ich zu Gott: »Bitte, lass ihn so lange bei uns bleiben wie möglich, aber wenn es deine und seine Zeit ist, dann nimm ihn bitte sanft hinweg.«

Mein Vater hatte den Arzt bei seinem letzten Besuch gefragt, ob er ihm helfen könne, noch ein paar Wochen am Leben zu bleiben.

»Es ist unser fünfzigster Hochzeitstag, Doc. Und den würde ich sehr gerne mit meiner Liebsten feiern.«

Der Arzt warf mir über Dads Schulter hinweg einen Blick zu und sagte dann mit einem Lächeln: »Ich werde mein Bestes tun.« Drei Wochen später feierten wir den fünfzigsten Hochzeitstag unserer Eltern.

Mein Vater war nun ans Haus gebunden und häufig bettlägerig. Seine geschwollenen Beine verursachten ihm viele Schmerzen. Als er nicht lange nach dieser Feier eines Tages aufstehen wollte, um ins Bad zu gehen, fiel er hin und seine Brille zerbrach. Ich half ihm auf und zurück auf die Bettkante. Er sah mich aus zutiefst kummervollen Augen an und sagte weinend: »Sohn, meine Zeit ist gekommen. Ich möchte nicht mehr in Schmerzen leben. Lass mich sterben. Bitte.«

Ich sah zum Himmel hinauf und dachte: Wir lieben diesen Mann so sehr, aber wir wollen ihn nicht hier behalten, wenn er nicht mehr leben möchte. Gott, dein Wille geschehe.

Dann mussten wir ihn ins Krankenhaus bringen.
Ein paar Stunden später verschied er.

☆ ☆ ☆

Wie all die wundervollen Geschichten, die hier erzählt werden, gibt auch diese auf schöne Weise Zeugnis von Gottes Liebe und von der Vollkommenheit, mit der das Leben durch alle Schöpfungen Gottes zum Ausdruck kommt.

Ein jegliches hat seine Zeit, und alles Vornehmen unter dem Himmel hat seine Stunde. Eine Zeit geboren zu werden und eine Zeit zu sterben. Eine Zeit zum Pflanzen und eine Zeit zum Ernten. Eine Zeit zum Weinen und eine Zeit zum Lachen.

Das Leben ist ewig. Es hat keinen Anfang und es hat kein Ende. Es gibt nur an verschiedenen Punkten eines nie endenden Kreislaufs verschiedene Ausdrucksformen. Der Tod ist eine Fiktion und existiert nicht wirklich, das Verscheiden aus dem Körper hingegen schon.

Der Zeitpunkt dieses Verscheidens ist bei uns allen immer perfekt. Als bei Bills Vater zum ersten Mal Krebs diagnostiziert wurde, war es für ihn noch nicht Zeit zu gehen. Wir mit unserem beschränkten Wahrnehmungsvermögen können das oft nicht erkennen.

Da mag es den Anschein haben, dass das Leben eines Menschen in seinem gegenwärtigen Körper fast zu Ende ist, wohingegen es für ihn in Wirklichkeit noch eine ganze Menge zu tun gibt.

Ein Mensch, der »ein Wunder bewirkt«, ist nur ein Mensch, der klar gesehen hat, der absolut weiß, was für den Moment angemessen ist, und der dieses in Anspruch nimmt, es hervorruft.

Es gibt viele Folgeergebnisse, die wir in Bezug auf einen gegebenen Augenblick wählen können. Es ist eine etwas zu komplizierte Angelegenheit, um sie ohne eine eingehende Diskussion des Wesens der Zeit voll und ganz erklären zu können.

Doch da wir uns hier aus Platzgründen kurz fassen müssen, will ich an dieser Stelle nur sagen, dass es so etwas wie die Zeit, wie wir sie kennen, im Grunde nicht gibt. Das heißt, die Zeit ist nicht etwas, das vergeht. Sie ist etwas, durch das wir hindurchgehen. So heißt es in Band 2 von *Gespräche mit Gott*:

> *Es gibt keine Zeit außer dieser Zeit. Es gibt keinen Moment außer diesem Moment. »Jetzt« ist alles, was es gibt.*

Der Ewige Augenblick des Jetzt birgt alle Möglichkeiten in sich. Er enthält alle denkbaren Resultate. Er lässt sich mit einer Computerspiel-CD vergleichen. Wenn Sie das Spiel spielen, erschaffen Sie nicht das Resultat, Sie wählen nur ein Resultat, und das durch einen äußerst komplexen Prozess, bei dem Sie alle anderen möglichen und bereits existierenden Resultate eliminieren.

Um es zu wiederholen: Bei diesem Prozess wird nichts erschaffen. Es wird lediglich etwas ausgewählt.

Und genau das passiert auch im Leben.

Das ist die Kurzfassung. Ausführliche Erörterungen des Phänomens der Zeit finden sich in Band 2 und 3 von *Gespräche mit Gott*. Es ist spannend und faszinierend, sie zu lesen. Der Punkt, um den es hier geht, ist folgender: Es ist möglich zu wissen, möglich, quasi zu fühlen, welches Resultat in irgendeiner gegebenen Situation und in irgendeinem gegebenen Moment Ihres Lebens angemessen ist. Vor allem wenn man älter wird (und deshalb mehr darin »geübt« ist, die »Vibes« des Lebens zu erfühlen), wird das allmählich zu einer ziemlich einfachen Sache.

Lassen Sie mich Ihnen nun erklären, was das alles mit der Geschichte zu tun hat, die uns Bill eben erzählte.

»Wunder« bewirken Sie, indem Sie lediglich das bereits existierende Resultat auswählen, das der gegenwärtigen Erfahrung im Ewigen Augenblick des Jetzt am angemessensten ist. Es ist nicht so, dass Sie hier ein Resultat erschaffen oder produzieren, sondern Sie suchen es aus, Sie wählen es einfach und geben dann ganz klar und entschieden Ihre Wahl bekannt.

Genau das taten Mrs. und Mr. Johnson, als sie Bill Tucker vor vielen Jahren an jenem späten Abend in seinem Büro zum ersten Mal begegneten. Und ihre Demonstration dieser Prozedur wird er nie vergessen. Der Bill Tucker, der Jahre später dem Arzt im St. Mary's Hospital in Milwaukee gegenüber trat, war nicht mehr derselbe Mann, dem die Johnsons begegnet waren. Er hatte sich dramatisch verändert. Hätte er damals gewusst, was er heute weiß, hätte er den Johnsons damals anders geantwortet. Als sie ihm erklärten, sie hätten Gott darum gebeten, über Nacht ein Haus zu bekommen, und erwarteten nun, es auch zu bekommen, hätte er zu ihnen gesagt: »Ich stimme Ihnen zu. Ich kann – ich werde – mir keinen Grund denken, warum nicht. Lasst uns loslegen!«

Mit der absoluten Weigerung, irgendeine andere Möglichkeit als das gewählte Resultat in Betracht zu ziehen, wird das Feld der Möglichkeiten für ein Wunder vorbereitet. Und mit der Weigerung, irgendetwas nach seinem äußeren Anschein zu beurteilen. Dies macht den Augenblick bereit für Magie.

Wenn Sie Wunder wirken wollen, müssen Sie darauf vorbereitet sein, zu ignorieren, was Sie mit eigenen Augen sehen, Sie müssen Ihre Ohren verschließen und Sie dürfen »nicht bei Verstand« sein. Wenn Sie Ihren Intellekt, wenn Sie Ihren logischen Verstand walten lassen, werden Sie sich aus dem Wunder herausdenken. Wenn Sie Wunder wirken, tun Sie das Undenkbare.

Nun, um irgendetwas davon tun zu können, müssen Sie das Ganze verstehen. Sie müssen verstehen, dass die Realität nicht das ist, was sie zu sein scheint. Sie müssen sich darüber im Klaren sein, dass wir quasi in einer Welt der »Alice im Wunderland« leben, in der wir alle unser Leben auf die Übereinkunft gründen, dass das Wirkliche nicht real und das nicht Wirkliche real ist. Und Sie müssen verstehen, dass wie im Wunderland jedermann alles erfindet. Doch nun kommt das, was sie einem nicht erzählen: Derjenige, der am überzeugendsten ist, bekommt am wahrscheinlichsten seinen Willen.

Bill Tucker hätte das vielleicht nicht so formuliert – und Mrs. Johnson schon gar nicht –, aber das ist der Prozess, mittels dessen beide Wunder in ihrem Leben bewirkt haben.

Als der Arzt Bills Mutter erklärte, dass ihr Mann »in drei Wochen nicht mehr bei uns sein« würde, klang er sehr überzeugend. Und für einen Augenblick sah es so aus, als würde der Arzt sagen können, was real ist und was nicht.

Aber Bills Mutter hatte ihren Sohn schon früher in Aktion gesehen und wandte sich deshalb rasch an ihn: »Mach was!«, sagte sie.

Bill, der die Wahrheit der Situation erkannte (nämlich dass andere nicht unbedingt diejenigen sein müssen, die darüber entscheiden, was real und was nicht real ist), wählte einfach etwas anderes. Er wählte ein anderes Endergebnis. Und dabei ignorierte er alle Phänomene äußeren Anscheins. Er schenkte dem, was er sah, was er hörte oder auch dem, was sein »logischer Verstand« vielleicht dachte, keinerlei Aufmerksamkeit.

Bill begriff, dass alle Möglichkeiten im Ewigen Moment des Jetzt existieren, dass absolut keine Möglichkeit ausgeschlossen war, und dass er nichts weiter zu tun brauchte, als das Ergebnis seiner Wahl zu verkünden.

Seine Aufgabe bestand nicht darin, ein Resultat zu erschaffen, sondern darin, eines aus den vielen, die bereits erschaffen waren, auszusuchen und es zu verkünden.

Und was brachte ihn dazu, dieses und kein anderes zu wählen?

»Ein jegliches hat seine Zeit, und alles Vornehmen unter dem Himmel hat seine Stunde.«

Ich glaube, dass Bill auf einer sehr hohen, vielleicht überbewussten Ebene die Schwingungen des Moments erfühlte und ein Ergebnis mit gleicher Schwingung fand. Er suchte das heraus, das passte. Er rief eine Erfahrung auf, die dem Moment angemessen war. Das heißt, eine, die sich in Einklang befand mit allem, was da vor sich ging.

Dann hielt er an dieser Wahl fest. Er rief sie ganz bewusst auf, gab sie kühn bekannt, proklamierte sie und wechselte dann seine Perspektive, um in sich jede andere Sichtweise in dieser Angelegenheit zu eliminieren.

Denken Sie daran, Perspektive ist alles.

In GMG Band 3 lesen wir:

> *Nimm eine andere Perspektive ein, und du wirst über alles anders denken. Auf diese Weise lernst du, deine Gedanken zu kontrollieren, und kontrolliertes Denken bedeutet beim Erschaffen deiner Erfahrung alles.*
>
> *Manche Menschen nennen das ständiges Gebet.*

Als sein Vater Jahre später erneut erkrankte, und das, obgleich Bill fortgesetzt ein anderes Ergebnis wählte, immer wieder, wandte er sich wiederum nach innen und erspürte die Schwingung. Und er war sensibel genug zu merken, dass die Schwingungsfrequenz seines Vaters nun eine andere geworden war und nicht mehr in Einklang mit dem Ergebnis stand, das Bill immer wieder wählte.

Wiederum möchte ich sagen, dass Bill (oder irgendjemand sonst, was das angeht) vielleicht nicht auf diese Art darüber sprechen würde. Aber ich glaube, dass im Grunde genau das geschehen ist.

Etwas traditioneller religiös gesprochen würde Bill vielleicht sagen, dass er »Gott gefragt« habe, was er tun solle, und dann das Bedürfnis, eine Antwort zu finden, aufgegeben und sich stattdessen in »Gottes Wille« ergeben habe.

Die traditionelle Religion sagt auch, dass die Chancen für ein Wunder umso besser stehen, je mehr Menschen man dazu bringen kann, dafür zu beten. Ich halte das für ausgesprochen wahr. In GMG Band 1 wird dieser Punkt direkt angesprochen:

Ähnlich finden große Gemeinden oder Versammlungen in der kollektiven Gedankenkraft (oder das, was manche Leute gemeinsames Gebet nennen) zu einer wunderwirkenden Kraft.

Und es muss klargestellt werden, dass auch Einzelpersonen, wenn die Kraft ihrer Gedanken (ihr Gebet, ihre Hoffnung, ihr Wunsch, ihr Traum, ihre Angst) über eine außergewöhnliche Stärke verfügt, von sich aus solche Resultate bewirken können.

Mrs. Johnson zeigte Bill Tucker, was ein erstaunlich starkes Gebet zu bewirken vermag, und Bills ganzes Leben änderte sich dadurch. Er beschloss auf der Stelle, auch tun zu können, was Mrs. Johnson konnte, und er hatte Recht.

Wir alle können das. Wenn wir anfangen zu verstehen, wie das Leben funktioniert, haben auch wir Zugang zu dem, was mein Freund Deepak Chopra das Feld der Unendlichen Möglichkeiten nennt. Deepak wurde einmal gefragt: »Verfügen wir über freien Willen, oder ist unser Leben vorherbestimmt?« Und er antwortete: »Beides stimmt, es hängt von deiner Bewusstseinsebene ab.«

Er hat Recht. Das Bewusstsein erzeugt die Perspektive. Die Perspektive erzeugt die Erfahrung. So wirken Sie auf die Schwingung ein.

In *Gespräche mit Gott* steht, »alles im Leben ist Schwingung«. Ich habe tatsächlich gesehen, wie die Schwingung auf den Grundstoff des Lebens einwirkt. Ich habe beobachtet, wie sie reine Energieteilchen auf subatomarer Ebene pulsieren lässt. Gott musste nicht viel sagen, um mich zu überzeugen.

Wenn nun alles im Leben schwingende, pulsierende Energie ist, dann können einfach durch die Kultivierung der Fähigkeit, »die Schwingung wahrzunehmen«, erstaunliche Dinge getan werden. Genau das machen »Sensitive«. Das machen »Heiler«. Und es ist etwas, das wir alle können.

Üben Sie sich darin, auf die Schwingungen des Lebens zu hören.

Erst müssen Sie sich vielleicht darin üben, ihr »Empfangsinstrument« (ihren Körper und Geist) dazu zu bringen, still zu sein. Wenn Sie nicht gewöhnt sind, lange Zeit still zu sein und nichts anderes zu tun, als sich dem Augenblick zu öffnen, können Sie an einem Meditationsseminar teilnehmen oder irgendeines der hundert Bücher zu diesem Thema lesen.

Wenn Sie gelernt haben, Ihren Geist zur Ruhe zu bringen, haben Sie einen Kanal zum Göttlichen geöffnet. Sie werden bald sensibler für die Schwingungen von allem sein. Bestimmte Nahrungsmittel weisen eine bestimmte Schwingung auf, schwer oder leicht, und Sie werden merken, dass Sie Ihr Essen danach auswählen, ob sich die Schwingung dieser spezifischen Nahrung in diesem speziellen Augenblick mit Ihrem inneren persönlichen Schwingungsgefühl in »Einklang« befindet. Ebenso verhält es sich mit der Kleidung. Und ja, mit Menschen.

Und schließlich mit der ganzen »Gestalt«. Sie fangen an, die Schwingungen der Gesamtsituation, in der Sie sich befinden, wahrzunehmen. Und wenn Sie hineinhorchen und hinaushorchen, werden Sie allmählich die Schwingungen der Gesamtsituationen wahrnehmen, in der sich andere Menschen befinden. Und wenn diese noch nicht gelernt haben, innerlich still zu werden, könnte es sein, dass Sie die Schwingungen ihrer Umstände tatsächlich besser erfühlen als die Betroffenen selbst.

Dann sagen andere, dass Sie »sensitiv« oder »medial« sind. Sie haben aber nur die Schwingung einer Wahl aufgenommen, die jemand anders im Raum aus dem unendlichen Feld der Möglichkeiten getroffen hat. Nichts weiter tun die sensitiven oder medialen Personen. Nichts weiter tun die spirituellen Meister und Meisterinnen – auf einer sehr viel höheren Ebene.

Das ist alles, aber es ist reichlich. Denn wenn Sie sich selbst dazu trainieren können, in dieser Weise Informationen aufzunehmen, verfügen Sie über ein unglaublich wertvolles neues Werkzeug, das Sie für die Gestaltung ihrer eigenen Erfahrungen einsetzen können.

Doch manchmal erzeugt unsere illusionäre Welt zu viele »Störungen«, als dass wir die Schwingung aufnehmen könnten, die uns darüber informiert, was vor sich geht, was dem Moment angemessen ist. Dann müssen wir uns auf gröbere motorische Fähigkeiten verlassen, um unseren Weg durchs Leben zu gehen. Eine harte Tour. Wir müssen sehr viel mehr sehr schwere, dichte Energie (namentlich unseren Körper) hin und her bewegen. Das Leben beschert uns vielleicht allzu viele atmosphärische Störungen und unsere »Feineinstellung« ist nicht in Ordnung. Dann sind wir nicht so klar, wie Bill Tucker es war, als er in sich hineinhörte und fragte, was er in Bezug auf seinen Vater tun solle.

Wenn wir nur wüssten, was wir tun sollen! Komm schon, Gott, gib uns ein Zeichen, sagen wir. Aber glauben wir, dass Gott es tatsächlich tut? Ich meine, der Monarch-Schmetterling auf Janice Tookes Hand war doch reiner Zufall, oder? Gott gibt uns doch nicht wirklich auf Befehl »ein Zeichen«!

... oder tut sie es doch ...

18

Wirklich ein »großartiges« Zeichen

Vor vier Jahren fasste Susan den Entschluss, ihrem Alkoholismus den Krieg zu erklären. Sie hatte es satt, andere zu verletzen ... und sich selbst. Das exzessive Trinken hatte in allen Lebensbereichen seinen Tribut gefordert. Sie war krank, verängstigt, deprimiert, übergewichtig und sehr, sehr pleite. Sie hatte eine riesige Schuldenlast, ein Apartment, für das sie eine zu hohe Miete zahlte und ein äußerst bescheidenes Einkommen. Eine gute Sache gab es allerdings. Sie hatte seit sechs Wochen keinen Alkohol mehr getrunken.

Susan hatte sich vor kurzem den Anonymen Alkoholikern angeschlossen. Ihre Vertrauensperson war eine wundervolle Dame, die immer für sie da war, wenn sie sie brauchte. Susan nahm regelmäßig an den Treffen teil und hatte sich bewusst dazu entschieden, Gott den Albtraum managen zu lassen, der in den letzten Jahren ihr Leben gewesen war. Sie hatte das Gefühl, dass es jetzt Zeit war, in etwas Größeres als sie selbst Vertrauen zu setzen. Es war der einzige Weg, wie sie mit all dem fertig werden konnte.

An diesem speziellen Freitag war Susan auf dem Weg

zum Geldautomaten an der Ecke, um die letzten siebzig Dollar, die noch auf dem Konto waren, abzuheben. Noch acht Tage bis zum Zahltag, dachte sie verzweifelt. Mit diesen siebzig Dollar musste sie Nahrungsmittel und Zigaretten kaufen und ihre Busfahrkarten bezahlen.

Mit einen Kloß im Hals und niedergeschlagen, weil sie keine andere Möglichkeit hatte, drückte sie auf die entsprechenden Tasten, zog die Scheine aus dem Schlitz und stopfte das Geld in ihre Brieftasche. Dann machte sie sich zu Baskin-Robbins auf. Eiscreme war jetzt ihre neue Sucht geworden. Vielleicht würde sie ihr helfen, ihre Probleme für ein paar Augenblicke zu vergessen.

»Ich möchte eine doppelte Portion Jamoca Almond Fudge«, sagte Susan zu dem Mädchen hinter der Theke. Vielleicht konnte das ihr Mittagessen sein, dachte sie.

»Das macht 2,75 Dollar«, sagte die Angestellte und reichte ihr die köstlich aussehende, hoch beladene Eistüte.

Susan öffnete ihre Brieftasche und suchte nach der Zehndollarnote, die sich ihres Wissens nach hinter den drei Zwanzigdollarnoten befinden musste. Nur dass da keine drei Zwanzigdollarnoten waren. Da waren nur zwei … zusammen mit einem Zehndollarschein.

Und einer Eintausenddollarnote.

Susan stockte der Herzschlag. Hatte sie richtig gesehen?

Das Mädchen hinter der Theke wiederholte »2,75 Dollar bitte«, und wurde ein bisschen ungeduldig.

Susan sah sie ausdruckslos an. Sie versuchte, zu Atem zu kommen. »Ach ja, gewiss. Entschuldigung.« Sie zog die Zehndollarnote heraus und reichte sie ihr hinüber. Das Mädchen ging, um das Wechselgeld zu holen.

Der Geldautomat hatte ihr eine Tausenddollarnote statt

eines Zwanzigers gegeben! Susan war perplex. Sie konnte ihr unglaubliches Glück kaum glauben! Als das Mädchen ihr das Wechselgeld zurückgegeben hatte, machte sie sofort kehrt, eilte aus dem Laden und warf das Eis in einen Abfallkorb. Ihr Appetit darauf war plötzlich verflogen.

Und obwohl Susan wusste, dass es ... nun, Unrecht ... war, dachte ein Teil von ihr daran, das Geld zu behalten. Ich könnte die Telefonrechnung bezahlen. Oder einen neuen Mantel für den Winter kaufen, oder endlich die überfälligen Kreditkartenforderungen begleichen.

Ein anderer Teil von ihr sagte, das Geld gehört dir nicht, es wäre nicht ehrlich, es zu behalten; und deine Nüchternheit hängt von deiner Ehrlichkeit ab.

Susan hatte sich mit ihrer Vertrauensperson verabredet, sie wollten am Abend gemeinsam zu einem Treffen gehen. Sie ging die acht Blocks zu Fuß und diskutierte unterwegs mit sich selbst. Wenn sie mit ihrer Vertrauensperson über das Geld sprach, würde sie verpflichtet sein, es zurückzugeben, das war Susan klar. Wenn sie sich jedoch dazu entschloss, ihr nichts zu sagen, würde sie das Geld behalten und lügen.

Susan wollte nicht lügen ... aber sie wollte auch nicht das Geld zurückgeben. Sie brauchte es wirklich äußerst dringend. Konnte es nicht einfach als ein Geschenk des Universums angesehen werden? Sie bemühte sich wirklich, ein Behalten des Geldsegens zu rechtfertigen.

Oh Gott ... was soll ich tun?, fragte sie sich innerlich. Sag mir, was ich tun soll. Gib mir ein Zeichen, flehte sie.

Als Susan beim Haus ihrer Vertrauensperson ankam, war ihr klar geworden: Ohne deren Hilfe würde sie es nicht schaffen. Sie wusste, sie musste es ihr sagen.

Sie saßen auf den zur Straße hin gelegenen Verandastufen. Es dämmerte. Susan erzählte ihre Geschichte und berichtete auch von ihren Gedanken, das Geld zu behalten, und ihrem inneren Zwiespalt.

Als sie fertig war, sagte ihre Vertrauensperson ganz ruhig: »Nun, Susan, das ist ein ziemliches Dilemma.«

Susan nickte traurig.

»Eintausend Dollar könnten dir im Moment wirklich finanziell helfen«, fuhr die Frau fort.

»Das kann man wohl sagen«, pflichtete ihr Susan bei. »Aber wenn ich es behalte, wird es zu einem weiteren Grund, mich schuldig zu fühlen. Und solche Gründe habe ich schon genug in meinem Leben.«

»Wirklich?«, fragte ihre Vertrauensperson.

Susan sagte nichts darauf. Eine Weile lang saßen sie einfach da und sahen zu, wie die Sterne am abendlichen Himmel sichtbar wurden. Dann durchbrach Susan das Schweigen.

»Ich werde das Geld zurückgeben. Es ist das Richtige, oder?« Doch sobald sie dies gesagt hatte, bekam sie schon wieder Zweifel. »Ich meine, es ist das Einzige, was ich tun kann, oder? Ach, wenn Gott mir bloß ein Zeichen geben würde, dann wüsste ich es!«

Ein bestätigendes Zeichen vom Universum konnte sie jetzt wirklich gut gebrauchen.

In diesem Moment wandte ihre Vertrauensperson den Blick vom Himmel und sah im Vorgarten einen kleinen Gegenstand liegen. Sie ging hin, um ihn aufzuheben, und ihr Gesicht verzog sich zu einem breiten Lächeln.

»Hier ist dein Zeichen.«

Sie reichte Susan einen kleinen glänzenden Gegenstand.

»Hier sind deine tausend Dollar.«

Es war ein Schlüsselanhänger ... in Form einer Miniaturkopie von einer Eintausenddollarnote! Susan hielt den Atem an. Er war schon ein bisschen ramponiert, und wer weiß, woher er kam oder wie lange er dort schon gelegen hatte, aber er hatte dennoch für Susan dort gelegen. Ihr Herz setzte zum zweiten Mal an diesem Tag einen Moment lang aus. Wenn man von einem Zeichen redet!, dachte sie und hätte beinahe laut aufgelacht. Sie lächelte ihre Vertrauensperson an und ließ den Anhänger in ihrer Tasche verschwinden.

Am nächsten Tag gab sie das Geld zurück.

Bis zum heutigen Tag zählt dieser kleine Anhänger zu ihren wertvollsten Besitztümern. Er erinnert sie daran, Gott zu vertrauen. Sie hat die Entscheidung getroffen, ihr Leben im Vertrauen darauf zu leben, dass das Universum ihr das zukommen lässt, was das wahrhaft Beste für sie ist.

An jenem Freitag hätte Susan gesagt, dass die tausend Dollar genau das waren, was sie brauchte, um aus ihrer finanziellen Misere herauszukommen, aber das stimmte nicht ganz. Was sie wirklich brauchte, war Vertrauen.

Gott zu vertrauen.

Anderen zu vertrauen.

Sich selbst zu vertrauen.

Vertrauen war die langfristige Lösung, entschied sie an jenem Tag. Und Susan suchte eine langfristige Lösung.

Jetzt, vier Jahre später, ist Susan finanziell abgesichert. Sie hat eine besser bezahlte Arbeit, hat fünfunddreißig Pfund abgenommen, hält sich fit, hat das Rauchen aufgegeben und das Beste von allem, sie ist nach wie vor trocken. Sie ist mit einem wunderbaren, freundlichen, klugen und lustigen Mann verheiratet, mit dem sie ein spirituelles Leben teilt. Und Gott kommt noch immer jeden Tag in vielerlei Formen zu ihr.

Oh, und dieser Schlüsselanhänger?

Meinen Sie nicht, dass er sie überallhin begleitet?

☆ ☆ ☆

Okay, okaaay. Also Gott *gibt* uns auf Befehl ein Zeichen. Aber das Zeichen kann uns nicht sagen, was das »richtige« Handeln ist, es kann uns nur unsere Optionen erkennen lassen. »Zeichen« von Gott können uns oft so verblüffen, dass wir im Kopf klar werden. Sie können unsere eigenen Werte für uns sichtbarer werden lassen.

GMG sagt: »Jeder Akt ist ein Akt der Selbst-Definition.«

Das ist es, was wir hier auf Erden tun. Darauf sind wir aus. Wir befinden uns in einem fortwährenden Akt des Definierens von uns selbst, um uns dann wieder in unseren nächsten Versionen aufs Neue zu erschaffen. Und hoffentlich ist es die großartigste Version der größten Vision, die wir je von Wer Wir Sind hatten. Doch dafür gibt es keine Garantie.

Susans Dilemma ist unser Dilemma. Was ist richtig? Was ist falsch? Doch in den *Mit-Gott*-Büchern findet sich immer und immer wieder die Aussage, dass es so etwas wie »richtig und falsch« nicht gibt. Das sind relative Begriffe, und die Menschen haben im Verlauf der Jahre ihre Ansichten darüber, was nun was ist, immer und immer wieder geändert.

Ist es zum Beispiel falsch, Geld zu nehmen, das Ihnen

nicht gehört? Nun, wenn Sie Susan sind, denken Sie vielleicht, dass es falsch ist. Sind Sie aber Robin Hood, dann halten Sie es möglicherweise nicht für falsch. Natürlich würden so manche sagen, Robin Hood bestahl die Reichen und gab es den Armen. Aber ist es nicht so ziemlich das Gleiche, wenn Sie Geld, das einer riesigen Bankgesellschaft gehört (die sich, so könnte man durchaus anführen, mit Hauen und Stechen und Horten und Betrügen nach oben geboxt hat) behalten und es einer armen Person geben, nämlich Ihnen selbst? Muss diese arme Person jemand anders sein, damit so etwas in Ordnung ist?

Wie steht es mit dem Mann, der stiehlt, um seine Familie zu ernähren? Wie steht es mit dem Mann, der stiehlt, um sich selbst zu ernähren?

Ich denke, die Lehre, die wir aus der Geschichte ziehen können, ist nicht, dass Susan »recht« daran tat, die tausend Dollar zurückzugeben, sondern dass ihr Entschluss, sie zurückzugeben, sie sich gut fühlen ließ. Sie entschied, dass es nicht der höchsten Version ihrer selbst entsprach, das Geld zu behalten. Und sie entschied auch, dass sie diese höchste Version leben wollte. Das ist eine Wahl, die nicht jedermann trifft, aber es ist die Wahl, die sie getroffen hat. Das macht sie weder zu einem besseren noch zu einem schlechteren Menschen als andere. Es macht sie einfach zu Susan.

Als sie ihr Zeichen von Gott erhielt, sagte dieses ihr gar nichts. Es sagte nicht, dass sie das Geld zurückgeben solle, und es sagte auch nicht, behalte es, du verdienst es, es ist ein Geschenk des Himmels. Es sagte weder das eine noch das andere.

Als Susan ihr Zeichen erhielt, las sie die Bedeutung, die

sie ihm gab, in es hinein. Sie entschied, was ihre höchste Version war, und sie lebte sie, auch wenn es vielleicht nicht der leichteste Weg war. Aber dieses Gefühl, das Gefühl, nach ihren eigenen Wertmaßstäben ihr bestes Ich zu sein, führte dazu, dass sie sich in Bezug auf sich selbst sogar noch besser fühlte, und das wiederum brachte sie dazu, weitere gesunde Entscheidungen zu treffen. (Mit gesunden Entscheidungen sind Entscheidungen gemeint, mit denen Sie sich in Bezug auf Sie selbst gut fühlen.) Und diese Entscheidungen bewirkten wunderbar langfristige Resultate.

Zeichen von Gott sind wundervoll. Und sie sind, wie alle anderen Erfahrungen, über die in diesem Buch berichtet wird, allgemein verbreitet.

Manchmal sind Gottes Zeichen schwer auszumachen.

Und manchmal sind sie verdammt schwer zu übersehen ...

19

Musik für seine Ohren

Mark Fitchpatrick wälzte sich in seinem Bett herum und erwachte immer wieder aus einem unruhigen Schlaf. Es hatte keinen Sinn. Er streckte die Hand nach der Nachttischlampe aus und blinzelte, als das Licht das Zimmer durchflutete. Sein müder Blick fiel auf das Buch auf dem Nachtkästchen, wo er es erst vor einer Stunde hingelegt hatte.

Verdammtes Buch, grummelte er innerlich. Warum lass' ich mich von diesem Zeug beeindrucken? Er schüttelte sein Kopfkissen zurecht und setzte sich im Bett auf. Ich kann es genauso gut auch zu Ende lesen. Es geht mir ja doch nicht aus dem Kopf.

Mark hatte dieses Buch von einem Freund geschenkt bekommen, der meinte, dass ihm diese Lektüre Spaß machen würde. Spiritualität war immer Teil von Marks Leben gewesen, aber die Höllenfeuer-und-Verdammmungslehre, die man ihm in der Kirche seiner Kindheit beigebracht hatte, schien ihm bestenfalls eine Halbwahrheit und schlimmstenfalls eine glatte Lüge zu sein. Jetzt, da er in seine fünfte Dekade auf diesem Planeten eintrat, interessierte er sich für die Suche nach einer anderen Sichtweise von Gott, nach einer, die sich mehr mit seinem Herzen vereinbaren ließ. Dieses Buch, *Gespräche mit Gott*, schien sie für ihn zu formulieren. Mehr noch, es schien irgendetwas tief in seiner Seele zu befriedigen.

Dass Gott uns bedingungslos liebt, wirklich bedingungslos – was bedeutet, dass Gott weder verurteilt noch bestraft –, war ein Grundgedanke, der für Mark Sinn ergab. Dass wir uns in unserem Leben genau die Umstände erschaffen, in denen wir erkennen können, wer wir, als menschliche und spirituelle Wesen, wirklich sind, war eine Vorstellung, die mit Marks eigener Sicht vom Leben in Einklang stand.

Trotzdem, es war alles so ... nun, in intellektueller Hinsicht schwer zu akzeptieren. Die Vorstellungen, mit denen er aufgewachsen war, waren tief in ihm verwurzelt.

Wie kann ich denn glauben, dass das wahr ist? Mark rang mit seinen Gedanken. Alles, was man mir bisher erzählt hat ... in der Kirche, zuhause, in der Schule ... scheint im direkten Widerspruch zu dieser Botschaft zu stehen.

Er fragte sich: Wäre es möglich, dass das alles das Ergebnis der überreich blühenden Fantasie eines cleveren Autors ist, oder schlimmer noch, ein findiger Trick, um die Bücher zu verkaufen?

Doch irgendwie wusste Mark in seinem Herzen, dass es im Grunde keine Rolle spielte. Im Kern ging es darum, auf Gott zu schauen und zu sehen, wer Gott ist. Wer Gott für ihn, Mark, persönlich ist.

Ich habe das alles schon mein ganzes Leben lang gewusst, sagte er sich immer und immer wieder. In diesem Buch steht nichts, dem ich nicht zustimmen könnte. Trotzdem schien Mark nicht diesen letzten Schritt tun zu können, der ihm erlauben würde, seinen letzten Rest von Zweifel zu überwinden.

Mark beschloss, doch noch einmal zu versuchen, ein bisschen Schlaf zu bekommen, und knipste das Licht aus. Und während er am Einschlafen war, setzte sich seine geistige Auseinandersetzung fort. Immer mal wieder am Dösen und immer mal wieder wach stellte er sich fortwährend die Frage: Ist das die Wirklichkeit? Und irgendwie schien er sie sich selbst zu beantworten. Oder bekam er Antworten? Es war schwer zu sagen.

Mark war sich dieser Unterhaltung gewahr, die da im Verlauf der Nacht mit jemandem oder etwas geführt wurde. Einmal hörte er sich sogar im Geiste sagen: Ich möchte, dass das die Wirklichkeit ist. Gib mir ein Zeichen, dass das alles Wirklichkeit ist.

Und da kam eine klare Antwort. Eine laute Stimme die in seinem Bewusstsein widerhallte, sagte: Ich gebe dir jeden Tag Zeichen. Hörst du nicht zu? Ich habe dir Musik gegeben; ich habe dir Bäume und Felsen gegeben. Hörst du nicht meine Stimme, wenn ein Vogel singt und das Gras raschelt? Was brauchst du mehr?

Mark setzte sich kerzengerade auf. Das Sonnenlicht strömte durchs Fenster herein. Er schaute sich im hellen Zimmer um und merkte, dass es Morgen geworden war. Und während noch die letzten Worte aus seinem Traum in ihm nachhallten, klang in ihm der Refrain eines alten baptistischen Kirchenlieds auf. Er begann es zu summen, als er die Bettdecke zurückschlug.

This is my Fathers world
And to my listening ears
All nature sings
And round me rings
The music of the spheres.
This is my Fathers world
I rest me in the thought
Of rocks and trees, of skies and seas;
His hand the wonders wrought.

This is my Fathers world
He shines in all that's fair;
In the rustling grass I hear him pass,
He speaks to me everywhere.

(Dies ist meines Vaters Welt,
alle Natur singt,
und um mich erklingt
der Sphären Musik für mein lauschend Ohr.

Dies ist meines Vaters Welt,
beim Gedanken an Baum und Fels,
und Himmel und Meer,
die Wunder von seiner Hand,
ruh ich mich aus.
Dies ist meines Vaters Welt,
der in allem Schönen erscheint,
ich hör seine Schritte im raschelnden Gras,
allerorts spricht er zu mir.)

Plötzlich fiel es ihm ein, und er blieb abrupt stehen. Dieses Lied ... das war ja genau die Botschaft, die er im Traum bekommen hatte! Der Text des Liedes, das ihm da im Kopf herumging, beinhaltete genau die Worte, die in der Nacht zu ihm gesprochen worden waren. Die Antwort auf sein Bittgebet um ein Zeichen.

Das ist ja interessant, dachte Mark, während er sich für die Kirche fertig machte. Es war Sonntagmorgen, und er hatte sich angewöhnt, an der Frühmesse in der Methodistenkirche teilzunehmen, der er sich seit kurzem angeschlossen hatte.

Beim Anziehen summte er das Lied weiter vor sich hin. Er fühlte sich merkwürdig ausgeruht, obwohl er doch bis spät in die Nacht gelesen und nur sehr wenig Schlaf bekommen hatte. Er fühlte sich auch seltsam ruhig, so als wäre es bei der Auseinandersetzung in seinem Kopf irgendwie zu einer Lösung gekommen.

Er sah auf die Uhr.

He, Mark, leg einen Zahn zu, sonst kommst du zu spät.

Er tastete in seiner Manteltasche nach den Schlüsseln und schlug die Haustür hinter sich zu.

Als er mit dem Wagen rückwärts aus der Garage fuhr, kam ihm der Gedanke, das Autoradio anzumachen, um dieses Kirchenlied aus den Kopf zu bekommen. Als er es anstellte, tönte es in süßem Chorgesang aus dem Lautsprecher: »Dies ist meines Vaters Welt ...«

Mark trat auf die Bremse und starrte das Radio an. Waaas? Er konnte es nicht glauben! Was hörte er da? Was IST das?, fragte er sich. Als er genauer hinsah, merkte er, dass das Radio auf eine Station eingestellt war, die er sonst nie hörte. Es war ein Musiksender im FM-Bereich, und er hatte das Radio immer auf einen Gesprächssender im AM-Bereich eingestellt.

Wer hatte diesen Sender eingestellt? Und noch wichtiger, wie kam es, dass dieses bestimmte Lied in diesem Augenblick erklang? Mark war total von den Socken.

Okay Gott. Ich höre dich. Ich hab mein Zeichen bekommen. Du brauchst es mir nicht über die Rübe zu hauen.

Ihm traten Tränen in die Augen. Bittet und ihr werdet es erhalten, gestand er zu.

Es war ein schöner Tag in Atlanta. Der Frühling hält hier früh Einzug und ist nach den Monaten der Kälte und des Regens immer willkommen. Der Hartriegel begann hier und dort zu blühen und gelegentlich wagte sich schon eine Osterglocke hervor. Es war ein Tag, der einen an Ostern und an Neuanfänge denken ließ.

Als der Gottesdienst anfing, bat der für die Musik zuständige Geistliche die Gemeinde aufzustehen. Mark betrachtete das wunderschöne bunte Glasfenster, das Jesus als Hirten zeigte. Das tiefe Rot seines Gewandes bildete einen starken Kontrast zum Weiß des Lämmchens in seinen Armen und der Lämmer zu seinen Füßen. Mark hatte die Darstellung von Christus als sanftem Beschützer schon immer geliebt. Sie schien dem Jesus, der in seinem Herzen wohnte, nah zu sein.

»Bitte schlagen Sie das Liederbuch auf Seite neunundfünfzig auf.«

Der Chor führte die Gemeinde an, und die ersten Klänge der schönen Melodie tönten durch den Raum.

»Dies ist meines Vaters Welt …«

Mark hielt sich an der vorderen Kirchenbank fest! Er stand zitternd da, sein Herz klopfte. Ich habe verstanden!, hätte er beinahe laut geschrien. Danke! Ich habe verstanden!

Mark wusste nun zweifelsfrei, dass die Stimme, die er sein ganzes Leben lang gehört hatte, in seinen Träumen und auch im Wachzustand, die Stimme Gottes war – eine Stimme, die ihn daran erinnerte, dass Gott der Gott der Liebe ist ... und von Baum und Fels und Himmel und Meer.

Und der Gott seiner höchsten Vorstellungskraft.

Reiner Zufall? *Gespräche mit Gott* erklärt, dass es so etwas wie bloßen Zufall nicht gibt. Wenn wir das glauben, wenn wir glauben, dass alle sich ereignenden Dinge einen bestimmten Sinn und Zweck haben, dass alle Dinge aus einem Grund passieren, dann sind wir auf unserem Weg bereits ein gutes Stück vorangekommen; auf unserem Weg zur Ergründung der, wie es heißt, unergründlichen Maschinerie des Universums.

Kleine Dinge, große Dinge, Dinge dazwischen – alle Dinge sind Gottes Dinge, und nicht ein einziges Ding Gottes ist je vergeudet.

Haben Sie je in einer Sternennacht zu Gott gebetet – wirklich gebetet, ich meine wirklich zutiefst gebetet – und Gott gebeten, Gott angefleht: »Oh Gott, wenn du mich jetzt hören kannst, bitte, bitte, lass es mich wissen. Lass es mich irgendwie wissen« – um dann genau in diesem Augenblick eine Sternschnuppe zu sehen?

Haben Sie je in Ihrem Herzen gerufen: »Oh Mom, ich weiß, dass es so sein sollte, dass du uns zu diesem Zeitpunkt verlassen hast. Aber wenn ich nur wissen könnte, dass du an einem guten Ort bist, dass du okay bist, dass du glücklich bist! Ich würde sonst was darum geben, wenn du nur jetzt kommen und mir ein Zeichen geben könntest – und jemand geht in der Kirche oder auf dem Friedhof oder wo immer an Ihnen vorbei und verströmt genau den Duft des Parfüms, das Ihre Mutter immer benutzte?

Lassen Sie mich Ihnen eine Frage stellen.

Glauben Sie, solche Dinge passieren zufällig?

Ich verspreche Ihnen, wenn Sie irgendeine Art von Hilfe brauchen, wenn Ihr Herz zu brechen droht, wenn Ihre Seele schmerzt, wenn Sie traurig oder deprimiert sind, wenn Sie sich schämen oder schuldig fühlen oder Angst haben, oder wenn Sie Heilung brauchen, sei es in einer großen oder kleinen Sache, Gott wird da sein.

Gott wird in der einen oder anderen Manifestationsform da sein.

Vielleicht als ein Engel. Oder als ein Führer. Oder als Stimme. Oder als Ihr höheres Selbst.

Oder in Gestalt Ihres Hundes, der kommt und Ihre Hand leckt, wenn Sie Trost brauchen.

Oder in Gestalt jener Dame, die gerade, als Sie schon ganz verzweifelt sind, weil Sie keinesfalls zu spät kommen dürfen, genau vor dem Gebäude wegfährt und Ihnen einen Platz zum Parken frei macht.

Oder in Gestalt eines Rehs, das die Straße überquert, gerade als Sie irgendwie der Versicherung bedürfen, dass Sie wirklich alles getan haben, was eine Mutter tun kann …

20

Die Botschaft einer Mutter

Das Licht der Septembermorgensonne tanzte auf der vereisten Windschutzscheibe, als Nancy Hampson auf der Interstate 5 von Seattle nach Olympia fuhr. Sie konnte nicht umhin, an diesem Tag über ihr Leben nachzusinnen.

Sie brachte ihre jüngste Tochter zum College.

Das Auto war mit Joanies Büchern, Kleidern und ein paar kleinen Möbelstücken voll beladen. Nancy sah zu ihrer Tochter hinüber, die auf dem Beifahrersitz saß. Joanie blickte geradeaus, und Hoffnung und Staunen malten sich auf ihrem Gesicht.

Nancy erinnerte sich an dieses Gefühl. Es ist wunderbar, diese Augenblicke mit seinen Kindern zu teilen, sie auf eine Weise zu verstehen, die sie selbst erst dann voll begreifen werden können, wenn sie selbst Eltern geworden sind, dachte sie.

Nancy selbst hatte vor vielen Jahren mit dem Bachelor of Arts abgeschlossen, sich dann aber dem Mutterdasein gewidmet, statt eine berufliche Karriere zu verfolgen. Sie nahm einen öden Job ohne jedwelche Aufstiegschancen an, weil er ihr ermöglichte, zu Hause zu arbeiten und für ihre Töchter da zu sein. Und nun hatte sich ihre Hingabe bezahlt gemacht – ihre Mädels waren gesund und glücklich und begannen mit glänzenden Zukunftsaussichten ihr eigenes Leben zu leben.

Nancy hatte sich auf diesen Augenblick gefasst gemacht – ihr jüngstes Kind machte sich auf, die Welt zu erobern. Doch sie war nicht gefasst auf diese Kakophonie an Gefühlen, die sie überwältigte, und die vielen Fragen, die ihr im Kopf herumschwirrten. Ist Joanie darauf vorbereitet, auf eigenen Füßen zu stehen? Oder vielleicht noch treffender: Bin ich bereit, auf mich selbst gestellt zu sein?

Nancy rief sich noch einmal all die glücklichen und weniger glücklichen Momente in Erinnerung, die sie in all den Jahren mit Joanie erlebt hatte. Und sie hielt sich davon ab, sich wieder einmal wegen der zwei Scheidungen und der vielen Wohnungswechsel Vorwürfe zu machen. Nun, seufzte sie, für Vorwürfe ist es jetzt zu spät. Was geschehen ist, ist geschehen.

Dennoch empfand sie Bedauern. Sie holte tief Atem.

Sie fuhr vom Highway herunter und weiter auf der wenig befahrenen Straße, die durch Wälder zum College führte. Sie bemerkte, dass sich die Blätter der Ahornbäume schon ein klein wenig zu verfärben begannen. Bald würden sie flammend rot und goldfarben sein. Sie liebte diese Jahreszeit und diesen Teil des Landes – den Nordwesten an der Pazifikküste –, wo sie sich schließlich niedergelassen hatte. Und im Moment hätte sie den Frieden und die Heiterkeit, die über der Landschaft lagen, eigentlich auch in sich fühlen sollen. Aber nein. Sie musste heute ihre Tochter losschicken und sich selbst zu einem neuen Abenteuer aufmachen, zur nächsten Reise in ihrem eigenen Leben.

Nancy durchlebte einen inneren Aufruhr, den nur eine Mutter voll und ganz verstehen kann.

Plötzlich nahm sie aus den Augenwinkeln wahr, das sich zu ihrer Linken irgendetwas bewegte. Für einen Moment stockte ihr das Herz, als sie stark bremste und abrupt zum Stehen kam. Eine wunderschöne Hirschkuh tauchte aus dem Gebüsch neben der Straße auf, kam die Böschung herab auf den Wagen zu und blieb nur ein paar Zentimeter vor ihnen stehen.

Nancy und Joanie sahen fasziniert zu, wie ein winziges Rehkitz zögerlich aus den Bäumen hervortrat und seiner Mutter folgte. Die Hirschkuh überquerte als Erste die Straße und blieb dann stehen, damit ihr Baby nachfolgen konnte. Sie beschützte es, sie zeigt ihm den Weg. Dann stupste sie es sacht die Böschung auf der anderen Straßenseite hinauf. Bevor sie im Wald verschwand, drehte sie sich noch einmal um und warf Nancy einen langen Blick zu.

Nancy erwiderte den Blick.

Zwischen den beiden schien irgendetwas vorzugehen.

Irgendetwas … Gefühlsmäßiges.

Irgendetwas, das nur zwischen Müttern vorgehen konnte.

Dann wandte sich die Hirschkuh um und verschwand im Wald, ihr kleines Kitz im Gefolge.

Nancy hatte nicht gemerkt, wie nahe sie dem Weinen war, aber der Blick der Hirschkuh hatte eine Verkrampfung in ihr gelöst. Aufgestaute Tränen strömten ihr übers Gesicht, als sie sich des vollkommenen Geschenks dieses Moments bewusst wurde. Auf staunenswerte Weise hatte sich da die Metapher für ihren eigenen inneren Konflikt vor ihren Augen entfaltet, so als sei die Vorführung extra für sie gewesen.

Natürlich hatte sie Fehler gemacht. Natürlich war sie nicht ganz die Mutter gewesen, die sie hatte sein wollen. Viele Male hatte sie fragliche Entscheidungen getroffen. Aber wie die Hirschkuh hatte sie ihre Kleine sicher bis hierhin geführt, hatte versucht, sie zu beschützen, hatte ihr den Weg gezeigt, und war nun hier, ihr zu helfen, sich auf ihren eigenen Weg zu machen.

Der Aufruhr in Nancys Herz wich einem inneren Frieden und Dankbarkeit. Sie wischte die Tränen ab, legte den Gang ein und flüsterte Gott für die wundervolle Belehrung ein »Ich danke dir« zu. Und in ihrem Innern segnete sie das kleine Rehkitz und ihre Joanie auf ihrem Weg in die Zukunft.

Auch wir sind auf unserem Weg in die Zukunft. Wir sind wie geliebte Sprösslinge, die sich nun zu Beginn dieses neuen Millenniums auf einen neuen Weg machen und anfangen, Dinge zu verstehen, von deren Existenz wir noch vor wenigen Jahren kaum wussten. Wir bereiten uns darauf vor, uns den größten Fragen des Lebens zuzuwenden, erpicht darauf, die größten Rätsel des Universums zu lösen.

Sie und ich, wir gehörten einer noch sehr jungen Gesellschaft an. Manche würden sie als eine primitive Gesellschaft bezeichnen. Doch nun stehen wir endlich davor, zur Reife zu gelangen, uns weiterzuentwickeln und unsere größeren Selbsts zu entdecken und in sie hineinzuwachsen. Wir tragen ein außergewöhnliches und enormes Potenzial mit uns in unsere Zukunft. Wir verfügen über die nötige Ausrüstung, um uns unserem atemberaubenden Morgen stellen zu können. Wir haben die Technologie und den Erfindungsreichtum, um eine sogar noch großartigere Technologie zu erschaffen. Wir haben die Einsicht und das Verständnis und die Fähigkeit, zu noch größerer Einsicht und noch umfassenderem Verständnis zu gelangen. Wir brauchen jetzt nur einen kleinen Stups. Einen kleinen Schubs in die richtige Richtung.

Es ist Zeit, aufzutauchen. Zeit, die Straße zu überqueren. Zeit, die Böschung auf der anderen Seite zu erklimmen.

Wir können es. Wir können es schaffen. Und es wird sogar noch leichter sein, wenn wir glauben, dass wir Hilfe haben; dass wir einen Partner, einen Mitschöpfer, einen Freund haben; dass Gott auf unserer Seite ist, uns auf unserer Reise segnet, uns den Weg zeigt, uns einen kleinen Stups gibt – und uns auffordert, einander ebenfalls anzustupsen.

Diese »Stupser« von Gott habe ich Momente der Gnade genannt.

Wir erhalten sie in vielerlei Form, oft zu den merkwürdigsten Zeiten, häufig an den seltsamsten Orten, immer auf perfekte Weise.

Wir sind herausgefordert, diese Momente nicht zu verpassen. Und sie weiterzugeben. Denn eine der besten Möglichkeiten, einander anzustupsen, ist die, dass wir tun, was wir können, um die kollektive Realität zu verändern, unser kollektives Bewusstsein zu wandeln, unsere gemeinsame Erfahrung auf diesem Planeten neu zu erschaffen.

Im Augenblick ist unsere Gesellschaft durch ihr Verständnisvermögen noch eingeschränkt. Es fehlt häufig an Klarheit über jene Art von Dingen, die sich in Momenten der Gnade ereignen, über jene Art von Energien, die in solchen Momenten herumwirbeln, über jene Art von Beziehungen mit dem Göttlichen, die sich in solchen Momenten zeigen.

Die Religionen sagen uns einerseits, dass Wunder möglich sind und wir an sie glauben sollen. Andererseits wird uns aber auch gesagt, dass Wunder unüblich, außergewöhnlich, ungewöhnlich sind. Wir haben die Chance zu demonstrieren, dass das Gegenteil stimmt.

Ich wollte, ich könnte in jeder Stadt und in jedem Dorf eine riesige Plakatwand mit einer aus drei Worten bestehenden Botschaft errichtet sehen, die das Denken der Leute darüber, wie das Leben funktioniert, wirklich verändern könnte:

WUNDER SIND ALLTÄGLICH

Nun, das ist ein Widerspruch in sich, oder? Ich meine, wie kann etwas ein Wunder sein, wenn es alle Tage passiert? Darin liegt die Schönheit der Botschaft. Sie läuft unserer gegenwärtigen Kultur zuwider. Sie besagt, dass das nicht Alltägliche alltäglich ist.

Eine Botschaft, die zu hören der Welt im Moment gut anstände. Es wäre schön zu wissen, dass die außergewöhnlichen spirituellen Begebenheiten, die sich in der Bibel und im Koran, in der Bagavad Gita, im Buch der Mormonen und in all den heiligen Schriften all der heiligen Traditionen finden, keineswegs außergewöhnlich sind, sondern die ganze Zeit uns allen widerfahren.

Vielleicht ist es an der Zeit, das Mystische zu entmystifizieren. Vielleicht ist es an der Zeit, Gott hinunter auf die Erde zu bringen. Denn da ist Gott. Auf Erden. Wie er im Himmel ist.

Wenn wir erst einmal verstehen und wirklich wissen, dass Gott genau jetzt genau hier ist, steht der Raum des Hier und Jetzt für die außergewöhnlichsten Möglichkeiten weit offen.

Aber die Geschichte lehrt uns, dass die Menschheit nicht einfach deshalb zu diesen Erkenntnissen kommt, weil die Religion es so will. Das sind keine Wahrheiten, die wir annehmen, weil sie gelehrt werden. Das sind Wahrheiten, die erst dann angenommen werden, wenn demonstriert wurde, dass sie konkret die wirkliche Erfahrung der Menschen darstellen. Deshalb kann der Austausch unserer Erfahrungen mit Gott und das Erzählen von unseren Momenten der Gnade so große Auswirkungen haben. Und deshalb endet dieses Buch mit …

21

Die Einladung

Letztlich möchte ich mit diesem Buch nicht die Frage ansprechen, ob wirklich eine Menge Leute Augenblicke der Gnade erleben. Vielmehr geht es mir um die Frage: Was tun Menschen, die eine solche Erfahrung haben, hinterher?

Manche Leute wischen sie beiseite, tun sie ab, schweigen darüber oder versuchen sogar, sie zu vergessen. Andere, wie die Personen hier in diesem Buch und noch viele mehr, die uns geschrieben haben, sprechen offen über sie, so dass nicht nur sie selbst, sondern Menschen überall dadurch inspiriert werden, daraus lernen, sich dadurch an etwas erinnern können, das sie schon immer gewusst haben. Ich habe so eine Ahnung, dass die Menschen, die das tun, die Welt heilen helfen.

Aber warum sich damit abgeben, die Welt zu heilen, wenn – wie *Gespräche mit Gott* behauptet – alles perfekt ist, so wie es ist?

Nun, Sie wissen, es gibt eigentlich nur einen einzigen Grund, irgendetwas zu tun – die Kleider zu tragen, die wir tragen, das Auto zu fahren, das wir fahren, uns der Gruppe anzuschließen, der wir uns anschließen, das Essen zu essen, das wir essen, oder die Geschichte zu erzählen, die wir erzählen – nämlich zu entscheiden, wer wir sind.

Alles, was wir denken, sagen und tun ist ein Ausdruck davon. Alles, was wir aussuchen, wählen und in Handlung umsetzen, ist die Manifestierung davon. Wir befinden uns in einem fortwährenden Prozess, bei dem wir uns in der nächsten Version von uns selbst aufs Neue wiedererschaffen.

Wir tun dies jede Minute eines jeden Tages auf individueller und kollektiver Ebene. Manche von uns tun es bewusst, manche von uns unbewusst.

Gewahrsein ist der Schlüssel. Gewahrsein ist alles. Wenn Sie sich gewahr, wenn Sie sich bewusst sind, was Sie tun und warum Sie es tun, können Sie sich selbst verändern und können Sie die Welt verändern. Wenn Sie sich dessen nicht bewusst sind, können Sie gar nichts verändern. Oh ja, die Dinge werden sich durchaus in Ihrem Leben und in Ihrer Welt verändern, aber Sie werden nicht die Erfahrung machen, irgendetwas damit zu tun gehabt zu haben. Sie werden sich selbst als Beobachter betrachten. Als einen passiven Zeugen. Vielleicht sogar als Opfer.

Es ist nicht das, was Sie sind, aber es ist das, was Sie Ihrer Meinung nach sind.

So ist das, wenn Sie sich und Ihre Welt unbewusst erschaffen. Sie tun Dinge, Sie schicken Energie in die Welt, aber Sie haben keine Ahnung, was Sie tun.

Wenn Sie hingegen bewusst sind, wenn Sie wissen und verstehen, dass jeder Gedanke, jedes Wort und jede Tat schöpferische Energie in die Maschinerie des Universums steckt, werden Sie Ihr Leben auf völlig andere Weise erfahren. Sie werden sich so wie George Bailey in *Ist das Leben nicht schön!* sehen und endlich verstehen, dass aus Ihren im Augenblick getroffenen Entscheidungen und Ihren Handlungen am Ende unglaubliche Auswirkungen erwachsen können. Sie werden einen Schritt zurückgetreten sein, um die Schönheit des Musters ihrer Stickerei zu erkennen. Und Sie werden sich all der Verwebungen, derer es bedurfte, um sie hervorzubringen, überaus bewusst sein.

Wenn die Welt für Sie im Moment so ist, wie Sie sie haben wollen, wenn sie eine Widerspiegelung Ihrer höchsten Vorstellungen von sich selbst und der Menschheit als Spezies ist, gibt es keinen Grund, irgendetwas zu »heilen«.

Wenn Sie hingegen nicht damit zufrieden sind, wie die Dinge stehen, wenn Sie gerne Veränderungen an unserer kollektiven Erfahrung vornehmen würden, dann haben Sie vielleicht einen Grund, Ihre Geschichte zu erzählen.

Was mich angeht, so sehe ich uns mit einer Menge falscher Vorstellungen über uns selbst auf diesem Planeten herumwandern. Sie sind Teil der Zehn Illusionen der Menschen, die ich schon in Kapitel 8 erwähnte, und die in *Gemeinschaft mit Gott* ausführlich besprochen werden. Dieses Buch erkundet auch, wie wir mit, aber nicht in dieser Illusionen leben können. Schließlich zeigt es uns, wie wir alle zu jeder von uns gewählten Zeit eine direkte Erfahrung der Gemeinschaft mit Gott machen können.

Es ist gutes Material. Informationen, die die Welt verändern könnten. Aber der wesentlichere Punkt ist der: Nichts von all dem Material in den *Mit-Gott*-Büchern wäre irgendjemandem zugänglich, hätte ihr Autor sich geweigert, es mit anderen zu teilen, damit an die Öffentlichkeit zu gehen, erstaunliche Dinge zu sagen und unglaubliche Äußerungen darüber zu machen, dass er ein bestimmtes Gespräch ...

Damit möchte ich mir wirklich nicht selber auf die Schulter klopfen. Ich möchte damit Sie alle, die Sie auf unleugbare Art vom Göttlichen berührt wurden, ermutigen und ermuntern. Denn wenn die Welt, so wie Sie sie sehen, nicht akkurat Ihre höchsten Gedanken und Vorstellungen in Bezug auf uns alle widerspiegelt, dann haben Sie die Gelegenheit, so wie auch ich sie hatte, nach vorne zu treten, Ihre Wahrheit zu erzählen, uns Ihre Geschichte mitzuteilen und uns alle in unserem Bewusstsein zu heben.

Wir haben nun die Chance, uns zur nächsten Ebene zu begeben. Oder wir können weiterhin als eine primitive Gesellschaft auf diesem Planeten agieren und uns einbilden, von Gott und voneinander getrennt zu sein.

Die atemberaubende Futuristin und Visionärin Barbara Marx Hubbard spricht in *Conscious Evolution* und in *Emergence*, ihrem neuesten Buch, über die Herausforderungen, die auf uns zukommen. Barbara schreibt, dass die Angehörigen unserer Spezies zum ersten Mal in der Geschichte ihre eigene Evolution nicht nur beobachten, sondern sie bewusst erschaffen. Wir sehen uns selbst nicht nur »werden«, wir wählen auch, was wir werden möchten.

Das haben wir natürlich schon immer getan. Wir wussten es nur einfach nicht. Wir waren uns der Rolle, die wir bei der Evolution unserer Spezies spielen, nicht bewusst. Tief in die Illusion der Unwissenheit verstrickt, stellten wir uns vor, dass wir ihrem Geschehen einfach zusehen. Jetzt erkennen viele von uns, dass wir dieses Geschehen bewirken.

Wir tun das, indem wir uns innerhalb des Ursache-und-

Wirkung-Paradigmas vom Ort namens »Wirkung« zum Ort namens »Ursache« begeben. Doch wenn nicht mehr Angehörige der menschlichen Spezies diese Verlagerung vornehmen, könnten wir sehr leicht den Weg anderer einstmals großer Zivilisationen nehmen, die auch meinten, an der Schwelle zur Großartigkeit zu stehen. Sie hatten erstaunliche Wunder und außergewöhnliche Werkzeuge entwickelt, mit denen sie ihre Welten manipulierten. Doch ihre Technologien stürmten schneller voran als ihr spirituelles Verständnisvermögen, und so blieben sie ohne moralischen Kompass, ohne höheres Verstehen, ohne irgendein Bewusstsein davon, was sie da taten, wohin sie gingen und warum. Und daher gingen sie den Weg der Selbstauslöschung.

Nun steht unsere irdische Gesellschaft wieder einmal vor demselben Abgrund. Wir stehen am Rand. Viele von uns können das persönlich spüren. Alle von uns sind kollektiv davon betroffen.

Wir stehen an einem entscheidendem Kreuzweg. Mit unserem beschränkten Verständnisvermögen können wir nicht gefahrlos weitergehen. Wir können den einen oder den anderen Weg nehmen, aber wenn wir nicht wissen, warum wir ihn nehmen, setzen wir die Zukunft unserer Spezies aufs Spiel.

Wir müssen uns nun mit größeren, umfassenderen Fragen befassen, müssen größere, umfassendere Antworten akzeptieren und uns zu Eigen machen, müssen größere, umfassendere Gedanken denken, uns nun größere umfassendere Möglichkeiten vorstellen, größere, umfassendere Visionen hegen.

Unsere Technologien haben uns an den Rand unseres

Verständnisvermögens gebracht. Werden wir fallen, in unseren kollektiven Tod stürzen? Oder werden wir von dieser Klippe springen und fliegen?

Wir können Lebensformen klonen und sind nicht weit davon entfernt, auch Menschen klonen zu können. Wir haben das menschliche Genom entschlüsselt. Wir können Genmanipulationen vornehmen, Tierarten miteinander kreuzen, das Leben selbst aufdröseln und wieder zusammensetzen. Am 4. Mai 2001 wurde die erste genetische Modifikation eines menschlichen Babys bekannt gegeben.

Wohin führt uns das alles? Hören wir uns Francis S. Collins an, den Leiter des National Human Research Institute, wie ihn der Autor Michael Kimmelman am 16. Februar 2001 in der New York Times zitiert:

»Es würde mich nicht überraschen, wenn in dreißig Jahren einige Leute dafür eintreten würden, so wie Stephen Hawking schon heute, dass wir unsere Evolution in die eigene Hand nehmen, uns nicht mit unserem gegenwärtigen biologischen Status zufrieden geben und versuchen sollten, uns als Spezies zu verbessern.«

Und ich sage Ihnen, es wird eine Zeit kommen, in der es nicht nur als primitiv, sondern auch als undenkbar angesehen werden wird, dass Menschen ein Leben leben, wie wir es jetzt tun, den Launen der Natur und dem zufälligen Zusammenfluss biologischer Ereignisse unterworfen.

In *Gespräche mit Gott* lesen wir, dass die Menschen eigentlich dazu angelegt sind, ewig zu leben. Oder zumindest so lange, wie sie dies wollen. Außer bei Unfällen sollte der Tod niemanden hinwegraffen, der nicht gehen will – und schon gar nicht ihn damit überraschen. Ein gewaltiger Prozentsatz unserer menschlichen Krankheiten, biologischen Unannehmlichkeiten, systemischen Unglücksfälle sind schon heute vermeidbar oder heilbar. Noch drei Jahrzehnte, und sie könnten gut komplett zu vermeiden sein. Und dann?

Dann werden wir uns wieder einmal und in völliger Offenheit den größeren Fragen des Lebens widmen müssen, denen wir uns jetzt nur ängstlich und zögerlich zuwenden, weil wir Angst haben, blasphemisch zu sein oder jemanden zu verletzen. Ich glaube, dass unsere Antworten auf diese Fragen darüber entscheiden werden, welchen Gebrauch wir von unseren neuen Technologien und Fähigkeiten machen – und ob wir Wunder oder Debakel produzieren werden.

Aber erst müssen wir willens sein, uns diesen Fragen überhaupt zu stellen und ihnen nicht aus dem Weg zu gehen. Und wir dürfen uns in unserer Hybris nicht einbilden, dass wir uns mit ihnen schon auseinander gesetzt und nun alle Antworten hätten.

Haben wir das?

Haben wir die Antworten schon?

Schauen Sie sich an, wie die Welt funktioniert.

Treffen Sie dann Ihre Entscheidung.

Ich glaube nicht, dass wir die Antworten haben. Ich denke, wir haben noch immer ein paar Dinge zu erforschen. Hier sind ein paar Fragen, denen wir meiner Meinung nach weiterhin nachgehen müssen.

Wer und was ist Gott?

Was ist unsere wahre Beziehung zum Göttlichen?

Was ist unsere wahre Beziehung zueinander?

Was ist der Sinn des Lebens?

Was ist dieses Ding namens Leben, und wie passen

wir da so hinein, dass es für unsere Seele einen Sinn ergibt?

Gibt es so etwas wie die Seele?

Was ist der Witz von all dem?

Wir brauchen auf diesem Planeten ein bisschen mehr von dem, was Sir John Templeton Demuts- oder Bescheidenheits-Theologie nennt. Das ist eine Theologie, die zugibt, dass sie nicht auf alles eine Antwort hat.

Wer oder was könnte uns dazu bringen, eine solche Theologie zu akzeptieren? Wer oder was könnte uns als Gesellschaft dazu bringen, dass wir uns diesen Fragen aufs Neue stellen?

Sie.

Sie könnten es.

Wenn Sie Erlebnisse hatten wie jene, über die Sie in diesem Buch etwas gelesen haben, wenn Sie Begegnungen hatten wie jene, die Jason und Janice und Denise und Troy und all die anderen hatten, die Sie hier kennen gelernt haben, dann sollten auch Sie Ihren persönlichen Moment der Gnade in einen Moment der Gnade für Tausende andere und letztlich die ganze Menschheit verwandeln. Denn wenn Sie Ihre spirituellen Erfahrungen mit anderen teilen, wird dies die Dinge, denen wir uns jetzt als eine sich in Entwicklung befindliche Gesellschaft widmen sollten, in den Brennpunkt rücken.

Haben wir wirklich alle Antworten in Bezug auf Gott? Wissen wir wirklich, wer Gott ist und was Gott will und wie Gott es will? Und sind wir uns all dessen wirklich so sicher, dass wir Menschen töten, die anderer Meinung sind als wir? (Um dann zu behaupten, dass Gott sie zur ewigen Verdammnis verdammt habe?)

Wäre es möglich, einfach nur möglich, dass es etwas gibt, das wir über all das nicht wissen, etwas, wodurch wir alles verändern könnten, wenn wir es wüssten?

Natürlich ist es möglich. Und wenn mehr und mehr Menschen vortreten und über ihre eigenen »Gespräche mit Gott« und ihre eigenen Interaktionen mit Dem Göttlichen sprechen, werden wir alle dazu gebracht, dies zu erkennen.

Also Freunde, es ist an der Zeit, damit herauszurücken. Es ist an der Zeit, dass wir uns zu Wort melden, unsere Geschichten erzählen, unsere Wahrheiten proklamieren, unsere innersten Erfahrungen enthüllen und für hochgezogene Augenbrauen sorgen. Denn hochgezogene Augenbrauen führen dazu, dass Fragen aufgeworfen werden. Fragen über Wie Das Alles Ist müssen gestellt werden, wenn die Menschheit das »Auftauchen« erleben soll, wie Barbara Marx Hubbard es nennt.

Lassen Sie mich Ihnen von einer interessanten Theorie erzählen, die die außergewöhnliche Autorin und Philosophin Jean Houston uns in ihrem neuesten Buch *Jump Time* vorgestellt hat. Ich denke, das passt in diesen Zusammenhang.

Ms. Houston vertritt die Theorie, dass sich die Menschheit nicht langsam über einen Zeitraum von vielen Jahrhunderten hinweg stetig entwickelt, sondern über ungeheuer lange Perioden hinweg stagniert und dann sozusagen binnen eines kosmischen Augenzwinkerns einen abrupten Satz nach vorn macht und praktisch über Nacht gigantische evolutionäre Schritte vollzieht. Dann kehrt das Leben wieder für hundert oder tausend oder Millionen Jahre zur Stagnation zurück, bis der stille Aufbau von Energien wieder einmal – gleichsam wie ein schlafender Vulkan, der ausbricht – eine »Jump Time«, eine »Sprung-Zeit« hervorbringt.

Ms. Houston vertritt weiterhin die Theorie, dass wir uns gegenwärtig in einer solchen »Sprung-Zeit« befinden. Die Evolution, so schreibt sie, ist dabei, einen weiteren ihrer Quantensprünge zu vollziehen.

Ich stimme ihr zu. Ich sehe dasselbe. Wirklich, ich glaube, ich habe es gefühlt. Ich habe es herannahen gespürt. Viele Menschen haben das. Barbara Marx Hubbard. Marianne Williamson. Deepak Chopra. Viele, viele Menschen. Sie vielleicht auch.

Und ich denke, wir müssen Folgendes tun, um Menschen zu helfen, dass sie diesen Sprung auch vollziehen und nicht durch ihn zurückgelassen werden. Wir müssen unsere Geschichten über die uns bekannten heiligen Dinge, die wir in den heiligsten Momenten unseres Lebens erfahren und gelernt haben, miteinander teilen, untereinander austauschen. Denn in diesen heiligen Momenten, in diesen Momenten der Gnade, verwirklichen sich heilige Wahrheiten für eine ganze Gesellschaftskultur. Und indem sie ihre geheiligsten Wahrheiten lebt, kommt eine Gesellschaft, eine Kultur im sich entfaltenden Universum voran. Sie erlöscht, wenn sie es unterlässt, diese Wahrheiten zu leben.

Doch eines möchte ich klarstellen: Ich spreche nicht davon, dass man irgendjemanden dazu zwingt, irgendetwas zu glauben.

Ich spreche nicht vom Missionieren oder Bekehren oder auch nur Überreden. Ich spreche ganz einfach davon, dass wir unsere Erfahrungen miteinander teilen und austauschen, statt sie versteckt zu halten. Denn wir möchten nicht erlöschen, wir möchten vorankommen.

Kehren wir zu unseren Nächten am Lagerfeuer zurück, als wir uns die Geschichten unseres Herzens erzählten. Dazu lade ich ein. Lasst uns die Marshmallows und Cracker hervorholen und uns gegenseitig unsere Geschichten erzählen, selbst wenn sie sich ein bisschen merkwürdig anhören. Vielleicht vor allem, wenn sie sich ein bisschen merkwürdig anhören. Sitzt man nicht deshalb am Lagerfeuer?

Unser heutiges Lagerfeuer ist das Internet. Es ist die Flamme, die hoch in den Himmel auflodern wird mit all unseren Geschichten, die Funken zu all den Woauchimmers getragen werden.

Das Internet und ja, auch gute Bücher. Gute Bücher bleiben, wie gute Nächte am Lagerfeuer, immer in Erinnerung.

Und dann gibt es da noch den guten alten mündlichen Austausch zwischen Personen – der, wo immer er stattfindet, dieses Gefühl vom Sitzen am Lagerfeuer mit sich bringen kann und den stärksten Eindruck hinterlässt.

Lasst uns einander erzählen, was für uns so ist, was mit uns geschieht, was wahr ist von dem, was wir in unserem Leben gesehen und erlebt haben. Lasst uns einander unsere innerste Wahrheit über Gott erzählen, über uns selbst, über die Spiritualität, über die Liebe und all die anderen höheren Berufungen des Lebens, die Rufe und Berufungen, die die Seele bewegen und uns den Beweis für ihre Existenz liefern.

Ich glaube nicht, dass wir auch nur annähernd genug über diese Dinge sprechen. Wir sehen fern und lesen den

Stand der Aktienkurse und erkundigen uns nach unserem Fußballverein. Wir schuften zehn, zwölf, vierzehn Stunden am Tag, kriechen dann erschöpft ins Bett und versuchen, noch irgendwo in uns die Flamme zu entdecken für ein wirkliches Gespräch und eine bedeutsame und intime Interaktion mit der Person, die mit uns das Bett teilt, obwohl wir kaum noch genügend Feuer in uns haben, gute Nacht zu sagen.

Für viele Menschen ist es schon zu lange her, dass sie ein wirkliches Gespräch über irgendetwas führten. Ich spreche hier über das, was Jean Houston »tiefen Dialog« nennt. Ich spreche hier über ein Sich Preisgeben. Ich spreche über Nacktheit. Nicht über egomanisches Geschnatter, sondern über den Austausch von Seelenenergie, der Erfahrung mitteilt, Wahrheit enthüllt, Geheimnisse offenbart, den Geist öffnet und das Herz erweitert.

Lasst uns wieder damit anfangen zu erzählen, Zusammenhänge herzustellen und uns aufeinander zu beziehen. Lasst uns damit beginnen, unsere vielen, vielen Augenblicke der Gnade wirklich wahrzunehmen und sie auch als solche zu bezeichnen, damit wir nicht, während wir das Leben leben, das Leben verpassen.

Das ist es, was ich »Die Einladung« nenne.

Sie geht vom Kosmos aus, nicht von mir.

Es ist das Leben, welches das Leben einlädt, dem Leben mehr über das Leben zu erzählen.

Nehmen wir Die Einladung an, so könnte das beinhalten, dass wir gegen den Strom schwimmen. Es könnte bedeuten, dass wir ein bisschen seltsam klingen oder dass man uns als ein bisschen verrückt bezeichnet. Es könnte sogar bedeuten, dass wir uns der Lächerlichkeit preisgeben.

Das sind die Kosten.
Das ist der Preis.
Das ist der Tarif fürs Heimkommen.

Anhang

Biografische Anmerkungen zu den Personen, die Sie hier kennen gelernt haben ...

Kapitel 1

Janice Tooke, 43, lebt in Herkimer im Staat New York, hat einen Bachelor of Science in Psychologie und betreut Personen, die sich entschieden haben, mit den Herausforderungen einer physischen, mentalen oder entwicklungsmäßigen Andersartigkeit zu leben. Sie fertigt auch künstlerische Porträts an und illustrierte ein Kinderbuch.

Bill Colson lebt in Lehi, Utah, wo er ein aktives Mitglied der Mormonenkirche ist.

Kapitel 2

William Tucker, 58, beschloss mit 13 Jahren, ein Atheist zu werden, als er miterlebte, wie ein sechsjähriges Kind von einem betrunkenen Autofahrer überfahren wurde. Inzwischen hat er seine Meinung über Gott geändert, weil sein Leben eine Fülle von Wundern aufweist. Er ist Reservekommandant der Navy und lebt in der Nähe von Milwaukee, Wisconsin.

Kapitel 3

David A. Daniel, 50, ist Autor und Lektor, der sich in seinen Arbeiten einer Vielfalt von Themen widmet. Im Moment arbeitet er an einem neuen Buch, *Down in One*, ein Golfkrimi.

Kapitel 4

Fred Ruth und seine Frau Anne leben in Hamilton, Ohio, wo sie eine Gemeindezeitung herausbringen und sich die in GMG gelehrten Fähigkeiten des Erschaffens zu Nutze machen – wissen, sein und erfahren. Fred lässt keine Gelegenheit aus, über das zu sprechen, was sein Leben verändert hat.

Kapitel 5

Doug Furbush lebt in Alpharetta, Georgia, und arbeitet für eine weltweit operierende Firma als Berater für Produktionssysteme.

Kapitel 6

Carolyn Leffler, 47, lebt in Indianapolis und arbeitet für die Belange geistiger Gesundheit. Die Lieben ihres Lebens sind ihre Familie, Freunde, Bücher und Fotografie.

Kapitel 7

Denise Moreland, 49, lebt und arbeitet auf Hawaii. Sie ist die Urheberin von TourTalk-Hawaii Nei, Hörkassetten, mit deren Hilfe man eigenständig eine Besichtigungstour zu den Stätten Oahus unternehmen kann und dabei die kulturellen und spirituellen Ideen und Vorstellungen des alten und neuen Hawaii vermittelt bekommt. Sie ist zudem Teilzeitautorin und Vortragsrednerin, mit ihrem besten Freund Mike verheiratet und Mutter von vier erwachsenen Kindern.

Kapitel 8

Gerry Reid erteilt Computersoftwareunterricht in Whitby, Ontario, in Kanada und dankt Gott jeden Tag für seine Gehirnverletzung.

Kapitel 9

Troy Butterworth, 33, arbeitet als Computergrafikspezialist in Manhattan, wo er vier Jahre lang an einem Zwölf-Schritte-Programm teilnahm. Er wuchs in Texas auf, und Troy Butterworth ist nicht sein wirklicher Name. Er hat uns gebeten, seinen Namen in dieser Geschichte zu ändern, um seinen Vater und seine Familie zu schonen.

Kapitel 10

Kevin Donka, 40, ist Chiropraktiker und hat ein Zentrum für Gesundheit, Wellness und Lebensverbesserung für die ganze Familie in Palatine, Illinois.

Kapitel 11

Maria Endresen, 36, lebt mit ihrem Mann und ihren drei Kindern in Vancouver, Washington. Sie hat vierzehn Jahre lang Vorschulunterricht gegeben und nun ein Pädagogikstudium an der Concordia University begonnen.

Kapitel 12

Jason Gardham, 59, ist Schullehrer in Phoenix, Arizona, und arbeitet mit Zweitklässlern, für die Englisch die Zweitsprache ist. Er glaubt, dass sein Klassenzimmer für viele seiner Schüler und Schülerinen der einzige Ort des Glücks und der Zuflucht ist. In diesem Jahr hat er den Excellence-in-Education-Preis erhalten.

Kapitel 13

John Star hatte sein Erlebnis vor fast vierzig Jahren, bekam aber heraus, wie er zu jeder von ihm gewünschten Zeit an jenen Ort zurückkehren kann. Er arbeitet fleißig an der Rettung des Planeten mit. Er hat sich dazu entschieden, uns seinen Wohnort nicht mitzuteilen.

Kapitel 14

Margaret Hiller, 52, ist ordinierte, interkonfessionelle Geistliche und hat einen Magisterabschluss in therapeutischer Psychologie. Seit 1979 reist sie in den USA und anderen Ländern viel umher und leitet Gruppen im Prozess des Heilens und Öffnens des Herzens. Sie hat eine psychospirituelle Beratungspraxis in Ashland, Oregon, und im kalifornischen Santa Barbara.

Kapitel 15

David Hiller, 52, ist ordinierter, interkonfessioneller Geistlicher, Autor, spiritueller Berater, Personal-empowerment-Coach und hat einen Magisterabschluss in Counseling. Er reiste sehr viel in den USA herum und führte Seminare zur Heilung, Meditation und Befreiung von Ängsten durch. Er hat zwanzig Jahre Beratungserfahrung und arbeitete mit Einzelpersonen und Gruppen an der Förderung von Heilungsprozessen. Er hat eine private psychospirituelle Beratungspraxis in Ashland, Oregon, und im kalifornischen Santa Barbara.

Kapitel 16

Monique Rosales, 36, lebt in South Bend, Indiana. Sie war das dritte von fünf Kindern und wuchs in einem römisch-katholischen Haushalt auf. Im Alter von zwölf Jahren wurde sie von ihrer Familie getrennt, um für ihre Tante in Costa Rica zu sorgen. Der Schmerz dieser Trennung führte zu einer Essstörung, mit der sie 18 Jahre lang kämpfte. Sie hatte schon immer prophetische Träume und Visionen, und durch Vergebung und Glauben an Gott gelang es ihr, zur Selbstliebe und zum Mitgefühl zu finden, um nun anderen helfen zu können. Sie hat im *Chicago Women's Journal* veröffentlicht; ihre Website mit Dichtung findet sich unter http://members.aol.com/msmonique.

Kapitel 17

Bill Tucker – siehe Anmerkungen zu Kapitel 2.

Kapitel 18

Susan F. ist 40 Jahre alt und arbeitet als leitende Sekretärin in der Nähe von Toronto.

Kapitel 19

Mark Fitchpatrick, 50, ist im Hochzeitsgeschäft in Atlanta tätig und auf Blumen und Torten spezialisiert.

Kapitel 20

Nancy Hampson, 40, ist gerade von einer Reise nach Thailand, Indien und Kambodscha zurückgekehrt. Als Höhepunkt ihrer Reise bezeichnet sie, dass sie an Silvester den Dalai Lama zu sehen bekam und ihren Geburtstag feierte. Sie beginnt nun eine neue Karriere mit Schreiben von Fachliteratur.

Zu den Lektorinnen

Rita Curtis, für die einzelnen Geschichten in diesem Buch zuständig, arbeitet mit Neale Donald Walsch und der Re-Creation Foundation, um der Welt die Botschaft von *Gespräche mit Gott* zu bringen. Sie las gewissenhaft Hunderte von Einsendungen, wählte die Geschichten aus, die veröffentlicht werden sollten, recherchierte sie und interviewte viele der Urheber und Urheberinnen der Beiträge. Sie schrieb dann auf der Grundlage ihrer Notizen und Entwürfe gemeinsam mit Neale diese persönlichen Geschichten.

Nancy Fleming-Walsch, für das Buch insgesamt zuständig, ist die Mitbegründerin und Präsidentin von ReCreation, einer gemeinnützigen Stiftung für persönliches Wachstum und spirituelles Verständnis, die sich der weltweiten Verbreitung der Botschaft der *Mit-Gott*-Buchreihe verschrieben hat. Sie ist die Besitzerin und Cheflektorin von Walsch Books, einem Imprint der Hampton Roads Publishing Company. Hier werden Bücher veröffentlicht, die die Botschaft von *Gespräche mit Gott* über die Stimmen und Äußerungen anderer Autoren und Autorinnen voranbringen. Ihre Überarbeitung des ersten Entwurfs des Manuskripts brachte viele Verbesserungen, und ihre Vorschläge zu bestimmten Kommentaren fanden in diesem Buch ihren Niederschlag.

Der erste und grundlegende
Band der
»Gespräche mit Gott«-Trilogie –
ungekürzt als Hörbuch!

Neale Donald Walsch
Gespräche mit Gott
7 CDs
ISBN 3-442-33683-X

ARKANA
GOLDMANN

Familien-Stellen nach Bert Hellinger

Bert Hellinger
Zweierlei Glück 21630

Bertold Ulsamer, Das Handwerk des
Familien-Stellens 14197

Bertold Ulsamer,
Ohne Wurzeln keine Flügel 14166

Bertold & Gabriele Ulsamer
Spielregeln für Paare 21636
(Erscheint im April 2003)

Goldmann • Der Taschenbuch-Verlag